Dr. Martina Stotz & Kathy Weber

Die Superkraft der liebevollen Führung

Dr. Martina Stotz & Kathy Weber

Die Superkraft der liebevollen Führung

Kindern Orientierung, Freiraum und Grenzen schenken

BELTZ

FSC MIX Papier aus verantwortungsvollen Quellen FSC® C089473 www.fsc.org

Klimaneutral Papier ClimatePartner.com/13732-1910-1001

Dieses Buch ist erhältlich als:
ISBN 978-3-407-86771-1 Print
ISBN 978-3-407-86772-8 E-Book (EPUB)

4. Auflage 2023

in der Verlagsgruppe Beltz • Weinheim Basel
Werderstraße 10, 69469 Weinheim

Illustrationen: Sandra Klostermeyer
Lektorat: Katharina Theml, Büro Z, Wiesbaden
Umschlaggestaltung: www.sandraklostermeyer.de (Gestaltung), www.stephanengelke.de (Beratung)
Bildnachweis: ©Emma Kim/gettyimages.com

Layout und Herstellung: Sarah Veith
Satz: Publikations Atelier, Dreieich
Druck und Bindung: Beltz Grafische Betriebe, Bad Langensalza
Beltz Grafische Betriebe ist ein klimaneutrales Unternehmen (ID 15985-2104-100).
Printed in Germany

Weitere Informationen zu unseren Autor:innen und Titeln finden Sie unter: www.beltz.de

Dieses Buch widmen wir allen Eltern, die bereit sind, alte Muster zu überwinden und zu wachsen, um ihren Kindern bedingungslose Liebe schenken zu können.

Inhalt

KAPITEL 1

Die Grundlagen der Liebevollen Führung

Eltern zu sein ist in unserer heutigen Zeit so herausfordernd, anspruchsvoll und komplex wie noch nie. Nicht zu Unrecht spricht die Wissenschaft von der Intensivierung der Elternschaft. Wenn auch viele Dinge früher härter und schwieriger für Familien waren, so war zumindest die Begleitung von Kindern für Eltern in zurückliegenden Generationen deutlich einfacher, und zwar nicht nur, weil ein ganzes Dorf ein Kind erzogen hat.

Leichter war Kindererziehung auch deswegen, weil Eltern mit ihrem Erziehungsverhalten andere Ziele verfolgten, als heutige Eltern das tun. So machten sich Eltern vergangener Generationen wenig Gedanken darüber, wie ihr Kind selbstbewusst wird, die eigenen Gefühle und Bedürfnisse erkennt und seine Persönlichkeit frei entfalten kann. Viel mehr ging es gerade in der Kriegs- und Nachkriegsgeneration darum, dass das familiäre System funktionierte und die Familie überleben konnte. Erziehungsmethoden wie körperliche und psychische Bestrafung wurden allerdings nicht nur eingesetzt, um das familiäre System am Laufen zu halten. Wenn wir uns mit Menschen der Urgroßeltern- oder Großelterngeneration unterhalten, gehen diese sogar fest davon aus, Kindern durch diese macht- und gewaltvollen Erziehungsmethoden eine klare Richtung und Führung gegeben zu haben, um sie auf die Gesellschaft vorzubereiten, oder sie sahen ihre harten Erziehungsmethoden sogar als eine Form von Liebe, Halt und Fürsorge für ihr Kind.

Voller Sorge und manchmal fassungslos glauben Urgroßeltern und Großeltern, dass ihre Kinder und Enkelkinder, die heute den bindungs- und bedürfnisorientierten Weg gehen, kleine, manipulative Tyrannen großziehen, die in der Gesellschaft ganz bestimmt nicht zurechtkommen werden. Aussagen wie

- *»Das hätte es bei uns früher nicht gegeben!«*
- *»Da musst du halt mal durchgreifen!«*
- *»Du musst deinem Kind zeigen, wer der Chef ist!«*
- *»Lass dir doch nicht so auf der Nase rumtanzen!«*
- *»So wird dein Kind zum Außenseiter!«*

… sind Sätze, von denen sich viele Eltern, die wir begleiten, bewusst abgrenzen möchten.

Denn jungen Müttern und Vätern ist völlig klar, dass sie auf körperliche und psychische Gewalt verzichten möchten. Sie möchten es anders machen als die eigenen Eltern, um ihren Kindern ein starkes Selbstwertgefühl zu vermitteln. Das bedeutet nicht, dass sie nicht dankbar sind für viele Dinge, die ihnen von zu Hause mitgegeben wurden, doch reflektieren heutige Eltern ihre Kindheitserfahrungen sehr genau.

Seit vielen Jahren sind wir beide in der Elternberatung tätig und haben bereits viele Eltern dabei unterstützt, in enger Verbindung mit ihren Kindern zu leben. Einige unserer Klient*innen sind zwar mit weniger körperlicher Gewalt aufgewachsen als ihre Eltern selbst, doch ist es keine Seltenheit, dass Eltern uns davon berichten, als Kind noch Schläge eingesteckt zu haben. Fast alle haben eine Form von psychischer Gewalt durch Bestrafung und manipulierende Belohnung erlebt, wobei ihnen dies manchmal erst bewusst wird, wenn sie sich mit der Erziehung ihres eigenen Kindes auseinandersetzen. Wir sind beeindruckt, wie viel Bereitschaft Eltern mitbringen, sich intensiv mit sich selbst und den eigenen Mustern aus ihrer Herkunftsfamilie auseinanderzusetzen, um diese schließlich überwinden zu können. Und es ist bewundernswert, dass viele von ihnen schließlich zu einer neuen Form des Zusammenlebens gefunden haben. Einige Mütter waren bereit, ihre eigenen Erfahrungen und Prozesse für dieses Buch zu teilen. Viele praktische Beispiele in diesem Buch stammen von ihnen, und wir sind unendlich dankbar für ihre Bereitschaft und ihr Mitwirken an unserem Buch.

Wir, das sind Kathy, ausgebildete Trainerin der Gewaltfreien Kommunikation, Elternberaterin und zweifache Mama, und Martina, Pädagogin, ausgebildete Grundschullehrerin, musikalische Früherzieherin sowie Schulberaterin für Grundschüler*innen und Jugendliche. Gemeinsam nennen wir uns die Konfliktengel und arbeiten in der Eltern-, Erziehungs- und Familienberatung. Unsere Vision ist es, dass Kinder von ihren Eltern voller Liebe, Fürsorge und mit Liebevoller Führung, die Kindern Sicherheit schenkt, begleitet werden. Unser Leitsatz lautet: Wir wollen Konflikten Flügel verleihen. Daher formulieren wir auch gern »Sätze zum Fliegen«, die unsere Vision in ein paar wenigen Worten zusammenfassen. Dabei sind wir der Auffassung, dass Konflikte mit sich selbst in der Elternschaft und Konflikte in der Familie dazugehören und dass es viele verschiedene Wege gibt, diese friedvoll zu lösen.

Bedürfnisorientierte Eltern im täglichen Trainingslager

Warum es so schwierig ist, sich von altbekannten Erziehungsmustern aus der Kindheit zu verabschieden, hat viele verschiedene Gründe. In der Psychologie wird vom sogenannten *Wiederholungszwang* gesprochen, wonach alte Erziehungsmuster unbewusst wiederholt werden. Gerade dann, wenn Eltern selbst sehr gestresst sind und ihre Bedürfnisse über einen langen Zeitraum unerfüllt geblieben sind, reagieren sie mitunter wie fremdgesteuert und ertappen sich dabei, wie sie ihre Kinder anschreien, demütigen oder wie ihnen im schlimmsten Fall sogar die Hand ausrutscht. Vielleicht kennst auch du diese Momente, in denen du dir nach einer Reaktion große Vorwürfe machst, da du es ja eigentlich besser weißt.

Neben dem Wiederholungszwang ist da allerdings noch ein weiterer Grund, der die Umsetzung so schwierig macht. Viele Eltern haben *keine Vorbilder*, an denen sie sich orientieren können. Denn neben den Hunderttausenden Eltern, die sich auf den Weg zu einer friedvollen Elternschaft machen, gibt es immer noch zahlreiche Mütter und Väter, die noch nie etwas von Bedürfnisorientierung gehört haben. Deshalb fühlst du dich mit deinem friedvollen Weg manchmal einsam und sehnst dich nach Rückhalt und Austausch mit anderen Eltern, die ihre Kinder auch friedvoll begleiten wollen.

Und dann kommt da dieses Gefühl, das du vielleicht auch kennst: die große *Unsicherheit*, weil dein Kind nicht so brav mitmacht oder auf dich hört, wie es vielleicht andere Kinder tun, und weil kritische Stimmen aus deinem Umfeld dir sagen: »Du siehst doch, dass dein Kind dir auf der Nase rumtanzt. Das hast du von deiner laschen Erziehung.« Die Selbstsicherheit fehlt dir vielleicht besonders in Konfliktsituationen mit deinem Kind oder wenn es sehr starke Gefühle zeigt. Schließlich hast du intuitiv noch keine Strategien parat, die dir Sicherheit und Gelassenheit schenken könnten – da dir diese Strategien in deiner eigenen Kindheit nicht vorgelebt wurden.

Wenn du aber eine bedürfnisorientierte Erziehung ohne Belohnung und Bestrafung leben möchtest, brauchst du sichere Handlungsstrategien, um alte Muster dauerhaft überwinden zu können, Vorbilder, die dich auf deinem Weg unterstützen, und die nötige Selbstsicherheit, zu der wir dir mit diesem Buch verhelfen möchten, indem wir dir unsere sechs Strategien der Liebevollen Führung vorstellen, die alle zusammen zu deiner persönlichen Superkraft in der Erziehung werden können.

Im Laufe des Buches erwarten dich neben Handlungsstrategien auch viele Formulierungshilfen und Übungen. Deshalb kannst du beim Lesen dieses Buches gern einen Stift zur Hand nehmen, insbesondere dann, wenn du das letzte Kapitel bearbeitest. Dort gibt es zu jeder Strategie noch einmal Übungen und Tests, in denen du dein Wissen prüfen kannst. Zusätzlich gibt es auch noch Downloadmaterial mit zahlreichen Alltagsstrategien für die Erfüllung bestimmter Bedürfnisse und ein aufgezeichnetes Live Q&A, in welchem wir Fragen mithilfe konkreter Rollenspiele beantworten. Wie du dieses Material herunterladen bzw. streamen kannst, wird auf Seite 262 erklärt. Um die sechs Strategien der Liebevollen Führung zu erlernen, brauchst du viel Übung, damit du sie schließlich intuitiv umsetzen kannst. Wundere dich also nicht, wenn du dich immer wieder so fühlst, als wärst du in einem Trainingslager, in dem du täglich wachsen, Fehler machen und dazulernen darfst.

In unserer täglichen Praxis sehen wir oft, dass Eltern sich diese Zeit nicht geben. Sie erwarten von sich, vom ersten Tag an alles richtig machen zu müssen. Diesen Druck möchten wir dir gern nehmen. Egal wie alt dein Kind gerade ist – für eine Beziehung auf Augenhöhe zu deinem Kind ist es nie zu spät, da das Gehirn neuroplastisch, also veränderbar ist und dein Kind durch eine hohe Qualität an Bindungserfahrungen mit dir an Selbstbewusstsein gewinnen wird. Dein Kind darf miterleben, wie du trainierst und wächst und dein Verhalten Schritt für Schritt veränderst. Das ist authentische Elternschaft.

Denn Führung muss und darf nicht autoritär und gewaltvoll sein. Wenn Führung liebevoll und fürsorglich ist, schenkt sie dir und deinem Kind Freiraum, Orientierung und Grenzen. Besonders wichtig ist uns in unserem Buch deshalb, immer von *Liebevoller Führung* zu sprechen, die zu jedem Zeitpunkt dafür sorgt, dass wichtige Bedürfnisse gestillt werden. Dies bedeutet konkret, dass Eltern sich durch die Führung des Kindes ihr eigenes Bedürfnis nach Fürsorge erfüllen und immer aus fürsorglichen Gründen heraus handeln. Wir zeigen dir, wie Liebevolle Führung die Bindung zu deinem Kind stärkt und dein Kind darüber ein starkes Selbstwertgefühl entwickelt.

Die 6 Elemente der FüLi-Erziehung

Liebevolle Führung als Bedürfnis der Eltern bedeutet, dass ich mein Kind lieben und gleichzeitig führen kann. Dass ich mein Kind liebe, ihm auf Augenhöhe begegne, in Verbindung bin – und es gleichzeitig führe, indem ich die Verantwortung für seine Sicherheit und Gesundheit übernehme, meine Grenzen für mich und mein Kind zeige und ihm somit Orientierung schenke. Dafür benötigen Eltern ihre elterliche Macht, die sich schlicht durch das höhere Maß an Reife und das Mehr an Erfahrungen ergibt. Um elterliche Macht nicht zu missbrauchen, indem Eltern zum Beispiel bestrafen oder belohnen, damit ihre Kinder gehorchen, benötigen sie die sechs Strategien der Liebevollen Führung, die Lieben und Führen miteinander verbinden. Denn Kinder brauchen Liebe UND Führung, um sich sicher, geborgen und geliebt zu fühlen und um den Eltern folgen zu können.

Wir nennen diese sechs Strategien die Innere Haltung (1), das Schutzschild (2), die Schützende Gewalt (3), die Stellvertretende Kraft (4), die Hierarchie (5) und den Freiraum (6). Dabei legen wir in diesem Buch den Fokus auf das Führen, wobei die Strategien, die wir vermitteln, immer von Liebe und Fürsorge geprägt sind.

Satz zum Fliegen

Es braucht so viel fürsorgliche Macht wie nötig und so wenig wie möglich!

Elterliche Führung heißt konkret im Alltag:

- »Ich helfe dir, es zu schaffen.«
  Beispiel: Ich ermutige dich, wenn du das Klettergerüst hochklettern möchtest und dich nicht traust.
- »Ich helfe dir, herauszufinden, was du brauchst.«
  Beispiel: Ich sehe, dass du Süßigkeiten möchtest und hinter diesem Wunsch das Bedürfnis Nähe steckt.
- »Ich führe dich so durch dein Leben, dass dein Bedürfnis nach Autonomie erfüllt wird.«
  Beispiel: Wenn du noch mehr Fernsehen schauen möchtest als verabredet, erkenne ich dein Bedürfnis nach Autonomie und helfe dir dabei, Wege zu finden, dieses zu erfüllen. Gleichzeitig bleibe ich für deine Gesundheit bei meinem »Nein«.
- »Ich helfe dir, so mit deinen Gefühlen umzugehen, dass alle und alles unversehrt bleiben.«
  Beispiel: Du kannst deine starken Gefühle wie Zorn, Wut oder Frust zeigen und ausdrücken, und ich passe auf, dass dabei du, ich und alle und alles andere heil bleiben.
- »Ich helfe dir, Lösungen zu finden, die für alle okay sind!«
  Beispiel: Du willst mit mir spielen und ich auch mit dir. Also werden wir etwas spielen, was für uns beide okay ist.

Eltern schenken ihren Kindern Orientierung, Ordnung, Halt, Schutz und damit am Ende Sicherheit, indem sie vorleben und durch Liebevolle Führung zeigen, welche Werte ihnen wichtig sind.

Eltern sind sich bei der Liebevollen Führung zu jeder Zeit klar darüber, dass sie aus Fürsorge heraus handeln.

Um mit Selbstsicherheit liebevoll führen zu können, braucht es aus unserer Sicht eine neue Form der Erziehung, die gewährleistet, dass die Bedürfnisse aller in der Familie erfüllt werden. Entscheidend dabei ist, dass in einer bedürfnisorientierten Alltagsroutine auch die Bedürfnisse der Eltern berücksichtigt werden. Ergebnisse der Bindungsforschung zeigen nämlich eindeutig ein höchst spannendes Phänomen, das vielleicht auch dir etwas Last von den Schultern nimmt. Erschöpfte und überlastete Eltern, die sich nur noch auf die Bedürfniserfüllung der Kinder fokussieren, weisen ein erhöhtes Stresslevel auf. Das erhöhte Stresslevel wiederum führt dazu, dass Eltern schneller genervt, wütend und überfordert sind. Dadurch leidet die elterliche Feinfühligkeit, und die kindlichen Bedürfnisse werden erst zu spät oder gar nicht erkannt.

Es braucht also eine Erziehung, die einen sehr klaren und gleichzeitig flexiblen Rahmen für dein Kind schafft, ohne es in seiner Autonomieentwicklung einzuengen und ohne es durch autoritäre und strafende Grenzen oder Führung einzuschränken oder durch eine antiautoritäre oder Laissez-faire-Erziehung zu vernachlässigen. Wir nennen diese neue Form der Erziehung *Führend Liebevolle Erziehung* und haben dieses neue pädagogische Konzept inzwischen erfolgreich als Marke eingetragen.

Die FüLi-Erziehung vereint entwicklungspsychologisches und pädagogisches Hintergrundwissen mit der Grundhaltung und der Technik der Gewaltfreien Kommunikation. Die folgende Grafik veranschaulicht die 6 Elemente der FüLi-Erziehung. Du erkennst an der Grafik bereits, wie viel Raum die jeweiligen Strategien im Familienleben einnehmen.

1. Innere Haltung

Um die FüLi-Erziehung umsetzen zu können, brauchst du eine völlig klare innere Haltung oder auch ein klares Warum für deine

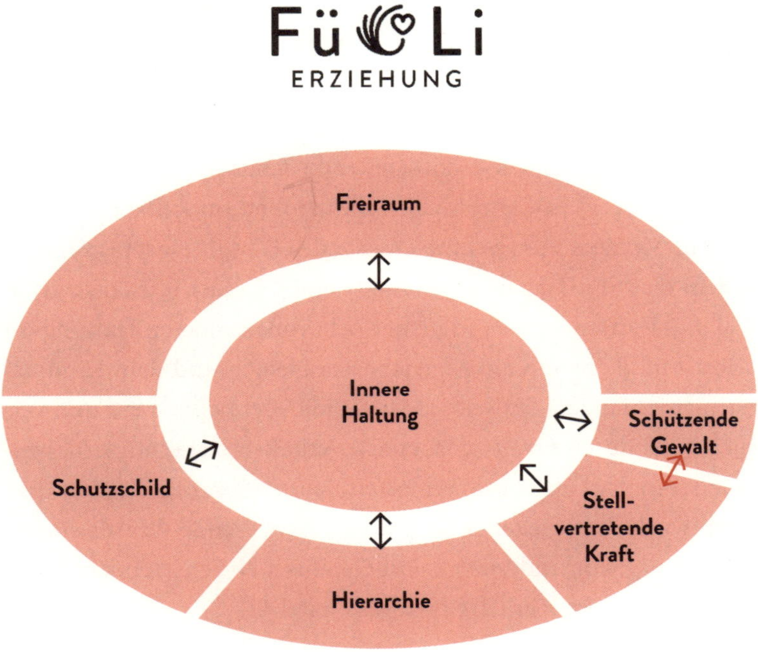

Die 6 Elemente der FüLi-Erziehung

Handlungen. Dabei spielt die Auseinandersetzung mit deinem inneren Kind eine bedeutende Rolle. Die empathische und liebevolle innere Haltung befindet sich in der Kreismitte, da sie bei jeder FüLi-Strategie mitschwingt und als Basis für Liebevolle Führung gilt. Mit ihr beschäftigen wir uns in Kapitel 2.

2. Schutzschild

Durch deinen Schutzschild zeigst du deinem Kind und anderen Menschen deine Grenzen, während du auch die Grenzen deines Kindes wahrst. Wie das geht, erfährst du in Kapitel 3. Im Kreis nimmt diese sogenannte fürsorgliche Machtstrategie etwas mehr Raum ein als die Stellvertretende Kraft und die Schützende Gewalt, da sie unserer Erfahrung nach im Alltag öfter eingesetzt wird als die anderen beiden Strategien.

3. Schützende Gewalt

Durch die Schützende Gewalt schützt du dein Kind selbstsicher und bestimmt in lebensbedrohlichen Situationen im Alltag. Da du in diesem Moment zum Schutz des Kindes Gewalt einsetzen musst, indem du zum Beispiel die Hände deines Kindes festhältst, ist es wichtig, währenddessen in deiner liebevollen inneren Haltung dir selbst und deinem Kind gegenüber zu bleiben und dein Kind danach aufzufangen. Du setzt sie so wenig wie möglich ein und versuchst, sie durch vorausschauendes Verhalten zu verhindern, weshalb sie in der Grafik am wenigsten Raum einnimmt. Je älter dein Kind wird, desto seltener setzt du die Schützende Gewalt ein, da dein Kind mehr und mehr selbst Gefahren einschätzen kann. Die Schützende Gewalt erklären wir in Kapitel 4.

4. Stellvertretende Kraft

Du sorgst durch dein körperliches Eingreifen für die kindliche Bedürfniserfüllung, wenn dein Kind die Konsequenzen seines Handelns noch nicht absehen kann. Davor hast du deinem Kind Empathie geschenkt, um ihm in die Kooperation zu helfen. Auch hier bleibst du in der empathischen inneren Haltung und setzt die Stellvertretende Kraft so wenig wie möglich ein. Je älter dein Kind wird, desto weniger Stellvertretende Kraft ist nötig, bis sie irgendwann gar nicht mehr nötig ist. Mehr dazu erfährst du in Kapitel 5. Kapitel 6 zeigt auf, wie Schützende Gewalt und Stellvertretende Kraft im Alltag gemeinsam zum Einsatz kommen.

5. Hierarchie

Jedes Familienmitglied hat in eurer Familie seinen Platz, der ihm Halt und Sicherheit gibt. Das bedeutet, dass du deinem Kind durch klare Vorgaben, Routinen und Strukturen Grenzen und Orientierung schenkst, indem du ihm je nach Entwicklungsstand unterschiedliche Rechte und Pflichten einräumst. Du schützt dein Kind dadurch vor Überforderung und zu viel Verantwortung, da es beispielsweise nicht selbst die Mutter- oder Vaterrolle oder die Rolle eines anderen Geschwisterteils übernimmt. Im Prinzip geht es darum, dass jeder seinen festen Platz in der Familie hat. Das alles erfährst du in Kapitel 7.

6. Freiraum

Du entscheidest das Was und dein Kind darf bei der Umsetzung frei mitgestalten. Du schenkst deinem Kind also Freiraum in einem vorgegebenen Rahmen. Konfliktsituationen mit Kindern im Alltag erlauben sehr häufig einen Freiraum, und wir ermutigen dich in Kapitel 8 anhand zahlreicher Beispiele dazu, mit deinem Kind friedvolle Lösungen und Kompromisse zu finden, auch wenn das manchmal Zeit braucht.

Durch unsere Arbeit in der Elternberatung sehen wir, wie wichtig diese sechs Elemente der FüLi-Erziehung sind, um auf Machtkämpfe, Belohnung und Bestrafung verzichten zu können. Dabei steht im Fokus, dass sich alle Familienmitglieder wohlfühlen können, um gut füreinander zu sorgen. Besonders wichtig ist uns, diese Form der Erziehung nicht nur theoretisch zu erklären, sondern sie mithilfe von konkreten Strategien für den Alltag zu vermitteln. Eltern, die liebevoll führen, signalisieren ihrem Kind klar, dass sie die Erwachsenen sind und aufgrund zahlreicher Erfahrungen Entscheidungen für das Kind treffen dürfen. Dabei sehen sie, wenn sich das Kind gerade ausprobiert und sein Bedürfnis nach Autonomie auslebt.

Hilfreich ist folgender Grundsatz: Je jünger ein Kind ist, desto mehr Elterliche Führung braucht es. Uns ist völlig bewusst, dass der Begriff Führung in der Elternschaft Ablehnung hervorrufen kann, weil er häufig mit Gewalt, fehlender Augenhöhe und Respektlosigkeit dem Kind gegenüber in Verbindung gebracht wird. Über Generationen hinweg wurde Führung in der Kindererziehung missbraucht und dafür eingesetzt, Kinder machtvoll zu einem erwünschten Verhalten zu erziehen. Viele Eltern haben selbst genau diese Form von Machtmissbrauch in ihrer eigenen Kindheit erlebt und möchten ihre Kinder unbedingt davor schützen, Machtmissbrauch zu erleben. Wir möchten den Begriff der elterlichen Macht in ein neues Licht rücken und klar aufzeigen, wie Macht durch Liebevolle Führung fürsorglich eingesetzt werden kann.

Bevor wir die sechs Strategien der Liebevollen Führung ausführlich vorstellen, möchten wir dir als Verständnisgrundlage noch einige Grundbegriffe und Konzepte vorstellen, an welchen wir uns in unserer neuen FüLi-Erziehung orientieren. Dabei geht es um Autonomieentwicklung, kindliche Bedürfnisse, die Abkehr von Belohnung und Bestrafung sowie die Gewaltfreie Kommunikation.

Die Balance zwischen Liebevoller Führung und Autonomie

Oft ist es für Eltern eine große Herausforderung, den Spagat zu schaffen, das Kind in seiner Autonomieentwicklung zu fördern und es gleichzeitig liebevoll zu führen. Sowohl durch das Stillen des Autonomiebedürfnisses als auch durch das Stillen des Bedürfnisses nach Führung wird die Bindung in der Eltern-Kind-Beziehung gestärkt. Kinder sind damit beschäftigt, höchst anspruchsvolle Entwicklungsaufgaben zu meistern und sich durch sogenannte Exploration weiterzuentwickeln und nach Autonomie zu streben. Exploration bedeutet, dass das Kind seinen Fähigkeiten entsprechend seine Umwelt erkundet, erforscht, experimentiert und mit zunehmendem Alter ausprobiert, welche Konsequenzen das eigene Handeln haben kann. Entwicklungsschritte meistern Kinder durch zahlreiche Lernerfahrungen, die allerdings nur dann bewältigt werden können, wenn das Bedürfnis nach Bindung ebenso erfüllt wird. Eltern dürfen einerseits darauf achten, ein erfahrungsreiches Umfeld zu schaffen, das Kindern viele Lernerfahrungen ermöglicht. Gern sprechen wir von der sogenannten Ja-Umgebung, in welcher das Kind sich frei bewegen, lernen und auch mal scheitern darf, um es noch einmal zu probieren. Eine Umgebung, in der auch mal Frust und Wut aufkommen dürfen, wenn etwas misslingt.

Wichtig ist dabei andererseits, dass all diese Lernerfahrungen in einem vorgegebenen Rahmen passieren und liebevoll führend begleitet werden. So ist das Kind in Sicherheit, denn es kann Gefahren noch nicht in jeder Situation absehen. Das Kind braucht eine Person, die Orientierung gibt, wenn es gerade selbst überfordert ist und noch nicht selbstständig für sich sorgen oder entscheiden kann. Liebevoll führend sind Eltern auch, wenn sie hilfreiche Strategien vorleben, mit starken Gefühlen umzugehen. Zusätzlich bedeutet liebevoll führen auch, dem Kind Empathie zu schenken und die Wut gemeinsam rauszulassen, wenn es von einem Wutausbruch übermannt wird. Im fachlichen Kontext wird hier von sogenannter Co-Regulation durch die Bezugsperson gesprochen, die dem Kind nach und nach hilft, sich selbst besser zu regulieren. Liebevolle Führung mit Blick auf die Bedürfniserfüllung des Kindes und der gesamten Familie bedeutet konkret, dass Eltern vorausschauend darauf achten und dafür sorgen, dass die Bedürfnisse aller in der Familie im Großen und Ganzen erfüllt sind. Eine bedürfnisorientierte Alltagsroutine spielt dabei eine wichtige Rolle. Warum die fürsorgliche elterliche Macht auch für die Entwicklung einer sicheren Bindung von großer Bedeutung ist, möchten wir nun ausführlich erklären. Zunächst machen wir hierzu einen kleinen Exkurs zur Bindungsforschung.

Bindungstheoretische Hintergründe

Die Basis für eine gesunde emotionale, soziale und kognitive Entwicklung ist die sichere Bindung, die sich bereits in der Schwangerschaft und insbesondere in den ersten beiden Lebensjahren und auch noch darüber hinaus durch die Anzahl an positiven Bindungserfahrungen mit den Bezugspersonen entwickelt. Die Entwicklung des kindlichen Gehirns ist in den ersten beiden Jahren enorm, und alle Bindungserfahrungen werden in dieser Zeit in Form von neuronalen Verbindungen im Gehirn integriert. Je jünger das Kind ist, umso prompter braucht es eine Reaktion auf seine unerfüllten Bedürfnisse. Das Kind möchte sich angenommen fühlen, gleichzeitig Gefühle ausdrücken dürfen und sich durch Weinen äußern. Auch wenn Eltern nicht immer sofort herausfinden, was das Baby oder Kleinkind gerade braucht, spürt das Kind, dass seine Bezugspersonen versuchen, sein Bedürfnis zu stillen.

Eine sichere Bindung entsteht, wenn eine Bezugsperson feinfühlig und prompt auf die Bedürfnisse eines Kindes reagiert und schnellstmöglich für die Bedürfniserfüllung sorgt. Das Bindungsverhalten des Säuglings (z. B. weinen oder Nähe suchen) löst bei der Bezugsperson im besten Falle Fürsorgeverhalten aus, wodurch das Baby und Kleinkind Empathie, Schutz, Nähe, Nahrung, Schlaf oder andere Bedürfnisse gestillt bekommt. Die folgenden Kriterien sind wichtig, um Kindern Urvertrauen über sichere Bindungserfahrungen zu vermitteln.

Bereits der Versuch, feinfühlig zu erkennen, was das Kind braucht, ist entscheidend
Denn bereits ein Säugling kann wahrnehmen und fühlen, wenn Eltern den Versuch unternehmen, sein unerfülltes Bedürfnis zu erkennen und zu stillen. Dieses Wissen nimmt dir vielleicht etwas den Druck, wenn du das unerfüllte Bedürfnis deines Kindes in manchen Situationen nicht direkt einordnen kannst – dein Versuch, es zu tun, vermittelt deinem Kind bereits, dass du es siehst und mit seinen Gefühlen und Bedürfnissen ernst nimmst.

Bedürfnisse mit Liebevoller Führung oder mit Freiraum erfüllen

Entscheidend für eine sichere Bindung ist weiterhin, dass Eltern schließlich die Bedürfnisse ihres Kindes erfüllen. Dies bedeutet im Alltag manchmal, vom Spielplatz nach Hause zu gehen, obwohl das Kind noch bleiben möchte, oder das völlig übermüdete Kind schlafen zu legen, obwohl es noch wach bleiben möchte, und Medikamente zu geben, obwohl es diese unter keinen Umständen einnehmen mag. Dadurch erleben Kinder ihre Eltern verlässlich, weil sie die liebevolle Absicht ihrer Eltern hinter dem Verhalten spüren und ihnen deren Selbstsicherheit im liebevoll führenden Handeln Halt schenkt.

Gefühle des Kindes anerkennen

Entscheidend ist darüber hinaus, dass Eltern die Gefühle des Kindes annehmen und liebevoll begleiten, ohne diese direkt abstellen zu wollen. Wenn das Kind mit seinen Gefühlen diese empathische und feinfühlige Begleitung erfährt, kann es keine seelischen Schäden erleiden. Ziel ist es also nicht, ein Kind schnellstmöglich zu beruhigen oder abzulenken, sondern vielmehr mit seinen Gefühlen anzunehmen.

Begleitung der unangenehmen Gefühle durch Empathie (nonverbal, verbal, durch körperliche Nähe)

Wenn du als Mama oder Papa gerade nicht prompt durch deine körperliche Nähe helfen kannst, weil du beispielsweise gerade unter der Dusche stehst, das Essen zubereitest und nicht vom Herd wegkannst oder dich um ein Geschwisterkind kümmerst, ist auch eine ruhige und liebevolle Stimme als feinfühlige Strategie für kurze Zeit ausreichend, sofern dein Kind nach diesem Frusterlebnis des Warten-Müssens deine körperliche Nähe erfährt. Aufgrund fehlender Hirnreife ist ein Kind noch nicht in der Lage, sich selbst zu regulieren, und bei starken Gefühlen abhängig von der Co-Regulation seiner Bezugspersonen, um sich sicher und geborgen fühlen zu können.

Elterliche Bedürfniserfüllung steigert elterliche Feinfühligkeit

Die Feinfühligkeit von Eltern sinkt, wenn ihre eigenen Bedürfnisse unerfüllt sind, wie die Bindungsforscherin Fabienne Becker-Stoll betont. Völlig überlastete Eltern, die unter enormem Schlafmangel litten, waren nicht mehr in der Lage, ihre eigenen unerfüllten Bedürfnisse von den unerfüllten Bedürfnissen ihrer Kinder abzugrenzen. Um feinfühlig auf die Bedürfnisse von Säuglingen und Kindern reagieren zu können, brauchen Eltern also ein klares Bewusstsein für ihre eigenen Bedürfnisse und die Fähigkeit, ihre unangenehmen Gefühle als Wegweiser zu unerfüllten Bedürfnissen zu sehen.

Elterliche Gefühlsregulation steigert elterliche Feinfühligkeit

Weiterhin hilft es Eltern, feinfühlig zu reagieren, wenn sie selbst gesunde Strategien haben, um ihre Gefühle zuzulassen und zu regulieren. Damit meinen wir beispielsweise, dass du deine Gefühle im Körper wahrnehmen kannst, diese benennen und regulieren kannst. Deshalb ist es auch gut, zu weinen oder dich in den Arm nehmen zu lassen, wenn du traurig bist, zu atmen oder in ein Kissen zu schreien, wenn du wütend bist, oder deinem Frust Luft zu machen, indem du beispielsweise eine Freundin anrufst und den Dampf ablässt.

Der Aufbau einer hohen Bindungsqualität steht mit zunehmendem Alter des Kindes in einem Wechselspiel zwischen der Autonomie des Kindes und der Nähe zum Kind. Ein positives Familienklima und eine liebevolle Paarbeziehung, die dem Kind einen geborgenen und sicheren Hafen bietet, fördern die Bindung zusätzlich und unterstützen dein Kind in seiner freien Persönlichkeitsentfaltung.

Die Bedürfniswelt von Kindern

Halten wir noch einmal fest: Das feinfühlige Erfüllen von kindlichen Bedürfnissen ist die Grundlage für die körperliche, seelische und geistige Gesundheit des Kindes. Jede Erfüllung und auch jede Nicht-Erfüllung eines Bedürfnisses hat eine Auswirkung auf das Verhalten des Menschen und auf den Reifungsprozess eines Kindes, wobei wir noch einmal darauf hinweisen wollen, dass bereits der Versuch der Eltern, das Bedürfnis beim Kind zu erkennen und dann später zu stillen, vom Kind als verlässlich wahrgenommen wird.

An dieser Stelle möchten wir auch erwähnen, dass es Kinder gibt, die sehr bedürfnisstark sind, weil sie besondere Voraussetzungen mitbringen. Wir sprechen beispielsweise von Kindern, die gefühlsstark und hochsensibel sind oder Formen der Neurodiversität aufweisen. Damit meinen wir die sogenannte neurologische Vielfalt, die Kinder mitbringen können, wozu unter anderen Autismus, ADHS, ADS und Dyslexie gehören. Wir sprechen hier ganz bewusst nicht von Entwicklungsstörungen, da uns der Blick, diese Kinder mit ihren besonderen Voraussetzungen so anzunehmen, wie sie sind, sehr gefällt.

Gleichzeitig benötigen Kinder mit diesen besonderen Voraussetzungen intensive Begleitung, weshalb manchmal zwei Elternteile kaum ausreichen, um die Bedürfnisse des Kindes zu stillen. Wir möchten deshalb all jene Eltern ermutigen, in ihrem Umfeld so viel Unterstützung wie möglich anzunehmen und sich immer wieder bewusst zu machen, dass es sich durchaus so anfühlen kann, als dürften mehrere Kinder gleichzeitig begleitet werden. Der Druck, alle Bedürfnisse beim Kind zu jeder Zeit stillen zu müssen, ist gerade in solchen Fällen enorm hoch und häufig gar nicht leistbar.

Eltern sind also – gern auch mit Hilfe außerhalb der Familie – dafür verantwortlich, die kindlichen Bedürfnisse im Blick zu haben, und diese, je jünger das Kind, desto prompter, zu erkennen und zu erfüllen.

In Anlehnung an Brigitte Hannig (2007) gliedern wir die Bedürfniswelt der Kinder in Ober- und Unterbedürfnisse. Einem Oberbedürfnis sind verschiedene Unterbedürfnisse zugeordnet, die es weitgehend zu erfüllen gilt, damit sich am Ende auch das Oberbedürfnis erfüllen lässt. An erster Stelle steht das Oberbedürfnis **Überleben**. Damit es erfüllt werden kann, ist es wichtig, die Unterbedürfnisse wie Berührung, Bewegung, Bindung, Entleerung, körperliche Gesundheit, Licht, Luft, Nahrung, Pflege, Schlaf und Wärme zu erfüllen. Es liegt gänzlich in der elterlichen Verantwortung, für die Erfüllung dieser lebensnotwendigen Bedürfnisse zu sorgen. Dies gelingt durch die elterliche Fürsorge – und in einigen Ausnahmen auch durch elterliche Führung in Form des Schutzschildes und der Stellvertretenden Kraft, die wir dir in Kapitel 3 und 5 vorstellen werden.

Nachdem das Oberbedürfnis nach Überleben erfüllt ist, geht es um alle Bedürfnisse, die dem Oberbedürfnis nach **Sicherheit** dienen: wie Autonomie, emotionale Sicherheit und Gesundheit, Führung, Geborgenheit, Grenzen, Rhythmus und Routine, Hierarchie und Gerechtigkeit, Klarheit, Ordnung, Orientierung, Struktur, Stabilität und Schutz. Hierfür braucht es die elterliche Führung. Denn erst wenn Kinder sich sicher fühlen, können sie vertrauen, elterliche Liebe annehmen und dadurch kooperieren.

Bei den Unterbedürfnissen von Sicherheit spielt das Bedürfnis nach Autonomie eine besondere Rolle, da dieses Bedürfnis von Eltern nur dem Entwicklungsstand des Kindes entsprechend angemessen erfüllt werden kann. Das Streben eines Kindes, selbstbestimmt zu handeln, also Dinge selbst zu machen, mitzubestimmen, ernst genommen zu werden oder allein zu entscheiden, steht meist im direkten Gegensatz zu den Unterbedürfnissen nach Struktur, Führung oder Schutz. Konkret heißt das beispielsweise, dass eine feste Tagesstruktur einem Kind Sicherheit durch Orientierung, Struktur und Führung schenkt, weil es genau weiß, wann was passiert, wer wann zuständig ist und was von ihm erwartet wird – und gleichzeitig steht all das seinem Streben entgegen, selbst entscheiden und mitbestimmen zu wollen. Es ist unsere elterliche Aufgabe, dieses Spannungsfeld immer wieder aufs Neue im Blick zu haben und ein Gleichgewicht herzustellen – dem Kind also einen sicheren Rahmen zu geben, innerhalb dessen es seine eigenen Erfahrungen machen darf.

Da das kindliche Bedürfnis nach Autonomie im Alltag oft zu kurz kommt, haben wir im Downloadmaterial (siehe Seite 262) zahlreiche Strategien für dich zusammengestellt, wie du deinem Kind helfen kannst, das Bedürfnis nach Autonomie im Alltag zu stillen.

Ein weiteres wichtiges Oberbedürfnis des Kindes ist **Zugehörigkeit**, welchem Unterbedürfnisse wie Einbezogensein, Empathie, Gemeinschaft, Liebe und Menschlichkeit zugeordnet werden. Für ihre Erfüllung braucht es unsere elterliche Liebe.

Es gibt noch weitere Oberbedürfnisse wie Achtung, Selbstverwirklichung und Sinn. Für die Erfüllung dieser Oberbedürfnisse mit all ihren Unterbedürfnissen braucht unser Kind unsere Wertschätzung und Freiraum.

Fassen wir noch einmal zusammen: An erster Stelle steht das Überleben, und dafür braucht dein Kind deine elterliche Fürsorge. Für seine Entwicklung ist die erfüllte Sicherheit enorm wichtig, wofür es deine elterliche Führung braucht. Erst danach braucht es Zugehörigkeit und Co, wofür es unter anderem deine elterliche Liebe und Freiraum braucht. Für Kinder steht das Bedürfnis nach Sicherheit also VOR dem Bedürfnis nach Liebe, wobei das eine das andere keinesfalls ausschließt. Genau deswegen haben wir die FüLi-Erziehung entwickelt, die beide Aspekte und Bedürfnisse miteinander verbindet.

Einem Kind vor allem elterliche Liebe und keine elterliche Führung zu geben, kann deswegen so fatal sein, weil ein Kind sich nur dann wirklich binden kann, wenn sein Bedürfnis nach Sicherheit erfüllt ist. Auch der Aufbau von Urvertrauen hängt davon ab, ob das Kind von seinen Bezugspersonen verlässlich Sicherheit und Schutz erfährt. Fühlt ein Kind sich nicht sicher, ist sein Alarmsystem dauerhaft aktiviert – Hilferufe wie verstärkte Wutausbrüche, Aggressionen oder Rückzug usw. können eine Folge sein.

Eine verlässliche, sichere Bindung, wie sie unsere Kinder brauchen, entsteht, indem wir mithilfe unserer Fürsorge zunächst fürs Überleben sorgen, dann für ihre Sicherheit (durch unsere Klarheit mit Strategien der Elterlichen Führung) und schließlich durch unsere Liebe für ihre Zugehörigkeit. Dieses Wissen hilft Eltern dabei, das Verhalten ihrer Kinder mitsamt seinen Gefühlsausbrüchen einzuordnen, zu verstehen, was ihre Kinder ihnen damit sagen wollen und was sie wirklich brauchen – um schließlich liebevoll führend das so wichtige Bedürfnis nach Sicherheit erfüllen zu können.

Satz zum Fliegen

Erfülle zunächst alle lebensnotwendigen Bedürfnisse, dann alle Sicherheit spendenden Bedürfnisse, und erst DANACH folgt das Bedürfnis nach Zugehörigkeit und später Achtung, Selbstverwirklichung und Sinn.

Auf Belohnung und Bestrafung verzichten

Belohnungen und Bestrafungen sind als Erziehungsmethoden im sozialen Miteinander in unseren Köpfen fest verankert, ist doch ein Großteil von uns selbst so aufgewachsen. Unser Verhalten war entweder richtig, dann wurden wir gelobt oder belohnt, oder eben falsch, dann gab es eine Rüge oder Strafe. Der Psychologe B. F. Skinner nannte diese Form des Lernens operante Konditionierung. Diese Lerntheorie richtet den Blick rein auf das Verhalten von Kindern und lässt Gefühle und Bedürfnisse des Kindes ganz außer

Acht. Kindern wird also durch Belohnung und Bestrafung nicht dabei geholfen, sich emotional und kognitiv weiterzuentwickeln. Im Gegenteil: Kinder zeigen nur rein impulsgesteuert – aus Angst vor Bestrafung oder Belohnungsverlust – ein erwünschtes Verhalten. Die Weiterentwicklung von Perspektivübernahme, Einfühlungsvermögen oder auch Mitgefühl sowie Moral wird dadurch nicht gefördert. Ganz vereinfacht gesprochen: Das Kind handelt eher wie ein Roboter und nicht wie ein Mensch mit Gefühlen, der ein großes Interesse daran hat, dass es allen in einer Gemeinschaft gut geht.

Oftmals wird das Bedürfnis nach Führung damit verwechselt, Kindern durch klare Konsequenzen zu zeigen, wo es langgeht und welches Verhalten falsch und welches richtig ist. Diese Konsequenzen sind allerdings keine logischen oder natürlichen – wie beispielsweise die Konsequenz, dass ich müde bin, wenn ich nicht schlafe, oder dass ich den Zug verpasse, wenn ich nicht zur Abfahrtszeit am Bahnhof bin, oder dass der Apfel runterfällt, wenn ich ihn loslasse –, sondern sie sind für das Kind meist völlig unlogisch oder unvorhergesehen.

»Wenn du jetzt nicht aus der Wanne herauskommst, dann lese ich dir gleich keine Gute-Nacht-Geschichte vor!« – Hier gibt es keinerlei kausalen Zusammenhang. Die Dauer des Bades und die Geschichte haben rein gar nichts miteinander zu tun. Dabei geht es also nicht um Liebevolle Führung, sondern um das Ausnutzen der elterlichen Macht, um eine Manipulation des Kindes, damit es aus der Badewanne kommt. Das gilt in beide Richtungen – auch »Wenn du dir jetzt schnell die Schuhe anziehst, dann gibt es gleich ein Eis auf dem Weg« ist eine Manipulation und damit der Missbrauch der elterlichen Macht statt eines liebevollen Führens des Kindes. Denn auch eine solche Belohnung hat zum Ziel, das Verhalten des Kindes entsprechend der elterlichen Vorstellungen zu beeinflussen, statt das Kind mit seinen Bedürfnissen zu sehen.

Doch warum ist es so wertvoll, sowohl auf Bestrafung *als auch* auf Belohnung zu verzichten? Belohnungen und Bestrafungen werden dort eingesetzt, wo es an Vertrauen fehlt. Vertrauen in die Freiwilligkeit – in das Wesen des Menschen, zum Wohle der Gemeinschaft beizutragen. Dies ist eine wichtige Grundhaltung der Gewaltfreien Kommunikation. Belohnt oder bestraft wird immer da, wo Eltern keinen anderen Ausweg mehr sehen, um das Kind zum gewünschten Verhalten zu bewegen, oder wo es schlicht der einfachere Weg ist, damit das Kind »funktioniert«. Dabei darf Belohnung nicht mit Wertschätzung verwechselt werden. Es ist nämlich durchaus sinnvoll für ein starkes Selbstwertgefühl, mit einem Kind Erfolge zu feiern und sich gemeinsam zu freuen.

Leider sind Kinder in unserer Gesellschaft einem starken Wettbewerbsdenken ausgesetzt, und sie lernen schon früh, wie wichtig es ist, zu leisten. Daher wollen sie möglichst alles richtig machen, um Strafen zu vermeiden oder belohnt zu werden. Von pauschalem Lob und Belohnung können Kinder allerdings abhängig werden, und sie empfinden es als Strafe, wenn in bestimmten Situationen kein Lob oder keine Belohnung von den Eltern kommt. Kinder können dadurch die Neugier verlieren, eigene Lösungswege zu finden oder sich für sich selbst einzusetzen, denn was richtig oder falsch ist, was belohnt oder bestraft wird, entscheiden die Eltern.

Kinder, die so »funktionieren«, handeln immer mehr mit dem Ziel, es anderen recht zu machen, statt sich über die eigenen Bedürfnisse bewusst zu werden und die eigenen Grenzen erkennen und leben zu können. Die Verhaltensmotivation ist also eine extrinsische statt eine von innen getriebene, intrinsische Motivation. Kinder handeln dann, um zu gefallen oder um Strafen zu entgehen statt aus sich selbst heraus und im Einklang mit den eigenen Gefühlen und Bedürfnissen.

Im schlimmsten Fall kann das zu einem Verlust an Verbindung, Verständnis und Nähe zwischen Kindern und ihren Bezugspersonen führen. Das Bindungsverhältnis wird geschwächt. Es bilden sich Glaubenssätze wie »Ich mache immer alles falsch«, »Ich bin einfach nicht gut genug«, »Es reicht nie!« oder »Ich muss erst alles richtig machen, damit ich geliebt werde«.

Wenn Eltern auf Belohnung oder Bestrafung verzichten, das kindliche Verhalten also nicht bewerten, brauchen Kinder keine Anerkennung von außen, um sich wertvoll zu fühlen. Sie bleiben neugierig und lernen ungestört, entwickeln Vertrauen und probieren sich aus und sind nach einem Misserfolg erst frustriert und dann motiviert, andere Wege zu finden. Denn statt des Ergebnisses werden der Prozess, der Weg und das Warum wichtig. Das Schubladendenken fällt weg und Kinder lernen, dass jeder Mensch einzigartig ist.

Die Gewaltfreie Kommunikation

Die Gewaltfreie Kommunikation (GFK) wird oft als Kommunikationsmodell und Konfliktlösungsprozess bezeichnet. Aufgrund unserer jahrelangen Erfahrung mit der GFK als Mama zweier Kinder beziehungsweise als Pädagogin und Elternbegleiterinnen sehen wir sie vielmehr als grundsätzliche Entscheidung, wie wir unser Leben führen und Menschen begegnen möchten. Denn neben der konkreten Technik geht es in dem von Marshall B. Rosenberg entwickelten Modell um die Haltung zu sich selbst, zu anderen Menschen und eigentlich zu allen Lebewesen. Rosenberg ist amerikanischer Psychologe und Autor etlicher Bücher, der nach seinem Studium als Konfliktmediator arbeitete und seine eigene Non-Profit-Organisation »The Center of Nonviolent Communication« gegründet hat.

Die GFK geht davon aus, dass der Antrieb all unseren Handelns unsere eigenen Bedürfnisse sind. Was auch immer wir tun, wir tun es aufgrund erfüllter oder unerfüllter Bedürfnisse. Erst wenn es uns gelingt, sie als diese zu erkennen, wenn wir also die Verantwortung für unsere eigenen Bedürfnisse erkennen und annehmen und uns um ihre Erfüllung kümmern, kommen wir in die Selbstverantwortung und die Selbstbestimmung. Vergleichbar ist das mit einem Diamanten, der immer wieder geschliffen wird, bis er glänzt. Unsere Bedürfnisse sind unsere Diamanten, die wir schleifen, indem wir sie uns erfüllen.

Doch auch wenn alle Menschen dieselben Grundbedürfnisse haben, gibt es für jedes Bedürfnis unzählige Strategien, dieses zu erfüllen. Für das Bedürfnis nach Bewegung beispielsweise gehen manche joggen, andere machen Yoga und wiederum andere gehen spazieren.

Die Ziele der Gewaltfreien Kommunikation

Die Gewaltfreie Kommunikation ist die Sprache des Herzens und der Empathie. Sie ermöglicht es, selbst in Konflikten in Verbindung zu bleiben oder diese zumindest immer wieder herzustellen, weil der Fokus auf den Bedürfnissen liegt, die sich die handelnden Personen zu erfüllen versuchen. Das Ziel der Gewaltfreien Kommunikation ist es, Konflikte so zu lösen, dass alle bekommen, was sie brauchen, und gemeinsam Strategien zu finden, mit denen alle Beteiligten einverstanden sind. Das bedeutet, zu verstehen und verstanden zu werden, Gefühle und Bedürfnisse zu erforschen und gemeinsam im Gespräch Strategien und Kompromisse zu finden und in die freiwillige Kooperation zu kommen, statt durch Machtkämpfe die Machtpositionen zu stärken.

Wie funktioniert die Gewaltfreie Kommunikation?

Die Gewaltfreie Kommunikation besteht aus der Haltung, den sogenannten Grundannahmen, und der Technik mit insgesamt vier Schritten. Sie helfen dabei, die *Situation* möglichst wertfrei zu erkennen (1. Schritt), die ausgelösten *Gefühle* (2. Schritt) mit *Bedürfnissen* zu verknüpfen (3. Schritt) und für die unerfüllten Bedürfnisse *Strategien* zu finden, um diese zu erfüllen (4. Schritt). Diese Schritte im Detail zu beschreiben, würde den Rahmen dieses Buches sprengen – statt sie also genau zu erklären, lassen wir sie in all den folgenden Rollenspielen und Formulierungshilfen anhand ganz konkreter Alltagsbeispiele erlebbar werden. Schließlich ist es genau das, was die GFK ausmacht: Statt die Technik Schritt für Schritt umzusetzen und sich starr an ihrem Konzept entlangzuhangeln, darf sie als Unterstützung gesehen werden und vor allem mit einer speziellen Haltung im Herzen gelebt. Statt jedes Wort auf die Goldwaage zu legen, ist die Haltung dem Kind gegenüber viel wichtiger. Gleichzeitig können deine Art zu kommunizieren und deine Wortwahl dazu beitragen, dass deine Haltung einen Ausdruck findet. Falls du von der Sprache des Herzens (GFK) in unseren Rollenspielen anfänglich etwas irritiert bist und denkst »Wer redet denn so mit seinen Kindern?!«, kann das daran liegen, dass diese Sprache noch sehr ungewohnt für dich ist. Neues und Ungewohntes kann zunächst unangenehme Gefühle auslösen. Die wenigsten von uns sind nämlich mit empathischer Sprache aufgewachsen, weshalb sich diese vielleicht zunächst etwas künstlich anfühlen mag. Doch die Fragen, die wir Kindern in den folgenden Rollenspielen stellen, helfen dem Kind, seine eigenen Gefühle und Bedürfnisse zu erkennen. Gern sprechen wir dabei auch von der Empathieschleife. Je jünger ein Kind ist, desto weniger empathische Fragen werden gestellt, um das Kind nicht zu überfordern. Sinnvoll ist dann, die nonverbale Empathie zu nutzen, die wir im Folgenden genauer erklären.

Viele der Eltern, die wir begleiten, nutzen diese Sprache nach einiger Übung voller Sicherheit und Überzeugung, und wir stellen immer wieder fest: Es ist möglich, den Zugang zu uns und unserem mitfühlenden Wesen wiederzufinden und zu vertiefen. Dadurch kann so viel mehr Liebe entstehen und Konflikte mit Kindern und Menschen können friedvoll gelöst werden.

Mit diesem Buch laden wir dich ein, dein Herz für empathische Sprache sowohl verbal als auch nonverbal zu öffnen. Gleichzeitig entscheidest du selbst, wie viel und was du von unseren Formulierungshilfen übernehmen möchtest, denn wichtig ist, dass du dich mit der neu erlernten Sprache wohlfühlst und dabei authentisch bleiben kannst.

Die Grundannahmen der Gewaltfreien Kommunikation

Die Gewaltfreie Kommunikation besteht sowohl aus der Technik, also den vier Schritten, als auch aus einer speziellen Haltung, die uns ebenfalls helfen kann, empathisch miteinander umzugehen, zu beobachten, zu verstehen, statt zu bewerten und zu verurteilen. Um dir und deinem Kind mit liebevollen Gedanken begegnen und dein Kind liebevoll führen zu können, möchten wir dir die für die FüLi-Erziehung wichtigsten Grundannahmen der Gewaltfreien Kommunikation näherbringen.

1. Niemand tut etwas, um dich zu ärgern. Er/Sie tut es für sich. Dein Kind – und jeder andere Mensch – handelt für sich und nicht gegen dich. Es kümmert sich bestmöglich darum, sich seine eigenen Bedürfnisse zu erfüllen. Statt dich ärgern zu wollen, bittet es dich also oftmals um Hilfe dabei, für sich zu sorgen, sich selbst zu verstehen. Mit jedem Verhalten möchte dein Kind dir etwas über sich erzählen. So kann dein Kind dich beispielsweise hauen, weil es eigentlich deine Nähe braucht. Das mag im ersten Moment eine Strategie sein, die wenig zielführend ist – und doch ist es in diesem Moment das einzig Mögliche, was deinem Kind gerade zur Verfügung steht, sich um sich zu kümmern. Jeder Mensch wählt grundsätzlich die für ihn aktuell beste Strategie zur Erfüllung der eigenen Bedürfnisse.

Sätze, die dir als Mama/Papa helfen können, sind beispielsweise:

»Mein Kind macht das gerade nicht, um mich zu ärgern.«

»Mein Kind versucht, mich mit seinem Verhalten gerade auf ein unerfülltes Bedürfnis hinzuweisen.«

»Mein Kind versucht, sich mit seinem Verhalten ein Bedürfnis zu erfüllen.«

2. Andere Menschen sind lediglich der Auslöser unserer Gefühle, niemals die Ursache. Jeder ist für seine Gefühle selbst verantwortlich. Das Verhalten des anderen kann ein Gefühl bei dir auslösen.

So ist es auch bei deinem Kind. Es macht dich nicht wütend oder traurig. Du bist, ausgelöst durch ein Verhalten deines Kindes, traurig oder wütend, weil eines oder mehrere deiner Bedürfnisse unerfüllt sind. Es lohnt sich also, genau hinzuschauen, wenn du von einem Verhalten deines Kindes stark getriggert wirst. Oft verstecken sich beispielsweise die unerfüllten Bedürfnisse nach Empathie, Wertschätzung, Annahme oder Liebe aus deiner Kindheit hinter der ausgelösten Wut oder anderen unangenehmen Gefühlen.

Ein Satz, der dir als Mama/Papa helfen kann:

»Mein Kind löst Gefühle in mir aus, die Ursache sind meine eigenen unerfüllten oder erfüllten Bedürfnisse.«

3. Alle Menschen sind grundsätzlich dazu bereit, zur Erfüllung der Bedürfnisse anderer beizutragen. Voraussetzung dafür ist, dass dies freiwillig ist und nicht im Widerspruch zu den eigenen Bedürfnissen steht. Dein Kind möchte also zum Wohle der Familie beitragen – sofern das freiwillig passieren kann und all seine Bedürfnisse weitestgehend erfüllt sind. Statt aus Angst, Schuld, Scham oder Verpflichtung ist es also die Freiwilligkeit, auf die wir vertrauen dürfen.

Ein Satz, der dir als Mama/Papa helfen kann:

»Mein Kind möchte freiwillig zum Wohle unserer Familie beitragen.«

4. Du trägst die Bereitschaft in dir, zu jeder Zeit deine Meinung ändern zu können. Es gibt kein dogmatisches Richtig oder Falsch, es gibt lediglich den Moment. Es gibt immer nur deine aktuelle Sichtweise auf die Situation, die du jederzeit ändern kannst. Hast du also einmal »Nein« zu deinem Kind gesagt, kannst du durch Hinterfragen deiner Werte (Bedürfnisse) doch auch wieder »Ja« zu ihm sagen. Diese Grundannahme hilft besonders, um aus der eigenen Kindheit geprägte Glaubenssätze wie »Das macht man so!« aufzulösen. »Ich darf meine Meinung ändern!« hilft vielen Eltern, so zu handeln, wie sie es wollen, statt so zu handeln, wie andere es von ihnen erwarten.

Das bedeutet auch, dass jeder Mensch und jede Familie unterschiedliche Strategien leben dürfen, um sich Bedürfnisse zu erfüllen, auch wenn dir eine Strategie persönlich vielleicht nicht gefällt. Gleichzeitig heißt das aber auch, dass Eltern ihren Kindern bezüglich ihrer Verhaltensweisen eine Richtung geben können und dass sie nicht jedes Verhalten von Kindern akzeptieren müssen. So können Eltern einen klaren Wertekanon vorleben und diesen durch liebevolle Führung vermitteln.

Die Gewaltfreie Kommunikation ist mit ihrer Haltung und ihrer Technik die Sprache der FüLi-Erziehung. Sie hilft durch Empathie, sowohl verbal als auch nonverbal, in Verbindung zu kommen, hat die Bedürfnisse aller im Blick und das Ziel, immer eine Lösung zu finden, die alle Konfliktbeteiligten mit ihren Bedürfnissen berücksichtigt. Sowohl die Bindungstheorie als auch die Grundannahmen der Gewaltfeien Kommunikation begründen, warum Liebevolle Führung für Kinder so wichtig ist.

KAPITEL 2

Deine klare innere Haltung beim liebevollen Führen

»Meine innere Haltung ist klar,
voller Liebe und voller Empathie für mich,
mein Kind und für andere Menschen.«

Sicher hörst und liest du immer wieder davon, dass es deinem Kind hilft, wenn du eine souveräne und selbstsichere innere Haltung hast. Da dein Kind mit dir in einer symbiotischen Verbindung steht, spürt es sofort, wenn du auch nur einen kleinen Funken Unsicherheit ausstrahlst und nicht genau hinter dem stehst, was du gerade sagst oder tust. Vor allem hat dein Kind einen besonders guten Riecher dafür, wenn du ein schlechtes Gewissen hast oder unsicher bist, ob du gerade richtig handelst.

Hinter deinem schlechten Gewissen verbirgt sich häufig ein bestimmtes Gefühl, meist ist das eine Form von Versagensangst. Deine innere Stimme sagt dann vielleicht so etwas wie: »Bin ich gerade zu streng oder sollte ich besser nachgeben?«, »Geht es mir hier gerade nur ums Prinzip?«, »Verletze ich mein Kind gerade durch mein Verhalten?«, »Darf ich gerade eine Grenze zeigen oder sollte ich mein Kind besser selbst entscheiden lassen?«

Deine Unsicherheit und vielleicht auch deine Angst vor Fehlern können dann dazu führen, dass deinem Kind die Orientierung, der Halt und die Sicherheit fehlen, da du in diesen Momenten nicht in der Lage bist, Klarheit auszustrahlen. Doch du darfst deine innere Haltung immer wieder neu für dich finden und dir in manchen

Situationen viel Zeit geben, um wieder eine klare innere Haltung zu finden. Auch wir beide sind bezüglich unserer inneren Haltung immer wieder im Prozess, indem wir Verhaltensweisen reflektieren und überdenken. Wenn Eltern genau wissen, warum sie gerade so handeln, können sie mehr Selbstsicherheit und Selbstvertrauen ausstrahlen und ihrem Kind dadurch Halt und Sicherheit schenken.

Es gibt verschiedene Gründe, warum es Eltern schwerfällt, mit innerer Klarheit liebevoll zu führen. Kinder können auf hervorragende Art und Weise bei ihren Eltern auf bestimmte Knöpfchen drücken und nicht verarbeitete Gefühle aus der Kindheit wieder auslösen. Das machen sie zu keiner Zeit mit böser Absicht. Sie spüren lediglich, dass sie durch bestimmte Verhaltensweisen bei ihren Eltern etwas bewirken und damit ihr Bedürfnis nach Aufmerksamkeit stillen können. Auch wenn diese Aufmerksamkeit negativ ist, macht das Kind unter Umständen weiter, weil aus kindlicher Sicht so viel Spannendes bei Mama und Papa zu beobachten ist. Könnte ein Kind bereits reflektieren, warum es sich so verhält, sähe das so aus: »Wow! Wenn ich immer wieder zur Steckdose krabble, macht Papa spannende Dinge. Er schenkt mir Aufmerksamkeit – und zwar sofort. Das finde ich lustig, deshalb lache ich, und wenn er sich dann richtig aufregt, dann versuche ich, ihn durch mein Lächeln zu besänftigen. Schließlich habe ich gelernt, dass Lächeln den Erwachsenen gefällt.«

Der Papa selbst nimmt hingegen das Verhalten des Kindes vielleicht als Provokation wahr, obwohl es keine ist. Vielleicht wurde sein Bedürfnis, gesehen oder gehört zu werden, in seiner Kindheit nicht erfüllt, und genau deswegen triggert das Verhalten seines Kindes ihn jetzt. Er fühlt sich hilflos, verzweifelt oder ohnmächtig wie früher als Kind. In solchen Momenten kann es dann passieren, dass du wie fremdgesteuert reagierst. Hinterher schämst du dich vermutlich dafür, dass du wieder geschrien, geschimpft, gemeckert oder gedroht hast.

Und all das hängt mit deinen eigenen Erfahrungen zusammen. Das Unterbewusstsein des Menschen möchte in diesen Momenten sozusagen verhindern, wieder so empfinden zu müssen wie in der Kindheit. Es handelt sich dabei um einen Schutzmechanismus unseres Nervensystems, der versucht zu verhindern, dass die unerfüllten Bedürfnisse (z. B. Schutz, Wertschätzung, Autonomie, Zuneigung) aus der Kindheit wieder unerfüllt bleiben, weil dir als Kind diese Dinge von deinen Bezugspersonen so sehr gefehlt haben. Hinzu kommen belastende Glaubenssätze, die du unbewusst denkst, wie zum Beispiel: »Ich bin es nicht wert, gesehen zu werden!«, »Ich bin wertlos, unwichtig oder reiche nicht aus!«

Dein Kind löst all das durch sein Verhalten in dir aus. Gleichzeitig ist es nicht dafür verantwortlich, auf deine Gefühle zu achten oder dein Bedürfnis danach, gesehen und gehört zu werden, zu stillen. Dafür wären in der Kindheit deine Bezugspersonen verantwortlich gewesen, und jetzt im Erwachsenenalter kannst nur noch du selbst die Verantwortung für dich und deine Bedürfniserfüllung übernehmen. Auch wir beide durften diese Trigger für uns erkennen:

Martinas Trigger: »Da war dieser Junge in meiner Schulklasse, in welcher ich Klassenlehrerin war, zu dem ich eine sehr enge Beziehung aufgebaut hatte. Er hatte besondere Lernvoraussetzungen und war stark von meiner Nähe und liebevollen Führung abhängig. Immer wieder half ich ihm dabei, seine Wut durch unterschiedliche Strategien zu regulieren, wenn er völlig bindungsleer in die Schule kam. Wenn ich nicht in der Schule war, zeigte er oft aggressives Verhalten auf dem Pausenhof, weil ihm meine Orientierung und mein Halt fehlte. Und dann gab es diesen Moment, in dem er vor meinen Augen ein anderes Mädchen mit ›du blöde Sau‹ beschimpfte und sie trat. Ich war nicht mehr Herrin meiner Sinne und mein Nervensystem reagierte wie fremdgesteuert. Ich schrie ihn laut an, obwohl alles in mir wusste, dass meine Reaktion völlig unangemessen war.

Ich ließ ihn sogar von seiner Mutter abholen, weil ich so wütend und ohnmächtig war – wie als Kind – und nicht ertragen konnte, dass er sich so verhielt.

Was war bei mir los? Aus meiner Sicht hatte ich versagt, weil der Junge sich nicht so verhielt, wie ich es für angemessen hielt! Obwohl ich diesem Jungen täglich all meine Liebe schenkte, hatte ich versagt. Ich reichte nicht aus, das, was ich tat, reichte nicht aus, und da sind wir auch schon mitten in meinem persönlichen Thema. Egal, wie sehr ich als Kind strampelte – es reichte für meinen Papa nicht aus, weshalb ich die Überlebensstrategie entwickelte, immer noch besser sein zu wollen. Deshalb drückte er bei mir das richtige Knöpfchen. Heute weiß ich und kann es auch spüren: ›Egal was und wie viel ich tue oder leiste – unabhängig davon –, ICH BIN WERTVOLL, einfach nur, weil ich bin!‹

Diese Erkenntnis erlaubte mir, in weiteren Konfliktsituationen erst einmal mir selbst Einfühlung zu schenken. Ich hielt meine Reaktion zurück, ging kurz aus der Situation, trank ein Glas Wasser oder setzte mich einfach nur an mein Lehrerpult und atmete. Währenddessen sprach ich wie ein Mantra innerlich vor mich hin: ›Ich bin wertvoll! Ich reiche aus! Ich schaffe das!‹

Manchmal – wenn ich andere Kinder vor der Gewalt des Jungen schützte – sprach ich diese Sätze bereits während des Handelns still vor mich hin. Ich war also zunächst viel mehr bei mir als bei dem Jungen, denn hinter dem starken Gefühl der Wut, das der Junge immer wieder in mir auslöste, verbarg sich eine große Versagensangst, auf die ich in den Momenten der Triggersituationen inzwischen liebevoll eingehen konnte. Mein inneres Gespräch sah dann zum Beispiel im Nachgang ungefähr so aus: ›Martina, du möchtest es so gerne perfekt machen und du willst im Umgang mit den Kindern die Beste sein. Wenn der Junge sich so verhält, ist das ganz schwer für dich, weil es nicht perfekt läuft. Weißt du, meine Kleine: Du bist wertvoll, auch wenn der Junge sich so verhält. Du reichst aus, mit allem, was du tust.‹«

Kathys Trigger: »Es war eines Abends im Badezimmer, meine Tochter war damals etwa drei Jahre alt und ich wollte ihr die Zähne putzen. Sie verweigerte das vehement mit ›Nein! Nein! Nein!‹. Der Tag hatte für mich bis dahin gefühlt aus bereits 1 000 Neins meiner Tochter bestanden und mein Zeiger war an diesem Abend im roten Bereich. Ich spürte, wie sich alles in mir zusammenzog, und am liebsten hätte ich sie angeschrien: ›Jetzt ist mal Schluss, du Göre! Was fällt dir eigentlich ein?! Nein gibt es nicht, du machst, was ich sage!‹ In diesem Moment war ich voller Hass – ein Gefühl, das ich in meinem ganzen Körper, in meinen Gedanken und in meiner Seele spürte. Es war grausam und unmittelbar danach schämte ich mich dafür.

Ich schaffte es, eine Exitstrategie anzuwenden, um mein Nervensystem zu beruhigen: Ich zählte in Zweierschritten laut vor mich hin ›2-4-6-8-10-…‹ und sagte zu meiner Tochter: ›Ich kümmere mich gerade um mich!‹ Danach nahm ich sie auf den Schoß, drückte sie fest und sagte: ›Jetzt putzen wir zusammen Zähne mit ganz viel Spaß. Willst du ein Tiger sein oder ein Pferd?‹ Sie wählte den Tiger.

Ich war heilfroh, irgendwie die Kurve bekommen zu haben, und doch beschloss ich noch in diesem Moment, mich meinem Hass zu widmen, sobald sie im Bett liegen würde. Gesagt, getan. Durch verschiedene Tools erkannte ich, dass ich in meiner Kindheit nie Nein sagen durfte und dass ich für meine starken Gefühle – wie beispielsweise Wut – Ablehnung erfahren hatte. Ich erkannte, dass die Situation mit meiner Tochter die kleine Kathy in Alarmbereitschaft versetzt und Panik in Form von Hass in mir ausgelöst hatte.

Ich hasste also nicht meine Tochter, sondern war voller Hass aus der Panik heraus, nicht gesehen und gehört zu werden, weil mir als Kind Empathie gefehlt hat. Ich beschloss, mir dieses Bedürfnis rückwirkend zu erfüllen, Stück für Stück und mit kleinen täglich angewendeten Strategien. Vor allem der Glaubenssatz »Ich bin wichtig!« hat mir geholfen, bei mir zu bleiben, statt mich von meiner Tochter provoziert zu fühlen.

Allein die Erkenntnis, was meine Tochter mit ihrem Nein bei mir auslöste und wo die Ursache dafür lag, half mir am nächsten Tag, wesentlich entspannter mit ähnlichen Situationen umgehen zu können. Die Erkenntnis, dass ich wichtig bin und dass alle meine Gefühle, auch die starken, sein dürfen, war mein Schlüssel, um aus dem Hass aussteigen zu können. Heute kann meine Tochter diese Knöpfe gar nicht mehr drücken, weil ich diese Wunden aus meiner Kindheit geheilt habe.«

Aus der Beratung

Marianne liebte ihren Beruf und war gut in dem, was sie tat. Ihre Kolleg*innen beschrieben sie als selbstbewusst, klar und bestimmt – und bewunderten, mit wie viel Selbstbewusstsein sie ihren Aufgaben nachging. Als Marianne Mama wurde, war diese Selbstsicherheit dahin. Statt klar und bestimmt im Umgang mit ihrer Tochter zu sein, fühlte sie sich häufig so, als würden ihr die Situationen entgleiten, es brannten ihr förmlich die Sicherungen durch. Ein Wutausbruch ihrer Tochter nach einem Nein von Marianne – egal ob zu Süßigkeiten oder zu einer weiteren Folge der Kinderserie – war jedes einzelne Mal eine Herausforderung für beide.

Nach einigen Beratungen erkannte Marianne, welche belastenden Glaubenssätze und Gefühle aus ihrer eigenen Kindheit sie noch mit sich herumtrug und dass sie diese ganz unbewusst in ihre eigene Mutterschaft übernommen hatte. Ihr Vater hatte Marianne nämlich verboten, vermeintlich unangenehme Gefühle wie Wut zu zeigen, auch Traurigkeit wertete er ab. Er schrie sie sogar an, sie solle aufhören zu weinen, wenn sie traurig war. Folgender unbewusster Glaubenssatz schützte sie damals – und blieb bis heute: »Man muss stark sein und Gefühle unterdrücken, und wenn ich das nicht tue, wird es gefährlich!«

All ihre über viele Jahre unterdrückte Trauer und Wut wird nun durch ihre Tochter ausgelöst – ganz besonders dann, wenn ihre Tochter selbst Gefühle wie Traurigkeit und Wut zeigt. Kein Wunder also, dass Marianne regelmäßig rotsieht, wenn ihre Tochter Wutausbrüche hat. Mariannes Nervensystem reagiert bei Wut und Traurigkeit mit großer Angst und Panik, und Marianne fühlt sich – wie damals in ihrer Kindheit – bedroht. Erst mit diesem Verständnis für ihre eigene Geschichte kann sie sich endlich mit Mitgefühl begegnen, anstatt sich für ihr Verhalten zu verurteilen.

Warum die Erfahrungen deiner Kindheit dich immer wieder einholen

Dass Marianne in diesen Momenten wie fremdgesteuert reagiert, liegt an der besonders tiefen Beziehung, die zwischen Eltern und Kind besteht. Wenn du selbst Mama oder Papa bist, begibst du dich auf eine tiefere Beziehungsebene, die dich unbewusst an die Beziehung zu deinen Eltern erinnert. Falls du mehrere Kinder mit unterschiedlichem Temperament hast, ist es vielleicht auch so, dass dich ein Kind mehr und das andere Kind weniger triggert. Auch wenn du als pädagogische Fachkraft arbeitest und über einen längeren Zeitraum eine intensive Beziehung zu Kindern aufbaust, wirst du immer wieder auf sogenannte »Helferkinder« treffen, die durch ihr Verhalten besonders schnell und erfolgreich völlig unbewusst deine Knöpfchen drücken können und dir darüber helfen, deine Themen aus der Kindheit aufzuarbeiten.

Alte Muster aus deiner Herkunftsfamilie, unerfüllte Bedürfnisse aus deiner Kindheit oder sogar traumatische Erfahrungen kommen allerdings oft erst durch deine Elternschaft ans Tageslicht, und du erkennst dich in manchen Momenten vielleicht gar nicht mehr wieder. Dass diese Verletzungen aus der Kindheit plötzlich so »freiliegen«, hängt allerdings nicht nur mit der tieferen Beziehungsebene zusammen. Hinzu kommt, dass deine eigenen Bedürfnisse von den Bedürfnissen deines Kindes oder deiner Kinder überlagert werden und du dich nicht mehr so gut um dich kümmern kannst wie vor deiner Elternschaft. Du bist in vielen Momenten gezwungen, deine Bedürfniserfüllung aufzuschieben.

Vielleicht geht es dir wie vielen anderen Eltern und du gehst an vielen Punkten über deine Grenzen. Obwohl du eigentlich gar keine Lust auf Rollenspiele hast, spielst du deinem Kind zuliebe unentwegt Rollenspiele. Eine Mutter, die wir begleiten, meinte neulich schmunzelnd in der Beratung: »Manchmal weiß ich nach all den Rollen, die mir mein Kind zuschreibt, fast gar nicht mehr, wer ich selbst bin.«

Du kommst also definitiv über einen mehr oder weniger langen Zeitraum zu kurz und darfst in deiner neuen Rolle erst Strategien erlernen, wie du dich um dich kümmerst, obwohl dein Kind dauerhaft etwas von dir beziehungsweise dich braucht. Besonders anspruchsvoll wird es für Eltern, wenn sie zwei Kleinkinder mit kleinem Altersabstand haben, die zeitgleich starke Bedürfnisse haben, oder wenn ein Kind gefühlsstark oder hochsensibel ist oder andere besondere Voraussetzungen mit in die Familie bringt. Da kann es sich für Eltern durchaus so anfühlen, als hätten sie drei Kinder gleichzeitig zu begleiten.

Bevor wir dir drei wichtige Schritte zeigen, wie du in deine innere Klarheit beim liebevollen Führen kommst, möchten wir dir noch zwei typische Hürden vorstellen, die Eltern davon abhalten, liebevoll zu führen.

Hürde Nummer 1: Ich darf als Mama/Papa nicht versagen!

Kommen dir die folgenden Glaubenssätze bekannt vor?

- *Ich darf keine Fehler machen!*
- *Ich darf nicht versagen!*
- *Ich muss es besser machen als meine Eltern!*
- *Ich muss perfekt sein!*

Solltest du diese Glaubenssätze auch bei dir beobachten, könnte es sein, dass dich diese Hürde vom liebevollen Führen abhält. Vielleicht hast du als Kind durch deine Erfahrungen auch folgenden Satz abgespeichert: Ich schaffe das nicht oder ich kann das nicht, weil dir damals die Unterstützung gefehlt hat, um aus Misserfolgen zu lernen. Möglich wäre auch, dass du selbst machtvolle und strafende Führung erlebt hast und hierarchische Strukturen, in denen du nicht gleichwürdig behandelt wurdest. Dann hast du unterbewusst vielleicht verankert, dass Führung immer Gewalt bedeutet, weshalb du dein Kind unter keinen Umständen in seiner Freiheit einschränken möchtest.

Es kann auch sein, dass dein neu erlangtes Wissen über Bindungsorientierung dich lähmt. Vielleicht hast auch du in manchen Momenten das Gefühl, dich mit der bedürfnis- und bindungsorientierten Elternschaft auf sehr dünnem Eis zu bewegen. Vor allem dann, wenn du immer wieder mit strafenden oder verständnislosen Blicken angeschaut wirst, wenn du zum Beispiel versuchst, dein Kind durch seine Wut oder Aggression zu begleiten, ohne es zu verurteilen. Sätze wie »Da ziehst du dir einen Tyrannen ran, wenn du deinem Kind das durchgehen lässt!« oder »Da musst du jetzt auch mal durchgreifen!« kommen bedürfnisorientierten Eltern sehr bekannt vor.

Wenn dir dein Umfeld kritisch begegnet und dir immer wieder erklärt, dass das alles nicht funktioniert, bist du vielleicht verunsichert und fragst dich an der ein oder anderen Stelle, ob du zum

Beispiel zu wenig Grenzen setzt. Denn dass Kinder klare Grenzen brauchen, denkst du auch. Nur über das Wie und Wann bist du vielleicht manchmal unsicher, zum Beispiel wann du dein Kind mitbestimmen lässt und wann nicht. Vielleicht fragst du dich auch, wie viel Frust du deinem Kind zumuten kannst und ab wann du die Steine aus dem Weg räumen solltest, die sich gerade vor euch auftürmen. Denn du möchtest, dass dein Kind belastbar wird und lernt, mit Misserfolgen umzugehen, indem es eine hohe Frustrationstoleranz entwickelt. Möglicherweise erwischst du dich auch dabei, wie ihr mal wieder darauf verzichtet, die Zähne deines Kindes zu putzen oder eine Jacke anzuziehen, die warm genug ist. Dir ist es nämlich wichtig, dass dein Kind sich gehört und gesehen fühlt, und du möchtest seine Meinung respektieren. Und trotzdem bleibt da ein Funken Unsicherheit in dir zurück: »Hätte ich hier jetzt liebevoll führen und konsequent einfordern sollen, dass die Zähne geputzt werden und die Jacke angezogen wird?«

Worauf wir hinauswollen: All dein Wissen über bedürfnis- und bindungsorientierte Elternschaft und der Wunsch, es anders als deine Eltern zu machen, kann dich davon abhalten, ins Handeln zu kommen – insbesondere dann, wenn dich die oben beschriebenen Glaubenssätze oder andere Sätze unterbewusst lähmen.

Dein Wissen über die Auswirkungen einer autoritären Erziehung nimmt dir die Selbstsicherheit, die du vielleicht vor der Zeit mit deinen Kindern viel häufiger gespürt hast. Du möchtest nämlich um jeden Preis verhindern, dass sich dein Kind so fühlen muss, wie du es vielleicht als Kind getan hast, und deswegen lässt du manchmal Dinge lieber geschehen, als liebevoll die Führung zu übernehmen – aus Angst, dein Kind zu verletzen oder seinem Selbstwertgefühl zu schaden. Denn du möchtest, dass es über sich selbst lernt: »Ich bin wertvoll und liebenswert so, wie ich bin!«

Stell dir nun gern die Frage, ob auch dein Wissen dich lähmt, und nimm dir einen Moment Zeit, um dies zu reflektieren. Dafür kannst du folgende Reflexionsübung machen.

Reflexionsübung

Notiere eine Situation, in der du keine liebevolle Führung übernehmen konntest, aus Angst, dein Kind zu verletzen oder etwas falsch zu machen, und frage dich, wie du liebevoll führend hättest reagieren können.

____

____

____

____

Hürde Nummer 2: Du hast Angst, von deinem Kind abgelehnt zu werden

Kommen dir die folgenden Glaubenssätze bekannt vor?

- *Ich bin nicht liebenswert!*
- *Ich werde nur geliebt, wenn ich die Wünsche anderer erfülle.*
- *Ich reiche nicht aus!*
- *Ich darf nicht zur Last fallen!*

Eltern, die diese oder ähnliche Glaubenssätze in ihrer Kindheit gelernt haben, empfinden große Hilflosigkeit, Traurigkeit, Wut oder andere starke Gefühle, wenn ihr Kind beginnt, sich von ihnen abzugrenzen.

Sätze aus dem Mund deines Kindes wie zum Beispiel:

- *»Du bist die blödeste Kack-Scheiß-Mama!«*
- *»Ich hasse dich!«*
- *»Geh weg! Ich will dich nicht mehr sehen.«*
- *»Ich mag die Oma viel lieber als dich!«*

treffen dich dann wie ein Dolch mitten ins Herz, denn Konflikte oder Ablehnung fühlen sich für dich besonders bedrohlich an. Tatsächlich lässt dein Kind seine starken Gefühle ganz besonders ungefiltert an dir, seiner engsten Bezugsperson, aus, weil es sich deiner Liebe sicher ist. Dies könntest du sogar als Kompliment für eure enge Verbindung verstehen und dir immer wieder bewusst machen, dass dein Kind sich durch sein Verhalten entweder …

- von dir abgrenzen möchte,
- ein Ventil für seine starken Gefühle braucht,
- oder nach Hilfe in großer Not ruft und diesen Hilferuf noch nicht anders ausdrücken kann.

Doch die Vernunft ist das eine und deine Kindheitsgeschichte das andere, was dich unbewusst steuert. Denn weil dein Nervensystem alte Verletzungen abgespeichert hat, kannst du deine Reaktion nur bedingt steuern, wenn dein Kind dich durch sein Verhalten zurückweist. Deine Gefühle haben in diesen Situationen deswegen ihre Berechtigung, denn Erfahrungen der Ablehnung und Zurückweisung in der Kindheit, wie im Übrigen auch Mobbing, lösen starke Verlustängste in Verbindung mit Einsamkeit aus. Möglich ist zum Beispiel auch, dass du selbst als Kind Konflikte als sehr bedrohlich wahrgenommen hast, zum Beispiel wenn sich deine Eltern viel gestritten haben.

Um dich zu schützen, entwickelst du eine hemmende Strategie, die dich davon abhält, dein Kind liebevoll zu führen. Eltern, die Angst vor Ablehnung haben, fühlen sich besonders schnell von ihren Kindern zurückgewiesen und versuchen unbewusst, ihrem

Kind alles recht zu machen und ihm jeden Wunsch von den Augen abzulesen. Es fällt Eltern dann auch besonders schwer, Nein zu einem weiteren Schokoriegel oder dem Spielzeug an der Supermarktkasse zu sagen.

Reflexionsübung

Durch welche konkreten Verhaltensweisen im Alltag versuchst du, der Ablehnung deines Kindes aus dem Weg zu gehen, um Harmonie zu wahren?

____

____

____

____

Drei Schritte für deine innere Klarheit

Die folgenden drei Schritte helfen dir dabei, im Alltag immer wieder in deine innere Klarheit beim liebevollen Führen zu finden. Du kannst diese Schritte in deinem eigenen Tempo gehen, ohne dich dabei unter Druck zu setzen.

- **1. Schritt: Gewinne ein klares Bewusstsein über deine Kindheitserfahrungen.**
  Deine eigenen Kindheitserfahrungen spielen für deine innere

Klarheit eine entscheidende Rolle. Gefühle, die in deiner Kindheit häufig ausgelöst wurden, unerfüllte Bedürfnisse und unbewusste Glaubenssätze aus deiner Kindheit beeinflussen die Qualität der Beziehung zu deinem Kind und dein Erziehungsverhalten.

- **2. Schritt: Lerne durch Strategien der Bedürfniserfüllung, dich in deiner Elternschaft selbst liebevoll zu führen.**
  Deine unerfüllten Bedürfnisse aus der Kindheit und Bedürfnisse, die durch deine Elternschaft plötzlich unerfüllt bleiben, führen dazu, dass du schnell in den Mangel kommst. Deshalb ist es wichtig, dich selbst liebevoll zu führen und Strategien zu finden, um in deiner Kraft und inneren Klarheit beim liebevollen Führen bleiben zu können.

- **3. Schritt: Finde ein klares Warum für deine liebevolle Führung in der Erziehung.**
  Wenn du genau weißt, wohin du mit deinem Erziehungsverhalten möchtest und warum dein Verhalten gerade sinnvoll und verantwortungsbewusst ist, kannst du auch voll und ganz hinter dir selbst und deinen Entscheidungen stehen und diese Sicherheit ausstrahlen.

Im Folgenden wollen wir dir zeigen, wie du diese Schritte konkret für dich umsetzen kannst.

Schritt 1: Gewinne ein klares Bewusstsein über deine Kindheitserfahrungen

Für deine innere Klarheit ist es also zunächst nötig, dass du dich mit dir selbst und deiner Kindheitsgeschichte auseinandersetzt, häufig ausgelöste Gefühle in deiner Kindheit erkennst, alte, belastende Glaubenssätze aufspürst und deine erfüllten und unerfüllten Bedürfnisse herausfindest.

Entscheidend ist, dass du dich mit all deinen Erfahrungen liebevoll annimmst und Mitgefühl für dich entwickelst. So kannst du dir im Alltag verzeihen, dir liebevoll und verständnisvoll gegenübertreten, auch wenn du mal nicht so reagiert hast, wie du es dir von dir wünschst. Durch diese weiche und warme Haltung dir selbst gegenüber kannst du dir schneller verzeihen und deine Kraft dafür nutzen, zu reflektieren, wie du es beim nächsten Mal besser machen möchtest.

Wir sprechen hier von der liebevollen *Selbsteinfühlung*, die ein wichtiger Schlüssel für dein sicheres liebevolles Führen ist. Dabei fühlst du genau in dich hinein und nimmst bewusst wahr, wie du dich fühlst und wo du dieses Gefühl im Körper spürst. Im weiteren Schritt versuchst du herauszufinden, was du genau brauchst.

Wenn Eltern in ihrer Kindheit zum Beispiel erfahren haben, dass sie schutzlos sind, blieb das bedeutsame Bedürfnis nach Schutz unerfüllt. In der eigenen Elternrolle fühlen sich dann genau diese Eltern ganz schnell ohnmächtig oder sogar bedroht und sehnen sich nach Schutz. Wenn Eltern dies für sich reflektieren, können sie ihr starkes Gefühl von Ohnmacht, das vom eigenen Kind getriggert wird, liebevoll annehmen, anstatt sich dafür zu verurteilen. Gedanken, die von Einfühlung dir selbst und deinem Kind gegenüber geprägt sind, kannst du geduldig und durch viel Übung zum Beispiel durch Meditationen in deinem Unterbewusstsein abspeichern und darüber mehr angenehme Gefühle – auch in deiner Elternschaft – empfinden.

Du könntest dann zum Beispiel denken: »Ich fühle mich zwar gerade ohnmächtig, weiß gleichzeitig, dass ich mein Bestes gebe und wir hier beschützt sind. Auch wenn sich das gerade nicht so anfühlt.« Über diese einfühlsamen Gedanken dir selbst gegenüber kannst du viel ruhiger und sicherer mit deinem Kind umgehen und auch klarer und selbstsicherer hinter deinem Handeln stehen.

Wenn du dein Kind beispielsweise vom Spielplatz mit nach Hause nimmst, obwohl es noch dableiben möchte, würdest du deine in diesem Moment empfundene Ohnmacht liebevoll annehmen und dir sagen: »Ich schaffe das! Ich schenke meinem Kind jetzt Sicherheit und trage es nach Hause, auch wenn es starke Gefühle zeigt und zum Beispiel laut schreit oder um sich schlägt.« Dabei handelt es sich um die sogenannte Stellvertretende Kraft, die Teil unserer FüLi-Erziehung ist. Diese Strategie stellen wir in Kapitel 5 mit vielen konkreten Handlungsmöglichkeiten vor.

Mit der folgenden Checkliste möchten wir dir dabei helfen, dich selbst und deine Kindheitsgeschichte besser zu verstehen. Solltest du kaum Erinnerungen an deine Kindheit haben, hilft es dir vielleicht, darauf zu achten, wie du dich heute fühlst, wenn du dich mit deinen Eltern umgibst. Dieses Verständnis wird dir dabei helfen, innere Klarheit in den Bereichen Gefühle, Glaubenssätze und Bedürfnisse zu gewinnen, wodurch du dich im Alltag selbst liebevoll führen kannst:

1. Unangenehme *Gefühle*, die dein Kind im Alltag in dir auslöst, die du auch aus deiner Kindheit kennst, schnell wahrnehmen und regulieren.

Kreuze an, welche Gefühle dir aus deiner Kindheit bekannt vorkommen:

- ☐ Ohnmacht
- ☐ Unsicherheit
- ☐ Wut
- ☐ Aggression
- ☐ Einsamkeit
- ☐ Überforderung
- ☐ Verlust- oder Versagensangst
- ☐ Hass
- ☐ Verzweiflung
- ☐ Hilflosigkeit

2. Belastende *Glaubenssätze*, die du über dich gelernt hast, im Alltag mit Kind bewusst machen und positiv umformulieren.

Kreuze an, welche Glaubenssätze auf dich zutreffen, und stell dir dabei die Frage, durch welche Bezugsperson diese ausgelöst wurden.

- ☐ Ich muss mich zurücknehmen und bin anderen zu viel.
- ☐ Erst die anderen, dann ich.
- ☐ Die Bedürfnisse anderer sind wichtiger als meine!
- ☐ Ich muss die Verantwortung übernehmen!
- ☐ Ich bin verantwortlich für die Gefühle anderer!
- ☐ Ich bin nicht gut genug!
- ☐ Ich bin schutzlos!
- ☐ Ich bin ausgeliefert!
- ☐ Ich bin nicht liebenswert!
- ☐ Ich bin hässlich!
- ☐ Ich bin dumm!
- ☐ Ich kann und schaffe es nicht!
- ☐ Ich bin allein und muss es allein schaffen!
- ☐ Ich bin schwach und klein!
- ☐ Es muss schwer sein!
- ☐ Ich muss mir Liebe verdienen!

Notiere hier ein bis drei belastende Glaubenssätze:

Formuliere diese Sätze nun in ein bis drei neue, positive und starke Sätze um, wie zum Beispiel »Ich bin beschützt!«.

3. Unerfüllte *Bedürfnisse*, die deine Bezugspersonen nicht erfüllen konnten, im Alltag mit Kind stillen.

Kreuze an, welche unerfüllten Bedürfnisse auf dich zutreffen, und ergänze nach Bedarf weitere unerfüllte Bedürfnisse. Wenn du dir deine unerfüllten Bedürfnisse bewusst machst, stell dir die Frage, von welcher Bezugsperson du mehr benötigt hättest, und schreibe V für Vater oder M für Mutter.

Unerfüllte Bedürfnisse können zum Beispiel sein:	Unerfüllt durch Bezugsperson:
Schutz	
Sicherheit	
Liebe	
Körperliche Nähe	
Geistige Nähe/Präsenz	
Geborgenheit	
Orientierung	
Struktur	

Freude	
Leichtigkeit	
Zuverlässigkeit	
Freiheit	
Autonomie	
Bindung	
Rückzug	
Ruhe	

Bei diesen Übungen geht es nicht darum, die Schuld bei einer deiner Bezugspersonen zu suchen. Eine Grundannahme der Gewaltfreien Kommunikation, die wir in Kapitel 1 beschrieben haben, besagt, dass jede Person ihr Bestmögliches gibt. Deine Eltern haben demzufolge auch ihr Bestmögliches getan, und du hast nun die Chance, bestimmte Verletzungen aufzuarbeiten, um sie nicht unbewusst auf deine Kinder zu übertragen.

Die Erkenntnisse aus diesem Kapitel und allen Übungen können dir dabei helfen, dich selbst besser zu verstehen, wodurch auch deine Verletzungen aus der Kindheit mehr und mehr heilen können. Mach dir noch einmal bewusst, dass deine Gefühle da sein dürfen und ihre Berechtigung haben, und versuche, dich mit deinen Erfahrungen und unerfüllten Bedürfnissen anzunehmen. Sorge beispielsweise dafür, dich mit Menschen zu umgeben, die besonders einfühlsam sind, wenn dir als Kind Empathie und Verständnis gefehlt haben.

Achte darauf, dir ein geschütztes Nest zu schaffen, in welchem du dich sicher fühlst, wenn dir als Kind Schutz und Sicherheit gefehlt haben, oder hol dir besonders viel Unterstützung von außen, wenn du dich als Kind oft alleingelassen gefühlt hast. Sei weich, mitfühlend und liebevoll mit dir, denn es war nicht leicht für dich als Kind, wenn wichtige Bedürfnisse bei dir nicht erfüllt wurden. Du hättest genau das verdient gehabt, und du bist es wert, dich jetzt liebevoll darum zu kümmern und deine Verletzungen zu heilen. Um dich im Alltag liebevoll zu führen, brauchst du ganz konkrete Strategien, deine Bedürfnisse zu erfüllen. Wenn du bei der Bewältigung alter Verletzungen Hilfe brauchst, empfehlen wir dir von Herzen, professionelle Unterstützung zu holen.

Schritt 2:
Lerne durch Strategien der Bedürfniserfüllung, dich in deiner Elternschaft selbst liebevoll zu führen!

In der Elternschaft stehen deine Bedürfnisse so sehr hintenan, dass du ganz neue Strategien brauchst, die vor deiner Zeit als Mama/Papa noch nicht vonnöten waren, um für dich zu sorgen. Wir sprechen deshalb gern davon, dass Eltern in ihrer neuen Rolle als Mama oder Papa sich selbst liebevoll führen lernen dürfen, um dann ihre Kinder liebevoll führen zu können.

Das erfordert viel Kreativität und Umsetzungsstärke von dir. Du hast nämlich nicht nur die unerfüllten Bedürfnisse aus deiner Kindheit, die dir im ersten Schritt bewusst geworden sind, sondern plötzlich noch viele neue unerfüllte Bedürfnisse, die die Elternschaft mit sich bringt. Dein Schlafmangel steigert sich vielleicht bereits über Jahre ins Unermessliche, die fehlende Selbstbestimmung durch Kinder lässt dich immer wieder unfrei fühlen, und all die Verantwortungsbereiche, die seit der Geburt deines Kindes auf deinen Schultern lasten, überfordern dich regelmäßig. Die Unterstützung von außen ist rar, schließlich wohnen Oma und Opa nicht um die Ecke, und die innere Zerrissenheit in dir, weil dein Kind den sechsten Infekt im Jahr hat und du dich nicht schon wieder krankmelden willst, treibt dich fast in den Wahnsinn, weil du in deinem Job zuverlässig sein möchtest. An Zeit für dich, für deine Entspannung und Ruhe traust du dich gar nicht zu denken, weil dies so viel Organisation erfordern würde, dass du lieber weiter funktionierst. Du traust dich vielleicht schon gar nicht mehr, die eine oder andere Freundin anzurufen, weil du dich so lange nicht gemeldet hast, und wenn du an deine Paarbeziehung denkst, kannst du dich kaum mehr daran erinnern, wann ihr euch das letzte Mal innig im Arm gehalten oder Zeit zu zweit verbracht habt.

Es ist also alles andere als leicht, in der Elternschaft gut für die eigenen Bedürfnisse einzustehen, weil die Rahmenbedingungen dich stark beeinflussen. Deshalb brauchst du selbst, wie dein Kind, liebevolle Führung durch dich. Nimm dir deinen Kalender zur Hand und schreibe dir auf, zu welchem Zeitpunkt du dich um dein unerfülltes Bedürfnis aus der Kindheit, das auch jetzt in deiner Elternschaft noch häufig unerfüllt bleibt, kümmern möchtest. Schreibe genau auf, welche Strategie du dafür wählen wirst.

Wenn dir zum Beispiel Geborgenheit in deiner Kindheit gefehlt hat und/oder du dich auch jetzt immer wieder sehr einsam fühlst, frage dich, was dir im Alltag Geborgenheit schenken könnte. Vielleicht ist das ein Treffen mit einer Person aus deinem Freundeskreis, mit der du dich geborgen fühlst, oder es sind 30 Minuten am Abend, in denen du dir Zeit nimmst, dich in eine Decke zu kuscheln und einen warmen Tee zu trinken, dir Musik und Kerzen anzumachen oder dich unter eine Gewichtsdecke zu legen, die dich entspannen lässt. Welche Strategie dir dabei hilft, dein Bedürfnis nach Geborgenheit zu erfüllen, kannst du am besten durch Ausprobieren und Fühlen herausfinden. Spüre in dich hinein und frage dich, wie erfüllt du bist. So findest du heraus, ob dir beispielsweise beim unerfüllten Bedürfnis nach Geborgenheit die Kuscheldecke hilft oder vielleicht doch eher ein warmes Bad.

Mach dir dann zum Zeitpunkt deiner Bedürfniserfüllung bewusst, warum du gerade etwas tust, um dein Handeln achtsam wahrnehmen und genießen zu können. Sage dir zum Beispiel: »Ich kuschle mich jetzt in meine Decke, genieße meinen Tee und schenke mir Geborgenheit.« Dies kannst du auch bei Aufgaben tun, die dich vielleicht ansonsten anstrengen würden.

Um ins Tun zu kommen, möchten wir einige erfolgreiche Strategien für unerfüllte Bedürfnisse mit dir teilen. Im Downloadmaterial (siehe Seite 262) findest du deshalb zahlreiche Strategien, wie du dir selbst die Bedürfnisse Ruhe/Entspannung, Schlaf, Bewegung, Zugehörigkeit, Freude und Leichtigkeit, Wertschätzung, Schutz, Liebe, Empathie, Orientierung im Alltag erfüllen kannst.

Diese wenden bereits viele Eltern aus unseren Beratungen und Kursen im Alltag an. Betrachte diese Vorschläge als Anregung, dir genau das mitzunehmen, was zu deiner Situation und deiner Persönlichkeit passt, und lass dich gern für einen eigenverantwortlichen Weg und neue Strategien für dich inspirieren.

Schritt 3: Finde ein klares Warum für deine Liebevolle Führung in der Erziehung

Nachdem du innere Klarheit über deine Kindheitsgeschichte gewonnen hast und hoffentlich neue Alltagsstrategien für dich mitnehmen konntest, um dich selbst liebevoller führen zu können, hast du die Basis dafür geschaffen, deinem Kind mit innerer Klarheit zu begegnen und in die Liebevolle Führung zu kommen.

Stell dir nun die Frage, wie du deinem Kind begegnen möchtest und welche Erziehungsziele du durch die Liebevolle Führung deines Kindes erreichen möchtest, um dadurch immer wieder ein klares Warum in deinem Erziehungsverhalten definieren zu können. Welche emotionalen und sozialen Kompetenzen sollte dein Kind deiner Ansicht nach durch deine liebevolle Begleitung erlernen? Unserer Meinung nach sind folgende Kompetenzen von besonderer Bedeutung für Kinder.

Gesunde Emotionsregulation

Aus unserer Sicht ist es sehr bedeutend, dass Kinder lernen, ihre angenehmen und unangenehmen Gefühle zu benennen und diese zu regulieren. Hierzu gehört zum Beispiel, dass dein Kind von dir lernt, wie erleichternd Weinen ist, wenn es traurig ist, und wie heilsam es sein kann, ein Kuscheltier gegen die Wand zu werfen, wenn es wütend ist.

Genauso wichtig ist es, dass Kinder lernen dürfen, ihre Aufregung und Freude zum Ausdruck zu bringen, indem du beispielsweise selbst offen zeigst, wenn du dich freust oder aufgeregt bist. Ebenfalls darf dein Kind durch dich lernen, dass alle Gefühle da sein dürfen und sinnvoll sind, weil sie uns unsere erfüllten oder unerfüllten Bedürfnisse zeigen. So kannst du mit deinem Kind darüber reden, was es braucht, wenn es gerade völlig überreizt aus Kita oder Schule kommt. Du kannst es durch liebevolle Führung dazu anleiten, sich auszuruhen, obwohl es vielleicht viel lieber auf den Spielplatz gehen würde. Dadurch kannst du verhindern, dass dein Kind ungesunde Kompensationsstrategien erlernt, wie zum Beispiel Gefühle unterdrücken, durch Essen kompensieren, durch Ablenkung kompensieren usw.

Strategien für die Bedürfniserfüllung erlernen

Ein weiteres Ziel, das uns in der Erziehung wichtig erscheint, ist, dass Kinder lernen, ihre Bedürfnisse zu benennen, und dass sie gesunde Strategien entwickeln, diese Bedürfnisse zu stillen. Wenn dein Kind aufgeregt ist, lernt es vielleicht, sein Bedürfnis nach Entspannung zu stillen, indem es eine Pause macht. Wenn dein Kind traurig ist, darf es lernen, wie es sein Bedürfnis nach Geborgenheit und Nähe stillen kann, indem es zum Beispiel Nähe bei dir oder einer anderen Person sucht. Wenn Kinder diese Fähigkeiten erlernen, sind sie zunehmend in der Lage, gut für sich zu sorgen, sinnvolle Entscheidungen im Leben zu treffen und ein erfülltes und glückliches Leben zu führen.

Perspektivübernahme lernen
Uns liegt auch viel daran, dass Kinder lernen, sich in andere Menschen einzufühlen. Die sogenannte Perspektivübernahme ist die Voraussetzung für die Entwicklung von Sozialkompetenz, die deinem Kind ermöglicht, sich in einer Gruppe zu integrieren, Kontakte zu schließen und auch mal freiwillig die eigenen Bedürfnisse zugunsten der Gemeinschaft zurückzustellen.

Diese Ziele erreichst du einerseits, indem du deinem Kind gesunde Gefühlsregulation, Strategien zur Bedürfniserfüllung und Perspektivübernahme durch Empathie vorlebst und es selbst seine Erfahrungen machen lässt, und andererseits dadurch, dass du dein Kind in herausfordernden Situationen liebevoll führst.

Manchmal reicht es nämlich nicht aus, dem Kind ein gutes Vorbild zu sein und es selbst Erfahrungen machen zu lassen, sondern es bedarf zusätzlich liebevoller Führung. Wenn du die Ziele im Blick hast, fällt es dir leichter, ein klares Warum für deine liebevolle Führung zu entwickeln. Stell dir also immer wieder die Frage: Warum handle ich gerade so? Warum gehe ich gerade in die liebevolle Führung und nehme meinem Kind eine Entscheidung ab, anstatt es selbst entscheiden oder machen zu lassen?

Dein Warum findest du ganz leicht, wenn du dir bewusst machst, welche Bedürfnisse durch dein Handeln einerseits bei dir selbst und andererseits bei deinem Kind erfüllt werden. Wichtig ist bei der Liebevollen Führung immer, Bedürfnisse wie zum Beispiel jene nach emotionaler Sicherheit und Gesundheit, Führung, Geborgenheit, Grenzen, Hierarchie, Orientierung, Struktur und Schutz deines Kindes zu stillen. Schau hierzu gern noch einmal in Kapitel 1, in welchem wir die Bedürfniswelt von Kindern ausführlich erklären.

Besonders selbstsicher, bestimmt und klar kannst du handeln, wenn du während der Handlung liebevolle und empathische Gedanken über dich und dein Kind hast. All diese liebevollen Gedanken lassen sich wunderbar aus den Grundannahmen der Gewaltfreien Kommunikation, die wir in Kapitel 1 ausführlich erläutert haben, ableiten.

Sätze zum Fliegen, die du aus den Grundannahmen der GFK für dich nutzen kannst, um deine Gedanken liebevoll auszurichten, sind beispielsweise:

Sätze zum Fliegen

Mein Kind tut das für sich, nicht gegen mich.

Mein Kind tut gerade sein Bestmögliches.

Mein Kind löst diese Gefühle in mir gerade nur aus und ich bin verantwortlich für meine Gefühle.

Mein Kind möchte zum Wohl der Gemeinschaft beitragen.

Durch diese Gedanken kommst du mehr und mehr in eine gelassene und wertfreie Haltung, wenn dein Kind bestimmte Verhaltensweisen zeigt. Du beziehst das Verhalten deines Kindes nicht mehr auf dich, spürst, dass es nicht aus böser Absicht handelt, und fühlst dich nicht mehr provoziert. Dadurch werden Konflikte mit deinem Kind viel leichter und erträglicher, da du dich nicht länger angegriffen oder bedroht fühlst.

Beispiele für deine innere Klarheit

Gern möchten wir dir anhand folgender Beispiele zeigen, wie du ein klares Warum für deine liebevolle Führung finden kannst. Du handelst dabei immer aus Fürsorge, Schutz und Sicherheit für dich und für dein Kind, und du achtest durch deine liebevolle Führung darauf, dass sich alle in der Gemeinschaft wohlfühlen können.

- Du sagst Nein zum dritten Eis, weil du dein Bedürfnis nach Fürsorge stillst und deinem Kind darüber das Bedürfnis nach körperlicher Gesundheit. Du bleibst in einer liebevollen und empathischen Haltung. Sage dir zum Beispiel innerlich: »Mein Kind ist zu klein, um zu verstehen, dass Zucker schädlich ist. Es handelt für sich, nicht gegen mich.«
- Wenn dein Kind ein anderes Kind beschimpft, erfüllst du dein Bedürfnis nach elterlicher Fürsorge, indem du als Schutzschild eingreifst. Damit erfüllst du bei deinem Kind das Bedürfnis nach emotionaler Gesundheit und bei dem anderen Kind nach Schutz. Du sagst beispielsweise: »Braucht ihr Hilfe? Du klingst ganz sauer.« Auch hier bleibst du wieder in deiner liebevollen Haltung, anstatt dein Kind für sein Schimpfen zu verurteilen. »Mein Kind hat gerade noch keine andere Strategie, mit seiner Wut umzugehen. Ich zeige ihm einen Ausweg.« Du nimmst dein Kind beispielsweise aus der Situation, um das andere Kind zu schützen, und hilfst ihm durch deine Co-Regulation, sich zu beruhigen.
- Du hältst die Hände deines Kindes fest, wenn es schwere Gegenstände werfen möchte, um deinem Bedürfnis nach elterlicher

Fürsorge und dem für die körperliche Gesundheit deines Kindes gerecht zu werden. In dem Fall achtest du zusätzlich auf den Schutz von anderen Menschen und Gegenständen und bleibst auch in diesem Beispiel in liebevollen Gedanken. Sage dir zum Beispiel innerlich: »Mein Kind macht das nicht mit Absicht. Es probiert aus, weil ihm Werfen Spaß macht.«

In den nächsten Kapiteln erwarten dich zahlreiche weitere Handlungsstrategien. Deine innere Haltung konntest du bereits durch dieses Kapitel schärfen und weiterentwickeln. Die folgenden Handlungsstrategien helfen dir dabei, deine innere Haltung zu festigen.

Du möchtest dein neu erlangtes Wissen sichern? Dann springe gern in Kapitel 9 und mache die Übungen ab Seite 246.

KAPITEL 3

Dein Schutzschild – Wie du Grenzen für dich und dein Kind setzt

»Ich darf für meine und deine Grenzen einstehen – ich bin Schutzschild für mich und dich.«

Vermutlich kennst du solche Situationen aus deinem Alltag nur allzu gut: Jemand – egal ob eine Freundin, deine Eltern, dein Kind, eine dir unbekannte Person, Erziehende oder Lehrer*innen deines Kindes – sagt etwas zu dir oder zu deinem Kind, womit du dich unwohl fühlst. Du möchtest ad hoc reagieren, für dich und/oder dein Kind einstehen. Doch wie? Auf Anhieb die passenden Worte zu finden, erscheint dir im ersten Moment unmöglich. Und dann ist da zusätzlich noch die Angst, von deinem Gegenüber missverstanden zu werden. Zu groß ist die Sorge, unangenehm aufzufallen und nicht gemocht zu werden, die Angst vor Ablehnung oder als anstrengend wahrgenommen zu werden. Also sagst du vielleicht lieber gar nichts oder trägst diese Situation gedanklich noch eine Weile mit dir herum. Die unangenehmen Körperempfindungen, die du vermutlich dabei wahrnimmst, wie beispielsweise Enge, Schwere, ein Druck auf der Brust oder Ähnliches, sind Signale, dass eine deiner Grenzen oder die deines Kindes überschritten wurde. Und nun?

Oft haben wir in unserer eigenen Kindheit gelernt, dass unsere Grenzen keine Rolle spielen – indem sie entweder keine Beachtung gefunden haben oder übertreten wurden, weil es den eigenen Eltern schlicht nicht anders möglich war. Hinzu kommen Glaubenssätze wie »Ich muss anderen gefallen« oder »Ich muss mich anpassen, um gemocht zu werden«, die oftmals ihren Ursprung darin haben, dass Kinder früher am besten nicht auffallen sollten – weder negativ noch positiv. Ein wütendes Kind, das für sich einsteht, war mitunter ebenso »zu laut« wie ein lachendes, euphorisches Kind.

Es kann eine immense Herausforderung sein, die eigenen Grenzen überhaupt als solche wahrzunehmen und dann den Mut aufzubringen, dies auch zu kommunizieren und uns damit klar abzugrenzen. Die eigenen Grenzen zu spüren und sich um seinen eigenen Schutz zu kümmern, ist das Fundament dafür, dies auch für dein Kind übernehmen zu können, also sowohl zu spüren, wo die Grenzen deines Kindes liegen, als auch eingreifen zu können, wenn sein Schutz im Außen bedroht ist.

Wie du lernen kannst, Schutzschild für dich und dein Kind zu sein, warum beides aufeinander aufbaut und wie wichtig es für deinen Schutz und den deines Kindes ist, schauen wir uns nun im Detail an.

Schutzschild für sich selbst sein

Kinder lernen, so besagt die sozialkognitive Lerntheorie des Psychologen Albert Bandura, durch Beobachtungslernen. Dein Kind hat dementsprechend den besten Lernerfolg, wenn du selbst deine Grenzen zeigst, und zwar nicht nur deinem Kind gegenüber, sondern in deinem gesamten Umfeld. Dein Kind beobachtet, was du sagst, wie du es sagst, wie deine Körpersprache beim Grenzenzeigen ist und wie andere Menschen auf deine Grenzen reagieren. Dieses Verhalten imitiert dein Kind dann in einer anderen Situation und macht dadurch erste Erfahrungen damit, für sich selbst Schutzschild zu sein.

Die eigenen Grenzen zu erkennen und zu wahren und damit Schutzschild für sich selbst zu sein, ist für viele Eltern eine Herausforderung, da ihr Bedürfnis nach Schutz oder Grenzen in ihrer eigenen Kindheit häufig nicht ausreichend erfüllt wurde. Wenn deine Eltern beispielsweise oft geschrien haben, es viel destruktiven Streit in der Paarbeziehung gab oder sie nicht eingegriffen haben, wenn dein Bruder oder deine Schwester handgreiflich wurden, könnte dein Bedürfnis nach Schutz sehr unerfüllt sein. Somit wissen Eltern oft gar nicht, wo ihre Grenzen sind, wie sie diese wahrnehmen und wie sie sich für sie einsetzen können. Deshalb sagen Eltern, die uns Beispiele für dieses Buch gegeben haben, unter anderem Sätze wie:

- *»Immer muss ich mir alles gefallen lassen, ich habe es einfach nicht im Griff.«*
- *»Die Kinder gehen voll über meine körperlichen Grenzen, und ich weiß nicht, was ich tun soll.«*
- *»Ich bin hilflos, wenn meine Kinder ausrasten und wütend sind.«*
- *»Ich verzweifle, wenn mein Kind körperlich wird. Was soll ich nur tun?«*

Und doch ist der elterliche Schutzschild eine Grundvoraussetzung für liebevolles Führen und dafür, sich fürsorglich für sich und seine Kinder einzusetzen. Dabei geht es in erster Linie um den Schutz sowohl der körperlichen als auch der emotionalen Gesundheit. Die körperliche Gesundheit, also die physische Unversehrtheit, ist wichtig fürs Überleben. Die Unversehrtheit der eigenen Seele und Psyche ist wichtig für die Sicherheit der emotionalen Gesundheit. Beides gilt es vor Übergriffen anderer zu schützen.

Der Schutzschild ist eine Strategie und bedeutet, Grenzen zum Schutz deiner Gesundheit zu setzen. Du stellst also bildlich einen Schutzschild vor dir auf. Das geht sowohl körperlich durch Handlungen, die dich vor physischen Übergriffen und Verletzungen schützen, als auch verbal als Schutz vor körperlichen oder emotionalen Übergriffen. Hier kann dein Schutzschild im Tonfall je nach Situation bestimmt oder eher empathisch wertschätzend sein. Im besten Fall ist er beides.

Mit Blick auf die Eltern-Kind-Beziehung brauchst du deinen Schutzschild vor allem dann, wenn sich dein Kind nicht absichtsvoll, aber dennoch gewaltsam verhält, indem es zum Beispiel tritt, haut, spuckt oder kratzt. In solchen Momenten gilt es, dem Kind gegenüber den eigenen Schutzschild aufzustellen, um so die eigenen Grenzen aufzuzeigen und deinen Körper vor Verletzungen zu schützen. Wir hoffen, dass in deinem erwachsenen Leben keine körperlichen Übergriffe durch andere Menschen stattfinden. Sollte dem so sein, ist natürlich auch hier dein Schutzschild gefragt.

Deine emotionale Gesundheit hingegen kann vor allem durch Bewertungen, Interpretationen, Verurteilungen, Manipulation oder Erpressung von außen in Gefahr geraten. Dabei kann sie nicht nur durch andere Menschen beeinträchtigt werden, sondern auch durch deine eigene kritische Stimme. Viele Eltern, die wir begleiten, sind sich selbst der schlimmste Feind und verurteilen sich täglich, ohne sich dessen richtig bewusst zu sein. Deshalb halte bei unangenehmen Gefühlen immer wieder inne und frage dich: Überschreite ich mit meinen selbstkritischen Gedanken gerade selbst meine Grenzen? Darunter leidet dein inneres Kind nämlich ganz besonders. Denn es möchte von dir angenommen und akzeptiert werden. Um dich bestmöglich vor emotionalen Übergriffen zu bewahren, braucht es Kommunikationsstrategien für deinen Schutz und deine innere Haltung, eben den Aufbau deines Schutzschildes. Beginnen wir mit deiner inneren Haltung, da diese die Grundvoraussetzung für deine weiteren Kommunikationsstrategien ist.

Deine innere Haltung

Ganz wichtig für den elterlichen Schutzschild ist deine eigene innere Haltung, die sich aus den Grundannahmen der GFK ergibt:

1. Handelst du als dein Schutzschild, kann das bei deinem Gegenüber starke Gegenwehr erzeugen, denn auch wenn du für dich handelst, kann das bei deinem Gegenüber Gefühle auslösen. Hier greift Grundannahme Nummer 2: *Andere Menschen sind lediglich der Auslöser unserer Gefühle, niemals die Ursache.* Du darfst also in erster Linie erst einmal für deinen Schutz handeln und die Gefühle deines Gegenübers dort lassen, wo sie hingehören.

2. Trage Grundannahme Nummer 1 im Herzen: *Niemand tut etwas, um dich zu ärgern. Er/Sie tut es für sich.* Du setzt deine Grenze allein für dich und nicht gegen dein Gegenüber. Statt zu zeigen, dass du das Verhalten deines Gegenübers falsch oder richtig findest, entscheidest du, dich für deinen Schutz einzusetzen.

Das bedeutet konkret: Du setzt deinem Gegenüber eine Grenze zum Schutz deiner Gesundheit, ohne sein Verhalten zu verurteilen. Gleichzeitig brauchst du die Handlungen des Gegenübers nicht zu akzeptieren. Mach dir diese Haltung immer wieder bewusst: Du handelst FÜR deine Gesundheit statt GEGEN das Verhalten deines Kindes oder das eines anderen Mitmenschen.

Einsatz des Schutzschilds

Die Strategie des Schutzschilds kommt immer dann zum Einsatz, wenn es um den Schutz deiner elterlichen Gesundheit geht und du eine Grenze setzen möchtest.

Bei körperlichen Übergriffen deines Kindes wie Hauen, Treten, Spucken oder Kratzen

Neben deiner Haltung ist hier dein körperlicher Einsatz gefragt. Du verurteilst dein Kind nicht für sein Verhalten, denn mit diesem Verhalten möchte dein Kind dir etwas über sich erzählen. Du wirst maximal einmal getreten, gehauen, bespuckt oder gekratzt, danach greifst du sofort ein und wirst zu deinem Schutzschild, indem du mit deinen Händen dafür sorgst, dass du unversehrt bleibst. Das kann zum Beispiel so aussehen:

- Dein Kind haut dich: Du greifst die Armgelenke, gehst mit der Bewegung mit und lenkst sie so um, dass die Hände dich nicht treffen.
- Dein Kind tritt dich: Du greifst die Fußgelenke, gehst mit der Bewegung mit und lenkst sie so um, dass die Füße dich nicht treffen.
- Dein Kind haut, kratzt oder tritt: Du nimmst ein Kissen und hältst es vor dich.
- Dein Kind spuckt: Du drehst seinen Kopf so zur Seite, dass die nächste Spucke woanders landet.

Deine vermutlich größte Herausforderung wird es sein, dein Kind für sein Verhalten nicht zu verurteilen. Denn du selbst wurdest als Kind für solche Verhaltensweisen ganz bestimmt verurteilt oder hast miterlebt, wie andere Kinder dafür bestraft wurden. »Das macht ›man‹ einfach nicht.« Dein inneres Kind schreit deshalb in diesen Momenten vielleicht laut auf, es fühlt sich bedroht und hat Angst. Doch durch dein liebevolles Handeln und deine liebevolle Haltung lernt dein Kind im Zuge seines Reifeprozesses, wie es seine Gefühle und Bedürfnisse so zum Ausdruck bringen kann, dass alle unversehrt bleiben und sie verstanden werden. Deine Verantwortung als Elternteil liegt in einer solchen Situation darin, dass du selbst und ebenso dein Kind und alles andere heil bleiben. Gleichzeitig bleibst du bei deinem Kind, statt es allein zu lassen, wegzulaufen oder dich zu verstecken. Setze deine Grenze: »Mein Körper, der bleibt heil, sauber, …!«, und komm in eine klare Handlung, indem du dich schützt oder das Verhalten umlenkst. Das braucht dein Kind, um aufhören zu können. An dieser Stelle ist besonders deine klare und empathische Haltung gefragt, um in deiner liebevollen Führung zu bleiben, statt deine elterliche Macht zu missbrauchen. Liebevolle Gedanken könnten beispielsweise sein: »Ich schaffe es, dir zu helfen!«, »Du kannst grad nicht anders!«

Bei Bewertungen, Interpretationen, Verurteilungen

Wirst du von anderen bewertet oder verurteilt (»Du bist aber anstrengend!«, »Du machst vielleicht ein Drama!«, »Du bist unfähig!«), kann das bei dir negative Glaubenssätze hervorrufen wie »Ich bin anstrengend!«, »Ich übertreibe!« oder »Ich kann nichts!«. Diese können dein Selbstwertgefühl auf Dauer schwächen, da darüber starke Scham- und Schuldgefühle ausgelöst werden können, die negativ auf deinen Selbstwert wirken. Statt dich durch Bewertungen, Interpretationen oder Verurteilungen angegriffen zu fühlen, darfst du hier eine Grenze setzen, indem du versuchst, das Gesagte deines Gegenübers in Gefühle oder Bedürfnisse zu übersetzen.

Auf ein »Du bist aber anstrengend!« könntest du beispielsweise mit folgender empathischer Übersetzung reagieren: »Du findest mein Verhalten gerade anstrengend?! Brauchst du mehr Leichtigkeit?«

Auf »Du machst ja ein Drama!« könntest du wie folgt reagieren: »Findest du? Ich mag, wie ich versuche, mich um mich zu kümmern! Möchtest du mich verstehen?«

Auf ein »Du bist unfähig!« antwortest du beispielsweise mit: »Ich mag mich so, wie ich bin. Machst du dir Sorgen um mich?«

Derselbe Prozess kann auch im Umgang mit dir selbst passieren. So kann es beispielsweise sein, dass du dich in bestimmten Situationen selbst abwertest oder dein eigenes Verhalten verurteilst.

»War ja klar, dass ich das nicht schaffe« oder »Nichts bekomme ich hin« sind Gedanken, die auf solchen Glaubenssätzen beruhen und uns also auch dann begleiten, wenn wir allein sind. Hier kannst du dich selbst schützen, indem du dir immer wieder bewusst machst, dass du dein Bestmögliches tust, um dich um dich zu kümmern. So setzt du dich für dich selbst ein und dafür, dass du wertvoll bist, wie du bist.

Bei Manipulation oder Erpressung von außen

Bei emotionaler Erpressung (»Du machst mich ganz traurig/glücklich!«) oder einer Manipulation (»Du willst doch auch, dass ich glücklich bin!«) macht dich dein Gegenüber für seine Gefühle verantwortlich. Während du die Verantwortung für deine eigenen Gefühle übernimmst, bist du für die Gefühle anderer nicht verantwortlich. Es ist wichtig, sich klar abzugrenzen. Hier lohnt sich ein differenzierterer Blick: Dein Verhalten kann bei einer anderen Person Gefühle auslösen. Die Ursache dieser Gefühle bist allerdings nicht du, sondern die unerfüllten oder erfüllten Bedürfnisse deines Gegenübers. Denn jeder Mensch ist für seine Gefühle selbst verantwortlich und darf dieser Verantwortung nachgehen, indem er seine Gefühle mit seinen Bedürfnissen verbindet und diese zu erfüllen versucht. Das ist eine weitere Grundannahme der Gewaltfreien Kommunikation. Bei einem »Du machst mich ganz traurig!« kannst du beispielsweise fragen: »Du bist gerade ganz traurig, oder?!«, und bei einem »Du willst doch auch, dass ich glücklich bin?!« fragst du: »Du möchtest glücklich sein, mh?!« Damit gibst du die Verantwortung der Gefühle gleich wieder zurück und setzt deine Grenze. Auch Sätze wie »Stopp! Die Verantwortung für deine Gefühle lasse ich bei dir!« können dir dabei helfen.

Bei Belohnung und Bestrafung

Nimmst du das Verhalten deines Kindes als Belohnung oder Bestrafung wahr, kannst du dich selbst davon befreien, indem du in deine

Selbstverantwortung kommst: Du entscheidest, ob du dich belohnt oder bestraft fühlst. Von deinem Kind übrigens ebenso wie von anderen Menschen in deinem Umfeld.

Auch damit wirst du zum Vorbild für dein Kind: »Ich entscheide, wie ich mit deinem Verhalten umgehe. Ich entscheide, wie ich mich fühle.« Wirst du von außen belohnt oder gelobt – »Das hast du aber toll gemacht!« –, reicht eine Übersetzung, also eine Reaktion wie beispielsweise: »Freut mich, dass dir gefällt, wie ich es gemacht habe!« Du schützt dich vor diesem Lob, indem du es umformulierst. Wirst du bestraft – »Wenn Ihr Kind bis morgen die Aufgaben nicht erledigt hat, reiche ich das an die Schulleitung weiter!« –, darfst du auch da in dich gehen und versuchen, zu verstehen, welches Bedürfnis sich dein Gegenüber mit der Aussage zu erfüllen versucht. Eine solche Übersetzung könnte beispielsweise lauten: »Ihnen ist Verlässlichkeit wichtig?!« Unabhängig von der Art des emotionalen Übergriffs setzt du mit deinen Worten eine Grenze. Du bist dein eigener Schutzschild.

In unseren Beratungen begegnen uns immer wieder Situationen, in denen mehr oder weniger heftige Übergriffe von außen den Einsatz des Schutzschildes erfordern. Anhand der folgenden Beispiele zeigen wir jeweils unterschiedliche Varianten, wie du in einer vergleichbaren Situation für deinen Schutz sorgen könntest.

Aus der Beratung

Viktor, Vater zweier Kinder, wünschte sich Unterstützung im Umgang mit seiner eigenen Haltung und seinem Selbstbild. Er hatte vor der Geburt seiner Kinder konkrete Vorstellungen, wie er seine Vaterschaft leben wollte, und kam nun im Alltag immer wieder an seine Grenzen. In ihm festigte sich immer mehr die Annahme: »Ich bin ein schlechter Vater!«

Dabei handelt es sich um eine Bewertung oder Interpretation und eine Verurteilung von innen. In so einer Situation darfst du dir selbst Schutzschild sein und dir selbst Grenzen setzen. Als Erstes ist es wichtig, dass du diesen »inneren Wolf« erkennst. Im nächsten Schritt darfst du für dich die Haltung annehmen, dass du mit allem, was du – auch über dich selbst – denkst, etwas über dich erfahren kannst. Denn auch hinter deinen Gedanken verstecken sich Gefühle und Bedürfnisse, die gesehen und gehört werden möchten. Bist du bereit, diesen Aussagen auf den Kern zu fühlen und dir Selbsteinfühlung zu schenken?

1. Friedvolle Reaktionsmöglichkeit

Die erste Möglichkeit wäre, laut »Stopp!« zu denken und damit dir selbst eine Grenze zu setzen. Dann fühlst du in dich hinein. Wie fühlst du dich, wenn du denkst »Ich bin ein schlechter Vater«? Bist du verzweifelt, traurig oder besorgt? Je nachdem, in welche Gefühlsrichtung es bei dir geht, kannst du versuchen, dein unerfülltes Bedürfnis hinter dieser Aussage herauszufinden: »Ich sage ›Ich bin ein schlechter Vater‹ und merke, ich bin total verzweifelt, weil ich einfach nicht mehr weiterweiß. Alles wird mir zu viel! Ich brauche also Unterstützung.«

Im weiteren Verlauf kannst du nun Strategien für deine Unterstützung suchen und finden. Das ist am Anfang eine große Herausforderung, denn Unterstützung fängt, wie alle Bedürfniserfüllungen, bei dir selbst an – und oft sehen wir den Wald vor lauter Bäumen nicht. Eine Unterstützung könnte zum Beispiel schon sein, die Wäsche Wäsche sein zu lassen oder eine Verabredung abzusagen. Natürlich kannst du im nächsten Schritt auch schauen, welche Unterstützung es im Außen geben könnte. Schutzschild zu sein heißt, in die Verantwortung zu kommen – das ist der Kern der FüLi-Erziehung.

2. Friedvolle Reaktionsmöglichkeit

»Ich sage: ›Ich bin ein schlechter Vater!‹, und ich merke, dass ich total traurig bin, weil ich überhaupt nicht verstehe, was mein Kind mir mit seinem Verhalten sagen möchte. Ich brauche aber das Verstehen!«

Um dein Kind zu verstehen, empfehlen wir die Fremdeinfühlung. Diese kannst du alleine versuchen – indem du dein Kind im ersten Schritt ganz neutral beobachtest, wie durch eine Videokamera. Was siehst du und was hörst du? Beobachte im zweiten Schritt, wie dein Kind sich fühlt – ist es wütend, traurig, ängstlich? Über die Gefühle kannst du nun herausfinden, welche Bedürfnisse deines Kindes unerfüllt sind und was genau es braucht (3. Schritt). Erst im vierten Schritt findet ihr dann gemeinsam Lösungen. Dabei kann dich selbstverständlich auch eine Expertin bzw. ein Experte unterstützen.

3. Friedvolle Reaktionsmöglichkeit

»Ich sage ›Ich bin ein schlechter Vater!‹ und merke, ich bin total besorgt, weil ich möchte, dass es meinem Kind gut geht. Also geht es mir um meine Fürsorge für die emotionale Gesundheit meines Kindes.«

Nun darfst du überlegen, was du für die emotionale Gesundheit deines Kindes tun kannst und damit für die Erfüllung deiner Fürsorge. Auch hier empfehlen wir dir, gegebenenfalls Unterstützung zu suchen. Das Prinzip der Selbsteinfühlung ist immer dasselbe. Da die wenigsten von uns mit Empathie, also Einfühlung, aufgewachsen sind, darfst du dir hier den Druck nehmen – und üben, üben, üben.

Aus der Beratung

Magda schilderte uns ein Gespräch mit einer Freundin, in der beide über Magdas Herausforderungen im Rahmen ihrer Mutterschaft sprachen und beide bedauerten, dass sie weniger Zeit füreinander hätten, als es vor der Geburt von Magdas Tochter der Fall war. An einem Punkt im Gespräch bemerkte ihre Freundin: »Du musst einfach mehr für dich machen!«

Bei so einer Aussage handelt es sich um eine Bewertung oder eine Interpretation und eine Verurteilung deines Verhaltens von außen. Du hörst: »Du machst zu wenig für dich!« Finde in deine Haltung und verinnerliche: »Niemand tut etwas, um mich zu ärgern. Diese Person möchte mir also gerade etwas über sich erzählen.« Entsprechend könntest du deine Grenze setzen, also dein eigener Schutzschild sein, indem du wie folgt reagierst:

1. Friedvolle Reaktionsmöglichkeit

Du reagierst einfühlsam. Auch im Umgang mit dir selbst, weshalb du dich fragen darfst, was diese Aussage in dir auslöst, welche deiner eigenen Bedürfnisse dadurch unerfüllt sind und wie du dich um dich kümmern kannst. Diese sogenannte Selbsteinfühlung kann dem eigentlichen Gespräch vorausgehen und mit etwas Übung in wenigen Sekunden nonverbal erfolgen. Im Downloadmaterial (siehe Seite 262) kannst du viele Strategien finden, um liebevoll mit deinem inneren Kind zu sprechen und dir selbst Einfühlung entgegenzubringen. Oder du entscheidest dich, direkt zu deinem Gegenüber zu schauen, indem du versuchst, herauszufinden, welche Gefühle bei ihr oder ihm durch dein Verhalten ausgelöst wurden und was dir diese Person mit dieser Aussage eigentlich sagen möchte. Hieraus könnte sich ein Austausch über Gefühle und Bedürfnisse ergeben:

»Du musst einfach mehr für dich machen!«
»Machst du dir Sorgen?«
»Ja, du brichst ja bald zusammen, das sehe ich doch!«
»Du machst dir große Sorgen um mich und möchtest mir helfen, dass es mir gut geht. Wolltest du mir das sagen?«
»Ja, genau! Ich möchte, dass es dir gut geht und will dir einfach nur helfen!«
»Magst du hören, wie du mir helfen könntest?«
»Klar!«

Jetzt könntest du konkrete Handlungsstrategien vorschlagen, mit denen diese Person dir tatsächlich helfen würde, sofern du überhaupt Hilfe benötigst. Dein Gegenüber darf dann wiederum entscheiden, was machbar ist, oder kann dir andere Vorschläge machen. Falls du gar keine Hilfe benötigst, könntest du statt mit »Magst du hören, wie du mir helfen könntest?« mit »Das habe ich gehört. Danke für dein Angebot. Zurzeit brauche ich keine Hilfe. Falls ich welche brauche, darf ich mich dann an dich wenden?« reagieren.

Möglich wäre natürlich auch, dass dein Gegenüber mit dem »Du musst einfach mehr für dich machen!« erfragen wollte, wie es dir geht. Darauf könntest du beispielsweise antworten mit »Machst du dir Sorgen und möchtest du wissen, wie es mir aktuell geht?«.

Du findest erst heraus, was hinter dem Gesagten deines Gegenübers steckt, wenn du konkret danach fragst. In diesem Beispiel setzt du durch die Fremdeinfühlung sehr einfühlsam eine Grenze. Du lässt Bewertung, Interpretation und Verurteilung bei deinem Gegenüber, verurteilst diese Aussage und den Menschen dahinter nicht und versuchst herauszufinden, was dahintersteckt – also was die Person dir gerade über sich erzählen wollte. Über diesen Einsatz des Schutzschildes könntet ihr in Verbindung kommen. Das geht natürlich nur, wenn dein Gegenüber offen für Empathie ist. Das wiederum kannst du nicht bestimmen.

2. Friedvolle Reaktionsmöglichkeit

»Du musst einfach mehr für dich machen!«

»Wärst du bereit, dich um dich zu kümmern und mir mein Leben zu überlassen?«

In diesem Beispiel reagierst du weniger einfühlsam nach außen, gleichzeitig kümmerst du dich um dich. Bei dieser Form des Schutzschildes wird es vermutlich eher zu einem Konflikt kommen. Doch niemand ist gezwungen, Empathie zu schenken. Empathie ist freiwillig – und falls du gerade keine Bereitschaft hast, Empathie zu schenken, darfst du dich auch selbst erst einmal abgrenzen und bei deinem Gegenüber lassen, wie er oder sie darauf reagiert. Denn ob sich jemand angegriffen fühlt oder nicht, entscheidet jeder Mensch selbst.

Wichtig bei dieser Form des Schutzschilds ist und bleibt deine Haltung: Setzt du deine Grenze und denkst dabei »Du spinnst ja, schau dich doch mal selber an!« oder Ähnliches, entfernst du dich von der Liebevollen Führung. Bleibst du in der oben beschriebenen Haltung und verzichtest auf Verurteilungen, setzt du deine Grenze für dich und bleibst dabei im Herzen liebevoll.

Aus der Beratung

Johanna berichtete uns von einer Auseinandersetzung mit ihrer Partnerin. Johanna hatte sich in einem Gespräch geöffnet und ihre Sorgen und Gedanken mit ihr geteilt. Johannas Gedanken führten bei ihrer Partnerin offenbar dazu, dass sie selbst darüber nachdachte – auch abends im Bett. Sie sagte zu ihr: »Wegen dir konnte ich nächtelang nicht schlafen, weil ich mir so den Kopf zerbrochen habe.«

Hier handelt es sich um eine Manipulation und eine Art Anschuldigung im Sinne von »Du bist schuld!«. Klar ist: Es liegt eigentlich bei

Johannas Partnerin, die Verantwortung für ihre eigenen Gefühle zu übernehmen, anstatt Johanna durch ihren Vorwurf zu manipulieren.

1. Friedvolle Reaktionsmöglichkeit

Johanna würde in diesem Fall erkennen, dass ihre Partnerin ihr durch ihren Vorwurf etwas mitteilen möchte. Wir stellen dir nun zwei Reaktionsmöglichkeiten auf eine solche Manipulation vor. Entweder du zeigst eine kurze knackige Grenze für deinen Schutz: »Für deinen Schlaf trage ich keine Verantwortung!« Damit setzt du eine sehr klare Grenze – wichtig ist, dass du es mit einem liebevollen Herzen tust. Oder mit der Fremdeinfühlung.

2. Friedvolle Reaktionsmöglichkeit

Für mehr Verbindung könntest du nach der Selbsteinfühlung auch hier in die Fremdeinfühlung gehen:

»Wegen dir konnte ich nächtelang nicht schlafen, weil ich mir so den Kopf zerbrochen habe.«

»Du bist ganz müde und machst dir große Sorgen?!«

»Ja!«

Weitergehen könnte es wie im einfühlsamen Gespräch im ersten Beispiel (vgl. Seite 74).

Aus der Beratung

Jan erzählte uns im Rahmen einer Beratung von einem Gespräch mit einem Freund. Sie diskutierten über ein Thema bei dem sie jedoch unterschiedliche Ansichten hatten. Als Jans' Freund den Eindruck hatte, er könne seinen Gedanken nicht zu Ende formulieren, sagte er: »Wenn du mir ins Wort fällst, ist dieses Gespräch für mich beendet.«

Wirst du belohnt oder bestraft, oder dir zumindest eine Bestrafung als Konsequenz für ein bestimmtes Verhalten in Aussicht gestellt, ist die Situation identisch zu den oben genannten. Hinter diesen Aussagen verstecken sich Gefühle und Bedürfnisse anderer – in diesem Beispiel möchte dein Gegenüber gehört und verstanden werden – er oder sie braucht also Empathie.

3. Friedvolle Reaktionsmöglichkeiten

Wie du darauf reagieren kannst, haben wir bereits bei der obigen Ausführung zu Belohnung und Bestrafung ausgeführt. Wir folgen auch hier demselben Prinzip. Entweder kurz und knackig: »Ich finde gerne Lösungen ohne Belohnung oder Bestrafung. Ist das auch für dich möglich?!«, oder du gehst – für mehr Verbindung – in die Fremdeinfühlung. Wichtig bleibt deine innere Haltung.

Formulierungshilfen für deinen eigenen Schutzschild

Gerade wenn du es als Kind nicht gelernt hast, deine Grenzen zu setzen oder vor Übergriffen von außen beschützt zu werden, kann dieser Prozess einiges an Übung benötigen. Dabei können dich folgende Formulierungshilfen unterstützen:

Andere sagen zu dir	Statt so	Könntest du so reagieren
»Hör auf zu jammern, anderen geht es noch viel schlechter als dir.«	»Stimmt, mir geht's im Vergleich echt gut.«	»Ich kümmere mich gern um meine Gefühle und Bedürfnisse – unabhängig davon, wie es anderen Menschen geht.«

»Deine Laune schlägt mir echt auf den Magen.«	»Ich reiße mich ja schon zusammen.«	»Ich kümmere mich um mich – bist du bereit, dich um dich zu kümmern?«
»Wenn du für morgen absagst, habe ich keine Lust, einen neuen Termin fürs Kino zu finden.«	»Boah, und so habe ich gar keine Lust, überhaupt etwas mit dir zu unternehmen!«	»Du möchtest gern Zeit mit mir verbringen und wünschst dir Zuverlässigkeit dabei?«
»Du blöder Kack-Papa!«	»So sprichst du nicht mit mir!«	»Du bist gerade richtig wütend, oder? Das wolltest du mir damit sagen?!«
»Ich will nie wieder mit dir spielen, Mama!«	»Haha, das überlegst du dir doch sowieso in 30 Sekunden wieder anders.«	»Möchtest du gerade allein spielen? Ich kümmere mich in der Zeit um mich und spiele gern weiter mit dir, sobald du das möchtest.«
»Sie wollen doch auch, dass das Projekt erfolgreich wird.«	»Klar, ich hänge mich auf jeden Fall voll rein.«	»Ihnen ist wichtig, zu wissen, dass ich mein Bestmögliches gebe?!«

Reflexionsübung

Überleg gern mal, welche Aussagen dir in letzter Zeit entgegengebracht wurden, die deine persönlichen Grenzen überschritten haben, und finde Formulierungen für deinen emotionalen Schutz und deine Grenzen, ohne dabei dein Gegenüber für sein Verhalten zu verurteilen. Ganz im Stil der zweiten Fü-Li-Strategie, dem Schutzschild:

Noch tiefer einsteigen kannst du in deinen eigenen Prozess zum Thema Grenzen, indem du dich mit deinen bestehenden Glaubenssätzen auseinandersetzt und sie durch neue ersetzt. Wichtig ist, dass diese neuen Sätze zu dir passen und sich stimmig und kraftvoll für dich anfühlen. Deswegen sprich die Sätze gern laut vor dich hin und fühle nach, ob sie eine Wirkung für dich haben.

Sätze zum Fliegen

Ich darf »Nein!« sagen.

Ich darf »Ja!« zu mir sagen und »Nein!« zu anderen.

Ich erlaube mir, Grenzen zu setzen.

Ich darf mich abgrenzen.

Ich stehe für mich ein.

Ich bin wichtig.

Ich bin gut so, wie ich bin.

Ich darf Fehler machen.

Extratipp: Du kannst mit den oben genannten Sätzen zum Fliegen die sogenannte Gehmeditation machen. Im Takt deiner Schritte sprichst du deinen Satz zum Fliegen in Gedanken, leise oder laut vor dich hin. Zum Beispiel auf dem Weg zur Kita oder Schule, wenn du dein Kind abholst, oder auf dem Weg zum Supermarkt. Falls dein Kind an deiner Seite ist, lass dein Kind teilhaben an dieser Strategie und lade es ein, mitzumachen. Für noch mehr Spiel und Spaß könntet ihr auch gemeinsam eure eigenen Sätze zum Fliegen kreieren und sie hüpfend vor euch hinsprechen oder singen.

Möchtest du nun dein Wissen zum Schutzschild testen? Dann mach den Test in Kapitel 9 (vgl. Seite 249).

Schutzschild für dein Kind sein

Da Kinder in vielen Situationen selbst wahrnehmen, wie abhängig sie von ihren Bezugspersonen sind, empfinden sie häufig Ohnmacht. Vergleichbar ist das mit einem alten Menschen, der immer mehr abbaut und schließlich abhängig von Pflege ist. Wenn Kinder die Erfahrung machen, dass sie vor allem in schutzlosen Momenten von ihren Bezugspersonen aufgefangen werden, entwickeln sie Urvertrauen. Sie speichern im Unterbewusstsein ab: Wenn ich in Gefahr bin, werde ich beschützt. Dadurch werden Ohnmachtsgefühle beim Kind reduziert und das Kind kann Vertrauen in sich selbst, in andere Menschen und ins Leben entwickeln. Darüber hinaus entsteht beim Kind eine liebevolle und schützende innere Stimme, die auch im Erwachsenenalter noch unterbewusst aktiv ist. Erwachsene, die in ihrer Kindheit wenig Schutz erfahren und sich häufig ausgeliefert gefühlt haben, sind im dauerhaften Überlebensmodus und haben auch im Erwachsenenalter viel frühere und vor allem längere Stressreaktionen im Körper. Fehlender Schutz in der Kindheit kann also starke psychische Folgen haben. Deshalb ist es von höchster Bedeutung für die emotionale Entwicklung eines Kindes, die emotionalen und körperlichen Grenzen des Kindes zu wahren und sich als Schutzschild vor das Kind zu stellen. Dabei geht es neben vielen weiteren Aspekten an erster Stelle um die Gesundheit des Kindes. Bei der Gesundheit unterscheiden wir, wie oben bereits beschrieben (vgl. Seite 66), auch bei Kindern zwischen der körperlichen Unversehrtheit und der emotionalen Gesundheit, also der Unversehrtheit der Psyche. Beides gilt es im Sinne der Liebevollen Führung vor Übergriffen anderer zu schützen. Während die körperlichen Gefahren sehr eindeutig als solche zu erkennen sind, braucht es für die Gefährdung der emotionalen Gesundheit einen schärferen Blick. Dabei handelt es sich vor allem um Dinge wie Belohnung oder Bestrafung, Manipulation und Erpressung.

Solche oder ähnliche Sätze können Übergriffe darstellen:

»Ist dein Sohn immer so laut und provozierend?«

»Wenn du mir zum Abschied keine Umarmung gibst, dann weine ich.«

»Wenn ihr nicht ruhig spielen könnt, nehme ich euch den Ball weg.«

»Wenn du deine Schwester in Ruhe lässt, bekommst du nachher eine Schokolade.«

Um Kinder bestmöglich vor solchen Manipulationen zu bewahren, braucht es Liebevolle Führung durch die Eltern in Form des Schutzschildes. Der Schutzschild ist eine Strategie der elterlichen Macht und bedeutet, Grenzen zum Schutz der Gesundheit des Kindes zu setzen. Als Eltern stellen wir uns also bildlich wie ein Schutzschild vor das Kind. Manchen Eltern aus unserer Beratung hilft es auch, das eigene innere Kind hinter dem Schutzschild zu visualisieren, denn oft fühlt sich in Situationen von Übergriffen nicht nur dein Kind, sondern auch dein inneres Kind bedroht. Manchmal geht das so weit, dass dich ein Übergriff gegen eine andere Person besonders triggert, weil du dich an deine Kindheit erinnert fühlst und beispielsweise dein inneres Kind mehr Angst hat als dein erwachsenes Ich. In der Psychologie wird dann von Überidentifikation gesprochen (vgl. Hormia, 2010). Der Einsatz des Schutzschildes erfolgt sowohl durch deine körperliche Ausstrahlung (aufrechte Haltung, Stärke) als auch verbal und kann im Tonfall je nach Situation bestimmt oder eher empathisch und wertschätzend sein. Im besten Fall ist es beides. Grundsätzlich braucht es den Einsatz des Schutzschilds öfter, je kleiner das Kind ist. Besonders Kinder, die am Vorbild ihrer Eltern lernen, wie es geht, die eigenen Grenzen zu wahren, sind mit etwas Übung irgendwann selbst dazu in der Lage, für ihren eigenen Schutz einzustehen. Wann und in welchen Situationen das der Fall ist, unterscheidet sich individuell stark – doch spüren Eltern meist recht schnell anhand des Verhaltens und der Reaktion des eigenen Kindes, ob es im Kontext der oben genannten Übergriffe unsicher ist und Unterstützung braucht oder ob es sich innerlich oder auch kommunikativ abgrenzen kann.

Deine innere Haltung

Deine innere Haltung lautet: Du handelst FÜR die Gesundheit deines Kindes statt GEGEN das Verhalten deiner Mitmenschen.

Einsatz des Schutzschilds

Die Strategie Schutzschild kommt immer dann zum Einsatz, wenn es um den Schutz der Gesundheit deines Kindes geht. Die körperliche Gesundheit deines Kindes ist in Gefahr durch Gewalt wie Schläge, an den Haaren Ziehen, Kratzen, Treten und jede andere Form von körperlichen Übergriffen. Als Schutzschild deines Kindes greifst du in der jeweiligen Situation – ganz egal ob ihr auf dem Spielplatz, zu Hause, beim Einkaufen oder bei den Großeltern seid – sofort körperlich ein, indem du dazwischengehst. Auf verbaler Ebene formulierst du beispielsweise ein klares »Stopp!« – und währenddessen greifst du physisch ein. Je nach Situation stellst du dich beispielsweise zwischen dein Kind und seinen Gefährder, hältst Hände oder Beine fest, nimmst Gegenstände zur Seite oder nimmst dein Kind und drehst es weg. Du reagierst so, dass die körperliche Gefahr für dein Kind aufgehoben ist. Hier braucht es wenige bis keine Worte. Nach deinem Eingreifen kannst du noch ergänzen: »Alle bleiben hier heile!« Doch es braucht in erster Linie deinen körperlichen Einsatz, denn nur weil du »Stopp!« rufst, werden Kinder nicht unbedingt aufhören, mit der Schippe auf den Kopf deines Kindes zu hauen. Hier braucht es dein sofortiges Eingreifen. Es handelt sich um die FüLi-Strategie »Schützende Gewalt«, die wir in Kapitel 4 näher erläutern. Die emotionale Gesundheit deines Kindes ist in Gefahr durch:

- Bewertung/Verurteilung (»Ist die immer so schüchtern?«)
- Emotionale Erpressung (»Du machst mich ganz traurig!«)
- Bestrafung (»Wenn du mir nicht ›Hallo!‹ sagst, dann spreche ich nie wieder mit dir!«)
- Belohnung (»Wenn du jetzt mit mir spielst, dann hole ich dir nachher ein Eis!«)
- Überforderung (zu viele Geschenke, Zucker, Medien, Fragerei usw.)

Unabhängig von der Art des emotionalen Übergriffs greifst du ein, indem du mit deinen Worten Grenzen setzt. Du bist der Schutzschild deines Kindes. Denn auch hier ist die Gesundheit deines Kindes in Gefahr.

Bei Bewertung, Interpretation und Verurteilung

Wird ein Kind von außen bewertet oder verurteilt (»Ist die immer so schüchtern?«), können negative Glaubenssätze entstehen wie »Ich bin schüchtern! Ich kann nichts!«. Diese können das Selbstwertgefühl des Kindes auf Dauer schwächen. Statt das Kind für bestimmte Dinge oder Verhaltensweisen bewertend in eine Schublade zu stecken, können wir beobachten und beschreiben, was es tatsächlich tut. Das ist Schritt 1 der Gewaltfreien Kommunikation. Auf ein »Ist die immer so schüchtern?« könntest du also beispielsweise mit einer Beobachtung antworten: »Bei der Begrüßung steht sie hinter meinen Beinen.«

Bei Manipulation und Erpressung von außen

Bei emotionaler Erpressung (»Du machst mich ganz traurig/glücklich!«) wird dem Kind die Verantwortung für die Gefühle anderer übertragen. Das überfordert das Kind enorm und kann es unter Druck setzen. Das Kind mag bei seinem Gegenüber Gefühle wie Trauer oder Glück auslösen, doch die eigentliche Ursache für diese Gefühle sind die jeweiligen unerfüllten oder erfüllten Bedürfnisse der Person, die sich so äußert. Denn jeder Mensch ist für seine Gefühle selbst verantwortlich und darf dieser Verantwortung nachgehen, indem er seine Gefühle mit seinen Bedürfnissen verbindet und diese zu erfüllen versucht. Auf ein »Du machst mich ganz traurig!« könntest du mit der empathischen Gegenfrage »Bist du gerade traurig?« reagieren, um die Verantwortung kommunikativ da zu lassen, wo sie hingehört.

Bei Belohnung und Bestrafung

Was Bestrafungen wie »Wenn du mir nicht ›Hallo!‹ sagst, dann spreche ich nie wieder mit dir!« und Belohnungen wie »Wenn du jetzt mit mir spielst, dann hole ich dir nachher ein Eis!« bei Kindern auslösen können, haben wir in Kapitel 1 beschrieben. Das geht von starkem Konkurrenzdenken über extrinsisch motiviertes Verhalten bis hin zum Verlust an Verbindung und Verständnis und zu einer dadurch geschwächten Bindung. Deswegen ist eine Belohnung oder Bestrafung deines Kindes von außen unserer Auffassung nach eine Gefahr für seine emotionale Gesundheit und es braucht deine Liebevolle Führung in Form deines Schutzschilds. Auf ein »Wenn du mir nicht ›Hallo‹ sagst, dann spreche ich nie wieder mit dir!« könntest du grenzsetzend und als Schutzschild für dein Kind mit einem »Stopp! ›Hallo‹ sagen ist freiwillig, niemand muss ›Hallo‹ sagen!« reagieren. Ähnlich wäre bei einem »Wenn du jetzt mit mir spielst, dann hole ich dir nachher ein Eis!« ein kurzes »Stopp, das geht auch ohne Belohnung!« möglich.

Bei Überforderung

Bei der Überforderung des Kindes durch zu viele Geschenke, Zucker, Medien, Fragerei usw. ist es trotz der augenscheinlich positiven Dinge am Limit seiner Aufnahmefähigkeit und braucht Hilfe, um »Stopp!« zu sagen. Ein Kind kann seine eigenen Grenzen noch nicht spüren, geschweige denn formulieren beziehungsweise dafür einstehen. Das lernen Kinder erst durch das elterliche Vorbild. Anhand des Verhaltens deines Kindes kannst du feststellen, ob es überfordert ist und ob es deine Liebevolle Führung braucht – das wiederum entscheidest du, statt dein Kind durch weitere Fragen zusätzlich zu überfordern. In welcher Form du deinem Kind hilfst, also ob in Form deines Schutzschildes oder mithilfe anderer Strategien, entscheidest du anhand des Bedürfnisses, um das es sich gerade handelt. Hier lohnt es sich, immer wieder aufs Neue zu unterscheiden und zu fragen: Wo geht es um die Gesundheit deines Kindes und wo um deine eigenen Werte?

Geschenke der Großeltern können so ein Zwiespalt sein: Überfordern die vielen Geschenke dein Kind, greifst du ein – widersprechen die vielen Geschenke deinen Werten, kannst du langfristig ins Gespräch mit den Großeltern gehen.

In unserer Beratung erleben wir häufig, dass viele Eltern unsicher sind, wie sie mit Übergriffen auf ihre Kinder so umgehen können, dass ihre Kinder beschützt werden und sich gleichzeitig Konflikte mit dem Gegenüber bestmöglich vermeiden lassen. Anhand der folgenden Beispiele skizzieren wir die möglichen Arten von Übergriffen und zeigen friedvolle Reaktionsmöglichkeiten, wie zum Schutz des Kindes gehandelt werden kann.

Aus der Beratung

Nach einem gemeinsamen Nachmittag mit ihren Kindern, an dem alle viel miteinander lachten, sagte ein langjähriger Freund zu Andreas' Sohn: »Du bist aber ein ganz lustiger Kerl!« Andreas war unsicher, ob er diesen Satz seinem Sohn gegenüber einfach so stehen lassen oder zurückweisen sollte. Sein Bauchgefühl war eindeutig, und doch wollte er nicht riskieren, dass sein Freund sich schlecht fühlte. Schließlich meinte er diesen Satz vermutlich positiv.

Bei der Aussage des Freundes zu Andreas' Sohn »Du bist aber ein ganz lustiger Kerl!« handelt es sich um eine Bewertung, eine Verurteilung im »positiven Sinne«. Auch hier kann deine Funktion als Schutzschild gefragt sein, denn dein Kind darf verstehen, dass es sehr viel mehr ist als »ein lustiger Kerl«. Auch wenn das Gegenüber damit möglicherweise sagen möchte, dass dein Kind zu seiner Freude beiträgt und seinen Humor trifft, ist das erst mal eine Interpretation, die Andreas' Sohn einen Stempel aufdrückt. Du übst dich weiter in der Haltung, dass jeder Mensch in jeder Situation das ihm Bestmögliche tut und hinter jeder Handlung der Versuch steckt, sich um sich zu kümmern, also Bedürfnisse zu erfüllen.

Friedvolle Reaktionsmöglichkeit

Hier kannst du Schutzschild für dein Kind sein, indem du ganz simpel mit einem »Gefällt dir seine Art und Weise?« reagierst, oder du gehst ein wenig mehr in die Verbindung und testest die Fremdeinfühlung:

»Dein Sohn ist aber ein ganz lustiger Kerl!«

»Findest du es gerade toll, wie mein Sohn … macht?!«

»Ja, das ist mega!«

»Erfüllt zu 100 Prozent deinen Humor?!«

»Auf jeden Fall!«

Wir raten dazu, solche Äußerungen nicht einfach so stehen zu lassen – zeig deinem Kind, dass du da bist und wie es geht, aus Bewertungen, Interpretationen oder Verurteilungen in Verbindung zu kommen. Mit einer Bewertung im »negativen Sinne« wäre die Vorgehensweise dieselbe.

Aus der Beratung

Sophie berichtete uns von einem gemeinsam verbrachten Nachmittag mit ihrem Vater und einer Situation, in der dieser eine Grenze ihrer Tochter Pauline überschritt: Ihre Tochter hatte mehrfach vom Brot ihres Großvaters abgebissen, ohne ihn vorher zu fragen. Daraufhin sagte Paulines Opa: »Das macht den Opa jetzt aber wirklich sauer!«

Hier handelt es sich um eine emotionale Erpressung. Deine Haltung auch hier: Opa tut das ihm Bestmögliche, und er möchte etwas über sich erzählen.

1. Friedvolle Reaktionsmöglichkeit

Auch hier gibt es unserer Meinung nach zwei Möglichkeiten, auf eine solche emotionale Erpressung zu reagieren. Kurz und knackig mit einem »Opa, Pauline ist für deine Gefühle nicht verantwortlich. Magst du dich um dich selber kümmern?!« Dabei sprichst du natürlich, wie immer, mit einem liebevollen Herzen.

2. Friedvolle Reaktionsmöglichkeit

Du gehst mithilfe der Fremdeinfühlung tiefer in die Verbindung:
»Das macht den Opa jetzt aber wirklich sauer!«
»Stopp Opa! Du bist gerade sauer?!«
»Ja!«
»Weil Pauline dein Brot gegessen hat, ohne dich zu fragen?!«
»Ja, so was macht man doch nicht!«
»Okay, du bist sauer, weil du gerne gefragt worden wärst?!«
»Ja!«
»Ah, okay, und was könntest du dafür tun, dass Pauline dich in Zukunft fragt, ob sie dein Brot essen darf?«

Nun würden gemeinsame Überlegungen folgen, was Opa für sich und seinen Wunsch, gefragt zu werden, in Zukunft tun könnte. Ebenso wäre es möglich, hier Pauline entsprechend ihres Alters in das Gespräch miteinzubeziehen. Denn auch Pauline hat Bedürfnisse, die sie sich mit dem Essen von Opas Brot erfüllen wollte. Die Frage wäre, wie sie das in Zukunft im Einklang mit Opas Bedürfnissen regeln könnte.

Aus der Beratung

In der Beratung mit Dennis kam folgende Situation auf: Er war mit seinem Sohn Peter zu Besuch bei seiner Mutter. Sie wollte ihren Enkel gern selbst ins Bett bringen, womit alle drei einverstanden waren. Beim Verabschieden nach dem Vorlesen der Geschichte wollte Peter seiner Oma keinen Gute-Nacht-Kuss geben. Dennis hörte, wie seine Mutter reagierte: »Wenn du mir kein Küsschen zur Guten Nacht gibst, dann lese ich dir morgen keine Geschichte vor!«

Hier handelt es sich um die Androhung einer Bestrafung, die wir aus der Haltung der anderen Beispiele heraus betrachten.

1. Friedvolle Reaktionsmöglichkeit

Mit einem liebevollen Herzen kann Dennis kurz und knackig mit einem »Stopp – Peter kann selbst entscheiden, wen er küsst und wen nicht! Bist du bereit, unabhängig vom Küssen morgen eine Geschichte vorzulesen?« reagieren.

2. Friedvolle Reaktionsmöglichkeit

Oder er geht tiefer und schenkt Einfühlung:

»Wenn du mir kein Küsschen zur Guten Nacht gibst, dann lese ich dir morgen keine Geschichte vor!«

»Stopp! Ich akzeptiere keine Bestrafungen! Möchtest du gerne Küsschen von Peter zur Guten Nacht haben?!«

»Ja, das macht man ja wohl so!«

»Küssen ist in unserer Familie freiwillig! Du magst dich von Peter verabschieden?«

»Ja, genau!«

»Okay, Peter, magst du dich auch verabschieden?«

»Mhhh, ja, aber ohne Küssen!«
»Wie wärest du denn bereit, dich von Oma zu verabschieden?«
»Gute Nacht kann ich sagen!«
»Oma, ist das okay für dich?«
»Ja.«
»Gute Nacht, und ich winke noch – bis morgen!«

So oder so ähnlich könnte das laufen. Möglich wäre natürlich auch, dass Dennis' Kind nicht bereit ist, sich für die Nacht zu verabschieden – denn auch das ist freiwillig. Hier könnte es wie folgt weitergehen:
»Okay, Peter, magst du dich auch verabschieden?«
»Nein!«
»Oma, Peter mag gerade keinen Abschied. Dir ist Abschied wichtig?!«
»Ja, aber hallo, man sagt doch Gute Nacht!«
»Bei uns ist auch freiwillig, ob wir Gute Nacht sagen. Magst du ›Gute Nacht‹ zu Peter sagen, weil es dir wichtig ist, und ihm zeigen, wie du es machst?«
»Gute Nacht!«

Falls die Mutter oder Schwiegermutter nun ein wenig entrüstet ist, kann Dennis das erst mal bei ihr lassen und sich seinem Kind widmen, es ins Bett bringen und ihm noch mitgeben, dass Küsse und Gute-Nacht-Sagen freiwillig sind und dass es das selbst entscheiden darf. Falls Oma nun traurig ist, ist das ihre Entscheidung. Oma ist für sich selbst verantwortlich.

Ebenso läuft es bei einer Belohnung. Oft wird uns die Frage gestellt, ob wir wirklich immer eingreifen würden, wenn wir eine Bestrafung oder Belohnung mitbekommen. Unsere Antwort ist hier jedes Mal dieselbe: »Ja!« Denn wir sind Schutzschild unserer Kinder – für ihre Seelen. Und sie brauchen uns für ihre Grenzen. So zeigen wir ihnen, wie das geht.

Aus der Beratung

Anna kam zu uns in die Beratung, weil sie unsicher war, wie sie mit dem Verhalten ihres Partners umgehen sollte. Dieser stellte ihrem Sohn Max meist noch vor der Kita schon jede Menge Fragen dazu, was sie am Nachmittag unternehmen wollen. Max wiederum reagierte meist überfordert. Die Fragen lauteten beispielsweise: »Willst du nach der Kita gleich zu deiner Freundin oder noch kurz nach Hause? Oder wollen wir noch auf den Spielplatz? Wir könnten allerdings auch deiner Freundin absagen und was anderes machen ...?!«

So eine Aneinanderreihung von Fragen kann zu einer Überforderung deines Kindes führen. Ob es überfordert ist, erkennst du an seinem Verhalten. Wird es nervös, unsicher, kann sich nicht entscheiden oder bekommt sogar einen Wutausbruch, ist es überfordert und braucht Hilfe.

Friedvolle Reaktionsmöglichkeit

Du stoppst die Fragerei mit einem »Halt – du holst Max von der Kita ab. Gib ihm zwei Möglichkeiten, was ihr machen könnt, die für dich okay sind. Alles andere ist zu viel. Du entscheidest, was gemacht wird – wie das genau aussieht, darf Max mitentscheiden.«

Aus der Beratung

Elisabeth wandte sich an uns, nachdem sie auf dem Spielplatz beobachtet hatte, wie eine andere Mutter ihrem wütenden Kind einen Klaps auf den Hintern gab. Sie fühlte sich in der

Situation wie gelähmt und war unsicher, ob sie Schutzschild für ein fremdes Kind sein könne, und wenn ja, wie.

Bei einem Klaps auf den Hintern handelt es sich um den Einsatz körperlicher Gewalt, der grundsätzlich vom Gesetz her verboten ist. Bevor Elisabeth darauf reagiert, braucht es erst einmal ihre Haltung, in der sie die Mutter nicht verurteilt, und die Entscheidung darüber, ob sie sich grundsätzlich dazu in der Lage sieht, einzugreifen – denn das kann sie nur, wenn es ihr gelingt, die andere Mutter nicht zu verurteilen –, andernfalls wird ihr Eingreifen zum Kampf.

1. Friedvolle Reaktionsmöglichkeit
Du gehst zur Mutter und unterbrichst die Situation durch eine einfache Frage wie »Brauchen Sie Hilfe?« oder »Stopp, brauchen Sie Hilfe? Gewalt ist keine Lösung«. Damit setzt du ein klares Zeichen und überlässt die Situation dennoch weiterhin der anderen Person. Du setzt deine eigene Grenze, ohne die Grenze der Mutter zu überschreiten. Oftmals hilft schon das Unterbrechen der Situation als Exit-Strategie für das Gegenüber – das Nervensystem beruhigt sich und es sind andere Handlungen möglich.

2. Friedvolle Reaktionsmöglichkeit
Du schenkst dem Kind ebenso wie der Mutter nonverbale Empathie, indem du beide siehst und dich einfühlst. Falls sich eure Blicke kreuzen, kannst du versuchen, deine Haltung dadurch deutlich zu machen. Sollte das Leben des Kindes in Gefahr sein, braucht es natürlich schnellstmöglich und kompromisslos Unterstützung in Form der Polizei.

Formulierungshilfen zum Schutzschild

Die Grenzen deines Kindes vor Übergriffen von außen zu schützen braucht Übung. Folgende Formulierungshilfen können dich dabei unterstützen und dir Sicherheit schenken:

Andere sagen zu deinem Kind	Statt so	Könntest du so darauf reagieren
»Du willst nicht mit mir spielen. Das macht mich ganz traurig!«	»Jetzt spiel doch mal mit der Oma!«	»Ah, du bist traurig, weil du jetzt gerne mit meinem Kind gespielt hättest, oder?!«
»Du sagst mir nicht ›Hallo!‹, was für ein böses Kind!«	»Komm, sei freundlich!«	»Stopp! Hier darf jeder selbst entscheiden, wer wem ›Hallo!‹ sagt, und wir sind alle okay, so wie wir sind!«
»Sag mal, du bist aber ein schüchternes Kind!«	»Ja, mit ihm kannst du eigentlich nirgendwo hingehen!«	»Das hat mit schüchtern wenig zu tun. Mein Kind braucht noch einen Moment!«
»Wenn du jetzt mit mir spielst, dann hole ich dir nachher ein Eis!«	»Siehst du, Opa meint es gut mit dir!«	»Stopp! Das Spielen hat wenig mit dem Eis zu tun, und meine Tochter darf freiwillig entscheiden, ob und mit wem sie spielen möchte. Würdest du so gerne jetzt mit ihr spielen?«

Der Arzt/ Die Ärztin sagt: »Ist doch nicht so schlimm!«	»Die meint es doch nur gut mit dir!«	»Meine Tochter/ Mein Sohn hat gerade Schmerzen, und die dürfen sein. Ich kümmere mich um sie/ihn!«
»Magst du mit mir spielen? Willst du das Brettspiel machen oder das Kartenspiel? Oder ...?« (Fragerei und du merkst, es überfordert dein Kind)	Kein Kommentar von dir.	»Ich schlage vor, wir fangen bei Frage eins an, und dann sehen wir weiter. Magst du mit ... spielen?«

Reflexionsübung

Überlege gern, was andere in letzter Zeit zu deinem Kind gesagt haben, was die Grenzen deines Kindes überschritten hat, und finde Formulierungshilfen mit der FüLi-Strategie Schutzschild, um die Grenzen deines Kindes zu wahren und seine emotionale Gesundheit zu beschützen:

____

____

____

Folgende Sätze können dich dabei unterstützen, dir zu vergegenwärtigen, welche Rolle dein Schutzschild für dein Kind spielt:

Sätze zum Fliegen

Ich bin der Schutzschild meines Kindes.

Der Schutz der Seele meines Kindes steht immer im Vordergrund.

Für den Schutz der Seele meines Kindes nehme ich Konflikte mit anderen in Kauf.

Ich bin verantwortlich für die körperliche und seelische Gesundheit meines Kindes, und ich erlaube mir, dafür einzustehen.

Tipp: Schreib dir den für dich stimmigsten Impuls auf eine Karte und häng dir diese gut sichtbar zu Hause auf. Beim Vorbeigehen sagst du ihn einmal laut. So kommst du schneller in deine Haltung.

Extratipp: Um das Bedürfnis deines Kindes nach Schutz im Alltag zu erfüllen, kannst du es morgens nach dem Anziehen und vor der Verabschiedung mit einer Art Schutzblase oder Schutzmantel umhüllen. Verbindet das gern mit einem ätherischen Duft und euren Kraftsätzen.

- Du nimmst ein bis drei Tropfen des ätherischen Öls (vorzugsweise hat dein Kind den Duft mit ausgesucht und es ist jeden Tag derselbe) in deine Hände.
- Du reibst deine Hände aneinander, bis sie warm sind.
- Du umhüllst mit deinen Händen einmal dein Kind von Kopf bis Fuß.
- Gerne kannst du dabei die Hände ein wenig fächern, als würdest du Luft aufwirbeln.
- Du sprichst dabei eure Kraftsätze und ggf. spricht dein Kind mit.
- Beispiel: »Ich bin beschützt. Ich bin in Sicherheit. Ich werde geliebt.«

Möchtest du herausfinden, wie es um deine Fähigkeit, Schutzschild für dein Kind zu sein, steht? Teste dein Wissen in Kapitel 9 (vgl. Seite 249).

Schutzschild in der Eltern-Partnerschaft

Schutzschild für das eigene Kind zu sein ist für Eltern, die in ihrer Kindheit weitestgehend keinen Schutz erfahren haben, eine sehr herausfordernde Aufgabe, die Schritt für Schritt erlernt und geübt werden darf. Wie wir in unseren Beratungen immer wieder erleben, scheint es für viele Eltern besonders schwer zu sein, Schutzschild für das Kind innerhalb der Partnerschaft zu sein, also auch der eigenen Partnerin oder dem Partner klare Grenzen aufzuzeigen, was den Umgang mit dem Kind angeht. Doch wir machen hier keinen Unterschied, vor wem du dein Kind beschützt. Die Notwendigkeit des Schutzschildes bleibt, egal ob es sich um fremde Menschen handelt, die Grenzen überschreiten oder die Gesundheit deines Kindes in Gefahr bringen oder ob es die Großeltern, Ärzt*innen, Pädagog*innen oder die eigenen Eltern sind.

In diesem Unterkapitel widmen wir uns der Frage, wie der Schutzschild und vor allem die darauffolgende Auseinandersetzung mit dem oder der Partner*in aussehen kann. Statt also zuzusehen, wie dein Partner oder deine Partnerin über die Grenzen deines Kindes geht, greifst du ein. Dabei kannst du mit deinen Worten entweder sehr klar und bestimmt oder auch einfühlsam sein, das hängt ganz von der jeweiligen Situation und deinem Zustand ab. Wichtig dabei bleibt die Haltung in deinem Herzen, die wir oben beschrieben haben. Braucht dich dein Kind als Schutzschild, kommst du direkt ins Handeln, statt deinem Partner oder deiner Partnerin erst einmal zu erklären, warum du eingreifst. Das kann zu späterer Zeit erfolgen. Die Frage, warum es für viele Eltern so herausfordernd ist, vor dem anderen Elternteil Schutzschild für das eigene Kind zu sein, ist oft in der Angst vor dem Konflikt mit dem oder der Partner*in begründet. Ob oder wie sehr du diese Konflikte zu vermeiden versuchst, ist abhängig davon, wie du Konflikte zwischen deinen Eltern in der Kindheit erlebt hast und was du über die Bedeutung von Uneinigkeiten zwischen Eltern allgemein gelernt hast. Solltest du beispielsweise als Kind ein Machtgefälle in der Beziehung deiner Eltern beobachtet haben, könnte es sein, dass du nach dem sogenannten Wiederholungszwang auch eher defensiv reagierst, weil dein inneres Kind Angst vor einem Konflikt und davor, abgelehnt zu werden, hat. Um die Grenzen ihres Kindes wahren zu können, dürfen sich Eltern also von ihrer Angst vor Konflikten befreien, denn die emotionale Gesundheit des Kindes, die in der elterlichen Verantwortung liegt, hat oberste Priorität. Etwaige daraus entstehende Konflikte werden später mit dem oder der Partner*in ausgetragen.

Beispielsituationen, in denen es in der Eltern-Partnerschaft den Schutzschild braucht

Bei den folgenden Beispielsituationen, in denen es den Einsatz des Schutzschildes braucht, lassen wir körperliche Übergriffe außen vor. Sollten diese stattfinden, wird das Kind wie oben beschrieben als Erstes aus der Gefahrensituation genommen. Die Kommunikation mit dem oder der Partner*in erfolgt erst im Nachhinein, sobald das Kind in Sicherheit ist.

Vielleicht kommen dir solche oder ähnliche Sätze deines Partners oder deiner Partnerin bekannt vor und es braucht dein schützendes Eingreifen:

»Hör auf zu schreien, sonst kannst du in dein Zimmer gehen.«
»Beeil dich jetzt, sonst fahre ich ohne dich.«
»Hilf jetzt, den Tisch zu decken, sonst helfe ich dir auch nicht mehr.«
»Wenn du jetzt dein Zimmer nicht aufräumst, darfst du kein TV/Tablet mehr gucken.«
»Wenn du nicht aufisst, gehst du ohne Abendessen ins Bett.«
»Wenn du mich weiter so anschreist, dann fällt unser Ausflug heute aus/dann könnt ihr heute ohne mich fahren/dann habe ich keine Lust, Zeit mit dir zu verbringen.«
»Du musst auch mal hören, wenn man was sagt.«
»Wenn du das nicht machst, bekommst du eine Ohrfeige!«

Formulierungshilfen für deinen Schutzschild in der Partnerschaft

Wenn du merkst, dass zwischen deinem Kind und deiner Partnerin oder deinem Partner eine brenzlige Situation entsteht, kannst du als Erstes fragen:
»Brauchst du Hilfe?«

»Kann ich dir helfen?«
Dein Partner oder deine Partnerin kann nun frei entscheiden, ob er oder sie deine Hilfe möchte. Kommt ein »Nein«, lässt du das so stehen. Doch sobald eine Situation folgt, die die Gesundheit deines Kindes gefährdet, greifst du als Schutzschild ein, ohne zu fragen – das ist deine Entscheidung. Möglich wären folgende Formulierungen:
»Ich übernehme!«
»Jetzt bin ich dran!«
»Stopp!« – Du nimmst das Kind aus der Situation raus.

Statt also wie oben eine Frage zu stellen, übernimmst du die Führung. Die Reaktion des Gegenübers darfst du bei dieser Person lassen, und einen etwaigen Konflikt klärt ihr im Nachgang. Egal welche Formulierung du in diesen oder ähnlichen Situationen wählst – denk immer wieder an deine Haltung (vgl. Seite 37). Diese ist auch in deiner Partnerschaft elementar wichtig, um von deiner Seite aus in der Verbindung bleiben zu können, statt in einen Kampf zu gehen.
Vermutlich wird dein Partner oder deine Partnerin anfänglich protestieren, entweder in der Situation selbst oder später. Dann setzt du eine Grenze und sagst zum Beispiel: »Wir können gerne darüber sprechen, sobald wir alleine sind. Passt es dir heute Abend?« Du bleibst in der Verantwortung und entscheidest, wann du in den Austausch mit deinem Partner oder deiner Partnerin zu diesem Thema gehst – sicher nicht im Moment, in dem alle Beteiligten erhitzt sind und das Kind dazwischensteht. Deinem Kind wiederum kannst du in einer solchen Situation Orientierung geben, indem du beispielsweise sagst: »Papa/Mama ist gerade total sauer. Ich regle das mit ihm/ihr in Ruhe. Wir kümmern uns!«

Das Gespräch danach

Für das Gespräch findet ihr eine gemeinsame Verabredung und ein Setting, das für beide in Ordnung ist. Vorab rufst du dir deine Haltung in Erinnerung (vgl. Seite 37). Du fühlst dich dabei in dich ein und findest eine friedliche Haltung auch der anderen Person gegenüber. Gleichzeitig übernimmst du dabei nur die Verantwortung für dich, dein Gegenüber entscheidet für sich und tut ebenfalls das für sich einzig Mögliche. Im besten Fall hast du dich auf dieses Gespräch mit der Selbsteinfühlung vorbereitet. Dabei verbindest du mit den vier Schritten der GFK die durch die Situation ausgelösten Gefühle mit den unerfüllten Bedürfnissen. Am Ende findest du Strategien für die Erfüllung deiner Bedürfnisse. Je geübter du in der Selbsteinfühlung bist, desto schneller wird es gehen.

Beispiel für eine Selbsteinfühlung: Mein Partner hat zu meinem Kind gesagt: »Wenn du das nicht machst, bekommst du eine Ohrfeige!« (1. Schritt/Situation). Da habe ich mich total erschrocken (2. Schritt/Gefühl), weil ich möchte, dass mein Kind nicht geschlagen wird! Das ist dein Bedürfnis (3. Schritt/Bedürfnis) nach Fürsorge für die Gesundheit deines Kindes, den Schutz deines Kindes. Hier braucht es also deinen Schutzschild als Strategie (4. Schritt/Strategie) für deine Fürsorge und zum Schutz deines Kindes. Falls bei dir weitere Gefühle ausgelöst wurden. Außerdem ist es gut möglich, dass diese Situation aufgrund deiner Erfahrungen aus deiner Kindheit dein inneres Kind alarmiert hat. Frag dich also immer wieder, wie es deinem inneren Kind geht, während oder bevor du einen Schutzschild für dein Kind zeigst. Dies darfst du dir auch gern in Ruhe nach der Konfliktsituation anschauen, um herauszufinden, welchen Anteil deine eigene Kindheitsgeschichte eventuell hatte. Mit diesem Verständnis für dich selbst und die Dinge, die du brauchst, und mitsamt der Haltung der Gewaltfreien Kommunikation gehst du in das Gespräch und startest mit der Fremdeinfühlung:

»Du hast heute Morgen zu unserer Tochter gesagt: ›Wenn du das nicht machst, bekommst du eine Ohrfeige!‹ Warst du in diesem Moment total ungeduldig und wolltest, dass sie einfach macht, was du sagst?!«

»Ja klar. Und du musst auch mal akzeptieren, wenn ich was sage, ich sag schon so wenig, dann muss das auch gemacht werden!«

»Du bist sauer, dass ich eingegriffen habe, weil du selber entscheiden möchtest, wie du die Dinge mit ihr löst?!«

»Genau! Und dann grätschst du da rein und stellst meine Kompetenz als Vater vor unserer Tochter infrage. Also echt – so wird das auch nichts und sie macht nie, was ich von ihr will!«

»Du möchtest selber entscheiden, wie du mit unserer Tochter umgehst und dass ich dich als Vater akzeptiere?!«

»Genau! Ich meine, kein Wunder, dass sie bei deinem ganzen Psychokram überhaupt nicht mehr macht, was ich will!«

»Möchtest du wissen, warum ich eingegriffen habe?!«

»Ach weißt du, du hast da deine Meinung und dieses ganze Gefühlsgequatsche … Manchmal muss es eben einfach laufen, da gehört eine Androhung halt auch mal mit dazu. Das hatte ich in meiner Kindheit ja auch, und guck, aus mir ist was geworden!«

»Dich kotzt das richtig an, wenn ich eingreife, oder?! Du willst das auf deine Art und Weise machen und dass ich dich als Vater ernst nehme?!«

»Ja! Und ohne dich läuft es sowieso viel besser!«

»Wenn ich nicht anwesend bin, dann macht unsere Tochter viel mehr das, was du willst, und es braucht diese Androhungen wie ›dann bekommst du eine Ohrfeige‹ gar nicht?«

»Genau!«

»Ah, das finde ich spannend. Wollen wir mal überlegen, warum das so sein könnte?«

»Och nee, jetzt bloß nicht so eine Psychoanalyse!«

»Okay, du hast gerade keinen Bock drauf?!«

»Nö!«

»Also ich habe gehört, dass du das auf deine Art und Weise machen willst und dass ich dich als Vater ernst nehme?!«

»Ja!«

»Okay, magst du hören, warum ich eingegriffen habe?«

»Meinetwegen.«

»›Wenn du das nicht machst, bekommst du eine Ohrfeige!‹ ist für mich die Androhung von körperlicher Gewalt!«

»Als ob ich das jemals machen würde, das weiß unsere Tochter ganz genau!«

»Stopp, jetzt rede ich! Unsere Tochter hört, was du sagst, und kann nicht zu 100 Prozent wissen, ob du es ernst meinst oder nicht. Für mich ist es eine Androhung körperlicher Gewalt und eine Bestrafung ihres Verhaltens. Körperliche Gewalt und Bestrafungen sind für mich ein No-Go, und da greife ich als Schutz für unsere Tochter ein.«

»Du kannst mich vor ihr aber nicht bloßstellen!«

»Das ist gar nicht meine Absicht. Es geht mir darum, dass ich als Schutzschild für sie handele und mit deinem Verhalten für mich Grenzen überschritten wurden. Wie könnte ich eingreifen, dass es für dich okay ist?«

»Mich einfach machen lassen!«

»Das geht für mich nicht. Was hast du denn gehört, worum es mir geht?«

»Na, dass ich keine körperliche Gewalt androhe.«

»Ja, darum geht es mir unter anderem. Wärst du bereit, dass wir uns darauf einigen, dass du auf die Androhung von körperlicher Gewalt verzichtest?«

»Meinetwegen!«

»Danke für unseren Austausch und deine Bereitschaft, meine Grenzen zu wahren.«

Um hier ein gemeinsames Verstehen zu erzielen, genügt nicht immer ein einziges Gespräch. Es geht vielmehr darum, wie du deinem Partner oder deiner Partnerin begegnest, nämlich mit der Haltung der Gewaltfreien Kommunikation und Empathie. Ob dein Gegenüber diese annehmen kann, ist sehr individuell. Oft stecken hinter dem Verhalten des anderen Prozesse mit dem inneren Kind, die du für dein Gegenüber nicht lösen kannst. Doch du kannst Empathie schenken und gleichzeitig deine Grenzen setzen. Hab Vertrauen, von Gespräch zu Gespräch wird sich etwas bewegen. Nimm Konflikte in Kauf und bleib Schutzschild deines Kindes. Häufig führen Schutzschild-Situationen in Partnerschaften im ersten Moment zu scheinbar unlösbaren Konflikten. Das liegt unserer Erfahrung nach oft daran, dass es an der Bereitschaft für Einfühlung dem Partner oder der Partnerin gegenüber mangelt. Ebenso spielen Erwartungen eine große Rolle und das vermeintliche Wissen darüber, wie es »richtig« geht. Doch solche gemeinsamen Gespräche, in denen beide nach und nach verstehen, worum es dem oder der jeweils anderen eigentlich geht, lösen bereits einige Missverständnisse. Du kannst natürlich je nach Ergebnis der Gespräche dein Verhalten als Schutzschild anpassen – so wie es für dein Gegenüber und für dich okay ist. Sieh es als Wachstumspotenzial für dich und für euch als Team. Dein Kind kannst du beruhigen, indem du ihm sagst: »Wir haben gesprochen und wir arbeiten weiter daran, eine Lösung zu finden! Du bist in Sicherheit! Wir kümmern uns!«

Tipp: Vereinbart ein Code-Wort. Sind Eltern sich grundsätzlich einig darüber, wie sie ihre Elternschaft leben wollen und welche Verhaltensweisen sie sich im Umgang mit dem Kind wünschen, kann es hilfreich sein, sich auf ein gemeinsames Code-Wort zu einigen, das als Unterstützung und Erinnerung in Konfliktsituationen mit dem Kind dient. Denn unsere eigene Erfahrung und auch die vielfältigen Erfahrungen unserer Beratungen zeigen, dass sich oftmals nur ein Elternteil im Konflikt mit dem Kind befindet und im »Eifer des Gefechts« anders handelt, als es den eigenen Werten und Wünschen entspricht. Der andere Elternteil ist dann in der Regel eher in der beobachtenden und rationaleren Rolle. Ist dies der Fall, kann ein Code-Wort eine wertvolle Unterstützung sein, um daran zu erinnern, wie beide mit dem Kind umgehen wollen. Der- oder diejenige außerhalb des Konfliktes könnte dies beispielsweise einwerfen, ohne direkt in die Situation zu gehen und einzugreifen. Code-Wörter könnte im Sinne der GFK zum Beispiel »Giraffe« oder »Herz«, »Vogel« oder »Sonnenblume« sein – oder einfach ein »Ich bin da«. Das Wort als solches spielt keine Rolle.

Wir hoffen, dass wir dich durch dieses Kapitel ermutigen konnten, Schutzschild zu sein – aus voller Überzeugung für deine Gesundheit und die Gesundheit deines Kindes. Solltest du bezüglich dieser Strategie einfach nicht in die Umsetzung kommen, empfehlen wir dir von Herzen, dir professionelle Unterstützung zu holen, vor allem wenn du oft Schuld- und Schamgefühle oder Versagensängste hast, wenn du deine Grenzen zeigst. Das sind die Gefühle, die sich hinter dem sogenannten schlechten Gewissen verbergen. Viele Eltern, die wir begleiten, berichten von einer enormen Verbesserung ihrer Lebensqualität und von positiven Auswirkungen auf die Atmosphäre in der Familie. Spannend ist auch, wie das Umfeld reagiert, wenn du beginnst, Grenzen zu setzen, weshalb eine Weiterentwicklung in diesem Bereich vielleicht auch Auswirkungen darauf hat, mit welchen Menschen du dich umgeben möchtest. Gib dir Zeit, deine Grenzen zu wahren, und bleibe auch auf deinem Weg, wenn sich bestimmte Menschen von dir zurückziehen. Versuche in diesen Momenten, den Menschen die Verantwortung für ihre Gefühle zu geben, wenn sie deine Grenze als Angriff empfinden, und bleib dir treu. Denn du bist es wert, dich selbst und dein Kind zu schützen.

KAPITEL 4

Schützende Gewalt

»Mein selbstsicheres und fürsorgliches Handeln in Gefahrensituationen schenkt dir Sicherheit!«

Schützende Gewalt, auch Schützende Kraft oder Schützende Macht genannt, wird ausschließlich in lebensbedrohlichen Situationen, also in Notsituationen, angewendet und vom Kind subjektiv als Gewalt erlebt. Deswegen bezeichnen wir sie im Folgenden auch ganz direkt als Schützende Gewalt statt als Schützende Kraft. Der Begriff kann schmerzen, denn wir wollen ja explizit weg von Gewalt in jedweder Form – doch handelt es sich hierbei um Gewalt allein zum Schutz des Kindes, die in einigen Situationen notwendig sein kann. Wir möchten in diesem Kapitel alles versuchen, um deutlich zu machen, wie diese Schützende Gewalt friedvoll zum Einsatz kommen kann, ohne der Seele des Kindes zu schaden. Denn dein Kind braucht für eine sichere Bindung eine Bezugsperson, die auch in Gefahrensituationen sicher und verlässlich reagiert. Aus entwicklungspsychologischer Sicht ist die Schützende Gewalt insbesondere dann nötig, wenn das Kind noch nicht selbst einschätzen kann, dass es sich gerade in Gefahr befindet. Je älter das Kind wird, desto seltener ist die Schützende Gewalt nötig, bis sie schließlich ganz wegfällt.

Auch wenn es im ersten Moment widersprüchlich klingt: Die Schützende Gewalt ist im Sinne der Gewaltfreien Kommunikation, da sie der Erfüllung der Bedürfnisse nach Schutz und körperlicher Gesundheit des Kindes dient. Sie ist also eine Strategie deiner elterlichen Macht und im Sinne der Liebevollen Führung, sofern du sie so einsetzt wie im Folgenden beschrieben. Etwas anderes ist es, wenn körperliche Gewalt zwar eingesetzt wird, um das Kind zu schützen – dies jedoch ohne die klare und empathische Haltung der Liebevollen Führung geschieht. Dann, und insbesondere auch, wenn es sich nicht um eine Gefahrensituation oder einen Eingriff zum Schutz des Kindes handelt, besteht kein Zusammenhang zur FüLi-Erziehung, sondern geht es um den Einsatz roher Gewalt, vor welcher wir Kinder zwingend schützen möchten. Da die Schützende Gewalt so selten wie möglich und nur so oft wie nötig zum Einsatz kommen sollte, siehst du in der Grafik auf S. 17, wie wenig Raum dieses Element in deiner FüLi-Erziehung einnimmt.

Viele Eltern sorgen sich, wenn sie merken, dass sie zur Strategie der Schützenden Gewalt gegriffen haben:

- *»Wenn ich die Hände meines Sohnes richtig festhalte, damit er seine Schwester nicht schlagen kann, fühle ich mich übergriffig!«*
- *»Ich fühle mich gewaltvoll, wenn ich meine Jungs beim ernsten Raufen gegen ihren Willen auseinanderbringe.«*
- *»Es fühlte sich an wie Verrat, als ich mein Baby/Kleinkind beim Impfen festhalten musste.«*
- *»Was soll ich denn machen, wenn es die Augentropfen nicht nehmen will, ich muss es ja festhalten – ich fühle mich wie die schlechteste Mama der Welt.«*

Wir wollen ehrlich sein: Die Schützende Gewalt anzuwenden, wird sich vermutlich nie gut anfühlen. Und doch ist es ein Unterschied, ob du ein schlechtes Gewissen hast, weil du nicht weißt, ob dein Handeln jetzt »okay« und im Sinne der Bedürfnisse deines Kindes war oder ob du die Situation bedauerst und dir gleichzeitig völlig klar darüber bist, verantwortlich und im Sinne der Bedürfniserfüllung für dein Kind und für den Schutz deines Kindes gehandelt zu haben. Da Kinder mit ihren Eltern in einer ganz engen emotionalen

Verbindung stehen, spüren sie mit feinen Antennen, ob ihre Eltern voll und ganz hinter ihrem Handeln stehen oder ob sie von einem schlechten Gewissen geplagt werden. Hinter dem schlechten Gewissen versteckt sich nämlich immer eine Angst: die Angst, dem Kind zu schaden – also eine Versagensangst –, oder die Angst, die Liebe des Kindes zu verlieren – also eine Verlustangst.

Meist kommen diese Ängste aus der eigenen Kindheitsgeschichte und dein inneres Kind wird in Momenten, die Schützende Gewalt erfordern, aktiv. Welche Hürden dich von der Liebevollen Führung abhalten, haben wir ausführlich in Kapitel 2 beschrieben, weshalb du nun bereits weißt, warum dir vielleicht auch die Schützende Gewalt schwerfällt. Diese Angst, die sich hinter dem schlechten Gewissen verbirgt, kann sich in Momenten, in denen Schützende Gewalt erforderlich ist, auf das Kind übertragen. Deshalb möchten wir dir durch dieses Kapitel genau die Sicherheit schenken, die du brauchst, um dein schlechtes Gewissen beruhigen zu können.

Einsatz der Schützenden Gewalt

Stell dir folgende Situation vor: Dein Kind ist auf dem Weg in eine lebensbedrohliche Situation oder schon mittendrin. Alarmstufe Rot. Es braucht deinen Eingriff. Da es sich um eine absolute Gefahrensituation handelt, ist kein Raum für Diskussionen. Du handelst körperlich, indem du dein Kind zurückziehst und die Kraft aufwendest, die es eben braucht – du handelst!

Folgende und ähnliche Situationen brauchen den Einsatz der Schützenden Gewalt:

- Dein Kind rennt auf die Straße.
- Dein Kind fasst auf die heiße Herdplatte.
- Dein Kind rennt Richtung Pool.

- Dein Kind greift in die Steckdose oder in eine Schere.
- Dein Kind beißt ein anders Kind.
- Dein Kind schlägt um sich (Wutausbruch).
- Dein Kind haut seinen Kopf gegen den Boden.
- Deine Kinder reißen sich an den Haaren.
- Dein Baby will beim Essen aus dem Hochstuhl steigen.
- Dein Kind bleibt nach dem Rutschen sitzen, und ein weiteres Kind rutscht.
- Deine Kinder springen entgegen der Regeln gemeinsam auf dem Trampolin.

Es handelt sich also bei allen Beispielen um lebensbedrohliche Situationen für dein Kind. Es braucht deinen körperlichen Eingriff unabhängig davon, ob dein Kind die Gefahren der jeweiligen Situation absehen kann oder noch nicht. Es geht um die Rettung deines Kindes. Es ist enorm wichtig, sich diesen Punkt ganz klarzumachen. Denn setzt du die Schützende Gewalt in anderen Situationen ein, so ist es keine Strategie der FüLi-Erziehung mehr. Wir befürworten hier also keine Gewalt in jeglicher Hinsicht, sondern ausschließlich in Bezug auf lebensbedrohliche Situationen.

Wir teilen die Schützende Gewalt in drei Schritte ein: Körperlicher Eingriff, Berührung und Einfühlung.

Schritt 1 ist dein körperlicher Eingriff, also dein Handeln. Bei den oben genannten Beispielen könnte das so aussehen:

- Dein Kind rennt auf die Straße: Du fasst dein Kind am Arm und holst es aus der Gefahrenzone, indem du es von der Straße wegziehst.
- Dein Kind fasst auf die heiße Herdplatte: Du nimmst die Hand deines Kindes von der Herdplatte weg.
- Dein Kind rennt Richtung Pool: Du nimmst dein Kind, bevor es in den Pool fällt.
- Dein Kind greift in die Steckdose oder in eine Schere: Du nimmst die Hand oder die Schere deines Kindes weg.
- Dein Kind beißt ein anders Kind: Du ziehst dein Kind weg oder hältst seinen Kopf weg. Dein Kind schlägt um sich (Wutausbruch): Du hältst seine Arme fest.
- Dein Kind haut seinen Kopf gegen den Boden: Du hältst es vom Boden fern und hältst den Kopf fest.
- Deine Kinder reißen sich an den Haaren: Du greifst ihre Hände so, dass sie nicht weiterziehen können.
- Dein Baby will beim Essen aus dem Hochstuhl steigen: Du fängst dein Kind auf und hältst es fest.
- Dein Kind bleibt nach dem Rutschen sitzen und ein weiteres Kind rutscht: Du nimmst dein Kind zur Seite.
- Deine Kinder springen entgegen der Regeln auf dem Trampolin wild gemeinsam rum: Du nimmst das Kind runter, das dir am nächsten ist.

Begleiten kannst du all diese Handlungen mit der nonverbalen Empathie (vgl. Seite 112) oder mit einem sehr lauten und energischen »Stopp!« oder einer kurzen und sehr klaren Handlungsanweisung wie beispielsweise »Stehen bleiben!«. Achte an dieser Stelle darauf,

auf das Wort »nicht« zu verzichten und genau zu sagen, was dein Kind zu tun hat, anstatt ihm zu sagen, was es nicht tun soll. So kann das menschliche Gehirn deine Anweisung schneller verarbeiten und dein Kind kann dich dementsprechend besser verstehen. Mehr Worte braucht es hier nicht. Fokussiere dich auf deine Handlungen, die zum Schutz der körperlichen Gesundheit deines Kindes dienen. Weitere Formulierungshilfen findest du am Ende dieses Kapitels.

Nonverbale Empathie

Empathie ist der Kern der liebevoll führenden Erziehung. Sie beginnt im Herzen und in der Seele und bedeutet, das Gegenüber mit all den Gefühlen, die da sind, zu sehen und mit allen Bedürfnissen, egal ob erfüllt oder unerfüllt. Jemandem empathisch zu begegnen, heißt also in erster Linie, die Gefühle und Bedürfnisse der anderen Person still einzuladen. Im Umgang mit dem eigenen Kind könnte es beispielsweise ein …
»Ich sehe gerade, wie verzweifelt du bist.«
»Du brauchst so viel Mama-Nähe.«
»Du bist gerade ganz sauer, weil du das selber entscheiden wolltest.«

… sein. Diese Sätze denken und fühlen wir erst einmal, statt sie auszusprechen. Das Einzige, was du bei der nonverbalen Empathie sagst, ist beispielsweise »Ich sehe dich« oder »Ich höre dich«. Denn Empathie heißt übersetzt, gesehen und gehört werden mit allen Gefühlen und allen Bedürfnissen, dass alle Gefühle sein dürfen und alle Bedürfnisse ihre Berechtigung haben – und dass es ihre sofortige Erfüllung braucht. Ist das Gegenüber gerade nicht in der Lage, verbale, also ausgesprochene Empathie zu empfangen – zum Beispiel bei einem Wutausbruch oder weil es gerade etwas anderes dringender braucht –, dann bleibt es bei der nonverbalen Empathie, bis die Person bereit ist. Ein »Halt deinen Mund« oder ein »Geh weg!« deines Kindes beispielsweise sind klare Ansagen, dass ein Kind gerade etwas anderes braucht als Empathie. Im Herzen bleibt die Haltung dem Kind gegenüber dennoch mitfühlend und einladend.

Schritt 2 der Schützenden Gewalt im Sinne der FüLi-Erziehung ist die Berührung. Dieser und auch der dritte Schritt sind neben deiner Haltung, zu der wir im Folgenden noch kommen, elementar wichtig, um deine elterliche Macht nicht zu missbrauchen. Dein Eingriff als solcher ist vorüber, sobald dein Kind in Sicherheit ist. Nun versuchst du, in Berührung mit deinem Kind zu kommen, indem du es beispielsweise in den Arm nimmst oder deine Hand auf den Rücken, das Köpfchen oder die Schulter legst. Denn um den Schock des körperlichen Übergriffs, der ja nun mal stattgefunden hat, aus dem Körper ableiten zu können, braucht es Berührung, wodurch beim Kind und bei dir Bindungshormone ausgeschüttet werden.

Für alle oben genannten Beispiele ist Schritt 2 also identisch: Dein Kind rennt auf die Straße: Du nimmst dein Kind am Arm, holst es von der Straße weg und nimmst es in den Arm. In der Regel können Kinder erst Empathie empfangen, wenn sie durch Berührung ihr Nervensystem herunterfahren konnten und in den sicheren Armen der Eltern sind. Es gibt allerdings Kinder, die die Berührung nach einem solchen Übergriff vorerst ablehnen. Das ist okay, denn dein Kind möchte sich – je nach Temperament – dadurch von dir abgrenzen und seiner Wut Ausdruck verleihen. Du machst weiter mit Schritt Nummer drei und versuchst währenddessen oder im Anschluss, dein Kind zu berühren.

Schritt 3 der Schützenden Gewalt ist die Einfühlung. Nach deinem Eingriff und der Berührung folgen deine Worte, wobei du auch bereits während Schritt 1 und 2 in einer empathischen Grundhaltung bist. Diese ist durch liebevolle Gedanken wie »Ich bin für dich da!« oder »Ich beschütze dich!« gekennzeichnet. Du schenkst nun in Schritt 3 ganz bewusst Empathie, denn die braucht es, um deine Führung mit Liebe verbinden zu können. Wie viel Empathie dein Kind in der jeweiligen Situation braucht, entscheidest nicht du, sondern dein Kind selbst. Du wirst an seinem Verhalten merken, wann es sich vom Übergriff erholt hat. Haben Kinder für den Moment genug Empathie, sprechen sie über andere Dinge oder schauen weg. Deine Empathie kann sich sowohl verbal als auch nonverbal äußern. Je kleiner das Kind, desto weniger Worte braucht es, um eine Überforderung zu vermeiden. Falls dein Kind gerade noch gar nicht bereit ist für Empathie, bleibst du vorerst in der nonverbalen Empathie und versuchst es verbal zu einem späteren Zeitpunkt. Keine Bereitschaft für Empathie äußert sich zum Beispiel durch Ohren zuhalten oder Ähnliches.

Empathie heißt in der konkreten Situation zunächst einmal, die Gefühle aufzufangen – die des Kindes ebenso wie deine eigenen. Wie das aussehen kann, lässt sich am folgenden Beispiel sehr gut nachvollziehen.

Beispiel: Dein Kind rennt auf die Straße.
Schritt 1: Du packst dein Kind am Arm und ziehst es von der Straße weg, …
Schritt 2: … nimmst es in den Arm und
Schritt 3: … sprichst:
»Boah, das war knapp – du hast dich total erschrocken gerade, wie ich dich am Arm genommen habe, oder?!«
»Ja, das war doof!«
»Das war doof und du möchtest lieber, dass ich dich ohne wehzutun anfasse, oder?!«
»Ja!«
»Das hat wehgetan. Magst du mir zeigen wo?«
»Ja, hier am Arm!«
»Darf ich mir den mal ansehen und streicheln?«
»Ja!«
»Hat das wehgetan und du hast dich so erschrocken?!«
»Ja!«
»Ich mich auch. Möchtest du wissen, warum ich dich festgehalten habe?«

»*Ja!*«

»Ich habe gesehen, wie du auf die Straße gehen wolltest, und da habe ich mich auch total erschrocken und mir Sorgen gemacht. Ich möchte nämlich, dass du heile bleibst. Für deinen Schutz habe ich dich festgehalten! Das tat weh, oder?!«

»*Ja!*«

»Das bedauere ich sehr, gleichzeitig bin ich für deinen Schutz verantwortlich. Ich überlege mal, wie wir das mit der Straße in Zukunft anders regeln können, ich kümmere mich! Bist du bereit, weiterzugehen?«

»*Ja!*«

Das wäre der klassische Einsatz der Schützenden Gewalt ohne einen Wutausbruch des Kindes. Im folgenden Beispiel aus der Beratung folgt eine Situation mit Wutausbruch des Kindes. Schritt zwei und drei finden oft fast zeitgleich statt – hier ist es ganz wichtig, dein Kind individuell zu beobachten und dich frei von einem Schema F zu machen. Das Besprechen oder Erklären der Situation darf auch zu einem späteren Zeitpunkt stattfinden, wenn das Kind aufnahmefähig ist. Wichtig ist, dass die Erklärung altersentsprechend ist, das heißt, dass sie so formuliert ist, dass das Kind sie auch verstehen kann, denn häufig werden Kinder durch zu viele Worte überfordert und hinsichtlich ihrer Aufnahmefähigkeit überschätzt. Bedürfnisse dürfen also in Kindersprache übersetzt werden, und grundsätzlich braucht es hier wenige Worte. Beispiele dazu findest du in unseren Rollenspielen. Durch die Kombination der drei Schritte – also Handeln, Berührung und Empathie – können traumatische Erlebnisse im Hier und Jetzt verarbeitet werden.

Wie begleite ich einen Wutausbruch?

Wichtig ist, zu wissen, dass es durchaus passieren kann, dass dein Einsatz der Schützenden Gewalt dem Bedürfnis deines Kindes nach Autonomie entgegensteht. Das erkennst du am Verhalten deines Kindes bereits nach Schritt eins, beispielsweise bei einem Wutausbruch. Für dein Kind kann dein Eingreifen sehr frustrierend sein, und doch war dein Handeln lebensnotwendig. Diesen Autonomieverlust und den Schreck darfst du auffangen – und in diesem Zuge auch dir selbst Empathie schenken. Reagiert dein Kind nun also wütend, schreit vielleicht, schlägt um sich, tritt oder beißt, brauchst du als Erstes die klare und empathische Haltung, dass dein Kind das nicht macht, um dich zu ärgern. Es handelt nicht absichtlich und es versucht gerade, etwas über sich zu erzählen. Diese Haltung tragen wir in uns – im besten Fall immer. Dann kannst du mit dem Einsatz der Schützenden Gewalt dafür sorgen, dass dein Kind weder sich noch dir oder anderen wehtut oder Gegenstände kaputtgehen. Das heißt, wenn dein Kind schlägt oder tritt, hältst du – wie wir oben beschrieben haben – die Fäuste oder die Füße fest – so sanft wie möglich, jedoch so fest wie für den Schutz nötig. Wenn dein Kind dich schlägt, hältst du seine Handgelenke fest, nimmt es sich einen Stuhl, hältst du diesen Stuhl. Du sorgst mit der empathischen inneren Haltung im Herzen dafür, dass alles und alle unverletzt bleiben. Das ist dein Job. Dabei sagst du im Ideallfall erst einmal gar nichts, sondern schenkst nonverbale Empathie. Du kannst aber auch folgende Sätze sagen:
»Ich bin da.«
»Ich helfe dir, das zu schaffen.«
»Wir kriegen das hin.«
Oder du gibst kurze Handlungsanweisungen, wie oben beschrieben:
»Stopp!«
»Stehen bleiben!«
»Der Stuhl bleibt stehen!«

Um deinem Kind dabei zu helfen, all die Gefühle, die sich hinter der Wut verstecken können, wie zum Beispiel Stress, Verzweiflung, Hilflosigkeit und Frustration, abzuleiten, kannst du es animieren, sie herauszuschreien, Grimassen zu machen, die Wut rauszuknurren wie ein Löwe, ein Wutkuscheltier gegen die Wand zu knallen, zu atmen oder beispielsweise zu stampfen oder auf ein Kissen zu hauen. Es geht darum, einen Rahmen zu schaffen, in dem die Wut des Kindes rausdarf – so, dass alles und alle unversehrt bleiben und dein Kind sich gleichzeitig mit seinen Gefühlen angenommen fühlt. Wir empfehlen beispielsweise, zu Hause eine Wutecke einzurichten, damit es einen Ort gibt, an dem Wut in eurer Familie Akzeptanz findet und ihr die Wut gemeinsam ausleben könnt. Oft benutzen Kinder diese Wutecke, die gemeinsam mit ihnen eingerichtet werden kann, nur anfänglich. Je stärker sich Kinder emotional weiterentwickeln, desto häufiger greifen sie dann auf ruhigere Strategien wie beispielsweise ruhiges Atmen oder den Raum verlassen zurück, da sie sich schon besser selbst regulieren können.

Wichtig ist, dass du deinem Kind die Strategien, der Wut ein Ventil zu geben, vormachst – du spiegelst die Wut deines Kindes, indem du ihm Verhaltensweisen vormachst: Du stampfst auf den Boden, brüllst oder schlägst mit den Händen auf ein Kissen. Pass deine Strategien dem Verhalten deines Kindes an. Wird dein Kind noch wütender, begleitest du auch diese Wut. Das kindliche Gehirn ist in diesem Moment kaum zugänglich für Sprache und kann deshalb deine nonverbale Kommunikation viel besser aufnehmen als Worte. Irgendwann wird das Kind auf deinem Schoß – oder an einem anderen Ort – in sich zusammensinken. Das ist der Moment, in dem es seinen Gefühlen ausreichend Raum verschaffen konnte. Das heißt, der Wut wurde ein Ventil gegeben oder der Stress, der sich hinter der Wut versteckte, wurde ausreichend abgebaut.

Nun folgen erneut Schritt zwei und drei der Schützenden Gewalt: Du gehst in die Berührung und dann in die Empathie. Was ist möglich, was braucht das Kind? Ob erst Empathie und dann Berührung oder erst Berührung und nonverbale Empathie gebraucht werden, ist sehr individuell.

Übrigens: Je stärker das Bedürfnis nach Autonomie im Alltag deines Kindes erfüllt ist, desto geringer wird die Frustration in solchen Momenten sein. Im Sinne der FüLi-Erziehung ist es also gut, das Bedürfnis deines Kindes nach Autonomie proaktiv im Alltag zu erfüllen. Das ist Teil deiner Elterlichen Führung. Bei einem erfüllten Autonomiebedürfnis steigt die Bereitschaft zur Kooperation und auch zum Empfangen von Empathie. Frag dich, was dein Kind alles selbst machen kann oder wo du ihm helfen kannst, Dinge alleine zu schaffen. Um dich dabei zu unterstützen, das Bedürfnis nach Autonomie bereits in einer bedürfnisorientierten Alltagsroutine zu stillen, haben wir zahlreiche Ideen für dich im Downloadmaterial gesammelt (vgl. Seite 262).

Deine innere Haltung

Wie immer im Umgang mit der elterlichen Macht ist auch bei der Schützenden Gewalt deine klare und empathische innere Haltung entscheidend. Deine empathische Haltung setzt spätestens bei der Berührung ein, im besten Fall trägst du sie bereits während deiner Handlung im Herzen. Neben dem Wissen, warum du so handelst (zur bestimmten Bedürfniserfüllung deines Kindes), macht deine Haltung den Unterschied zwischen gewaltvollem Eingriff und der liebevollen Führung zum Schutz deines Kindes.

Erinnerst du dich an die Grundannahme Nummer 1 aus der GFK? *Niemand tut etwas, um dich zu ärgern. Er/Sie tut es für sich.* Sie kann dir helfen, aus der Verurteilung zu kommen: Die Schützende Gewalt dient der Bedürfniserfüllung deines Kindes. Du tust in Notsituationen das dir einzig Mögliche, um dein Kind zu schützen. Und dein Kind tut in diesen Situationen ebenso das ihm einzig Mögliche für sich.

Du übernimmst Verantwortung, indem du dein Kind schützt, ohne es für sein Verhalten zu verurteilen oder belehren zu wollen. Du greifst aktiv ein und schenkst danach Empathie. Je nach Alter kann es sein, dass sich manche Situationen wiederholen. Auch das ist okay, denn Kinder dürfen Schritt für Schritt dazulernen.

Da du dein Kind am besten kennst, kannst du gewisse Situationen anders vorbereiten, damit erst gar keine Gefahr entstehen kann. Diese Haltung hilft dir auch dabei, deinen ganz persönlichen Umgang mit Elterlicher Führung im Allgemeinen und der Schützenden Gewalt im Speziellen zu lernen. Sei achtsam mit dir und schenke dir selbst Empathie, denn vielleicht hast auch du früher körperliche Übergriffe als Gewalt erfahren und danach keine Empathie erhalten. Dort können Traumata aus deiner Kindheitsgeschichte sitzen, die geheilt werden möchten. Hier können dir Kapitel 2 und insbesondere die Übungen auf S. 252 weiterhelfen.

Aus der Beratung

»Mein Sohn (3,5 Jahre) weiß, dass er beim Fahrradfahren an der Straße anhalten muss, und trotzdem fährt er manchmal einfach drüber, und ich habe den Eindruck, er macht es extra, so wie er guckt. Greife ich ein, reagiert er sehr intensiv und aufbrausend auf das Festhalten im Sinne der Schützenden Gewalt. Wenn ich ihn durch Festhalten am Überlaufen einer Straße hindere, habe ich das Gefühl, er würde sich danach losreißen und es erneut versuchen, also halte ich ihn weiter fest. Dadurch wird er noch wütender, und meine Sorge wächst, dass er erst recht über die Straße läuft, wenn ich ihn loslasse. Ich darf dann über viele Minuten nicht an ihn heran und es dauert sehr lange, bis ich wieder Verbindung zu ihm aufbauen kann.« *Petra*

Fangen wir bei Petra mit der Haltung an, denn sie ist der Grundbaustein all ihres Handelns. Solange Petra denkt: »Mein Sohn weiß, dass er beim Fahrradfahren an der Straße anhalten muss, und trotzdem fährt er manchmal einfach drüber und ich habe den Eindruck, er macht es extra«, wird sie nur schwer in die Schützende Gewalt im führend liebevollen Sinne kommen. Denn ihr Sohn tut das ihm Bestmögliche, um sich um sich zu kümmern – in dem Fall vermutlich unter anderem um sein Bedürfnis nach Autonomie –, und er handelt nicht, um seine Mama zu ärgern. Er handelt für sich. Sobald Petra in diese Haltung findet, kommt sie aus der Verurteilung ins Verstehen. Denn es ist ihre Aufgabe, das Bedürfnis, das hinter der Handlung ihres Sohnes stecken könnte, zu erkennen und ihm dabei zu helfen, sich an Regeln zu halten und ihn zu beschützen. Ihr Sohn kann in seinem Alter die Konsequenzen seines Handelns noch gar nicht absehen. Und genau deswegen braucht es ihre Elterliche Führung, die sie in Form der drei Schritte der Schützenden Gewalt liebevoll einsetzen kann.

Doch bleiben wir bei Petras empathischer und klarer innerer Haltung: Für Petra ist klar, dass sie für die körperliche Gesundheit ihres Sohnes eingreift. Sie handelt. Aber die Reaktion ihres Sohnes auf ihr Handeln lässt sie unsicher werden – die Wut ihres Sohnes und die Angst, er könne sich losreißen, führen dazu, dass sie ihre Klarheit verliert. Sie ist sich also nicht länger sicher, wie ihre Liebevolle Führung aussehen kann. Somit kommt sie gar nicht erst zu Schritt 2 und 3 der Schützenden Gewalt.

In der Beratung finden wir mithilfe der Selbsteinfühlung (vgl. Seite 102) heraus, dass sie in dieser konkreten Situation überfordert (Gefühl) ist und ihr Selbstwirksamkeit (Bedürfnis) fehlt, weil sie nicht weiß, wie sie handeln kann. Sie ist voller Sorge (Gefühl) um die Sicherheit ihres Kindes, ihr Bedürfnis nach Fürsorge ist also unerfüllt. Für Petras erfülltes Bedürfnis nach Selbstwirksamkeit braucht sie das Wissen, was sie genau tun und wie sie mit der Situation so umgehen kann, dass sie der Fürsorge ihrem Sohn gegenüber gerecht wird. Außerdem ist sie ratlos (Gefühl), weil sie gar nicht versteht, warum ihr Sohn so heftig reagiert. Um ins Verstehen (Bedürfnis) zu kommen, kann Petra zunächst bei sich beginnen und ihre Gefühle begreifen. Außerdem ist sie traurig (Gefühl), weil ihr Bedürfnis nach Verbindung (Bedürfnis) zu ihrem Sohn unerfüllt ist. Auch hier gilt als Erstes, dass Petra die Verbindung zu sich aufbaut, denn wir können erst in Verbindung mit anderen Menschen treten, wenn wir mit uns selbst verbunden sind. Die Verbindung zu ihrem Sohn wiederum kann sie erst herstellen, wenn alle unerfüllten Bedürfnisse ihres Sohnes erfüllt sind und sie ihn mit seinem Verhalten im Sinne der Haltung der Gewaltfreien Kommunikation betrachten kann, also ohne ihn zu bewerten oder zu verurteilen.

Um zu verstehen, wie Petra hier handeln kann, kann sie zunächst versuchen zu verstehen, was ihr Sohn eigentlich braucht. Sobald sie das nämlich weiß, kann sie sich so um ihn kümmern, dass auch ihr Bedürfnis nach Fürsorge erfüllt ist. Es greift also alles ineinander. Im nächsten Schritt braucht es den Blick auf ihren Sohn – die sogenannte Fremdeinfühlung. Petras Sohn hat bereits ihr »Nein« zum Überqueren der Straße erfahren, doch er schaut seine Mama an und fährt weiter. Vermutlich möchte er selbst entscheiden, ob und wann er auf die Straße fährt. Außerdem möchte er prüfen, ob er in Sicherheit ist – also ob seine Mama Grenzen hat und sich auch um diese zu kümmern weiß. Statt über ihren Sohn zu denken: »Das ist so ein Tyrann, der macht das extra!«, kann Petra erkennen, dass ihr Sohn nicht gegen sie handelt, sondern für sein Bedürfnis nach Autonomie, für Grenzen und am Ende für seine Sicherheit. Im Grunde möchte er vermutlich abfragen, wie er sich an der Straße zu verhalten hat, er möchte also lernen. Das passiert alles unbewusst und ist Teil seines natürlichen Entwicklungsprozesses zu einem reifen und handlungsfähigen Menschen. Dafür brauchen Kinder Wiederholungen. Oft genügt es nicht, bestimmte Dinge einmal zu sagen – Kinder lernen durch Wiederholungen. Seine Grenze und Führung und damit seine Sicherheit erfährt er durch das Festhalten und das Eingreifen seiner Mama. Gleichzeitig ist sein Bedürfnis nach Autonomie hier sehr unerfüllt. Das zeigt er ganz deutlich durch seine Reaktion.

Widmen wir uns nun Petras Frage, wie sie ihre Schützende Gewalt hier so einsetzen kann, dass sie sich damit wohlfühlt: Was Petra in dieser Situation braucht, ist ihre Klarheit: Sie hält ihren Sohn so lange fest, bis die Gefahrensituation vorbei ist – in der von ihr geschilderten Situation könnte sie sich beispielsweise von der Straße entfernen. Wie das konkret aussehen kann, haben wir im Abschnitt zur Begleitung eines Wutausbruchs (vgl. Seite 116) geschildert. Solange sie den Eindruck hat, ihr Sohn könnte erneut auf die Straße laufen, hält sie ihn fest. Das ist Schritt 1 der Schützenden Gewalt – und Petra kann erst dann mit Schritt 2 und 3 weitermachen, wenn ihr Sohn das zulässt. Für Petra wird sich Schritt 1 hier also wie ein ewig anhaltender Kampf anfühlen. Dabei ist es ihre Aufgabe, sich währenddessen immer wieder bewusst zu machen, dass es hier um die Sicherheit ihres Sohnes geht. Sie kann sich selbst Einfühlung schenken und sich fragen, was sie selbst gerade braucht, um das aushalten zu können, und auch ihrem Sohn nonverbal Empathie schenken. Ohne Frage ist das eine nervenaufreibende Situation für beide Beteiligten, doch für den Schutz des Sohnes ist es aktuell das einzig Mögliche. »Ich bin da!« wäre etwas, was sie sagen könnte, oder »Ich helfe dir, das zu schaffen!«. Bleibt Petra klar in ihrer Führung, weiß sie, was sie tut und warum, und trägt sie dabei die Haltung der Gewaltfreien Kommunikation im Herzen, wird es den Moment geben, indem ihr Sohn anfängt, sich zu entspannen. Das kann je nach Persönlichkeit und unerfüllter Autonomie lang, länger oder sehr lange dauern. Doch solange sie das Gefühl hat, er würde erneut zur Straße rennen, ist das Festhalten die einzige Option. Sobald Petra spürt, dass seine Anspannung nachlässt und ihr Sohn sich fallen lässt, wird das Festhalten zur Berührung: Sie nimmt ihn in den Arm. Vielleicht reicht hier erst einmal auch ein empathisches

»Boah – das waren so viele Gefühle gerade, oder?!«

»Mhhhh!«

Eventuell baut Petras Sohn dann auch über Tränen den Stress und die Anspannung ab, der sich im Körper angestaut hat. Er liegt in Petras Arm, sie wiegt ihn und führt ihn durch all seine Gefühle.

»Du willst einfach selber entscheiden, wann du über die Straße gehst?!«

»Ja!«

»Du bist so sauer, dass ich dich festgehalten habe, oder?!«

»Ja, du bist doof!«

»Mhhh, so sauer bist du?!«

»Ja!«

»Du willst das alleine entscheiden?!«

»Ja!«

»Okay, du willst alleine entscheiden, das habe ich gehört! Bei der Straße entscheide ich für deine Sicherheit. Was kannst du alleine entscheiden, hast du eine Idee?«

»Nein!«

»Ich habe eine, magst du die hören?«

»Ja.«

»Okay, du willst alleine entscheiden – nur bei der Straße entscheide ich, wegen deiner Sicherheit. Du kannst alleine entscheiden, ob wir den Weg A oder den Weg B nach Hause gehen, wäre das was?«

»O ja – wir gehen B!«

»Wir gehen Weg B, und ich habe noch was, was du alleine entscheiden kannst, magst du das hören?«

»Jaaaaa!«

»Gehen wir Weg B als Wildpferde oder als Rennautos?«

»Als Wildpferde!«

»Alles klar, du hast das alleine entschieden! Los geht's!«

So hat Petra gleichzeitig zur Autonomie auch das Bedürfnis des Kindes nach Spiel und Spaß erfüllt und der Situation Leichtigkeit geschenkt. Petra und ihr Sohn galoppieren nun gemeinsam den Weg entlang, wiehern und schnauben, wie Wildpferde das eben tun.

Die wilden »Fahrradpferde« sind nur eine von Hunderten Strategien, die Situation mit Leichtigkeit zu verlassen. Weitere Strategien für mehr Leichtigkeit im Alltag findest du im Downloadmaterial.

Reflexionsübung

Mit welchen anderen Strategien ließe sich das Bedürfnis nach Leichtigkeit noch erfüllen? Notiere:

____

____

____

____

Vielen Eltern, die wir begleiten, fällt es unglaublich schwer, Strategien für Spiel, Spaß und Leichtigkeit zu finden und umzusetzen. Das kann daran liegen, dass sie in ihrer Kindheit nicht laut, wild oder fröhlich sein durften. Sie wurden dann beispielsweise ermahnt, mussten still sitzen oder sollten sofort leise sein. Falls es dir als Kind auch so ging, darfst du Glaubenssätze wie »Man muss leise sein!«, »Man muss ruhig sitzen!« oder ähnliche als Denkfehler erkennen und neue Glaubenssätze finden wie beispielsweise:

- *»Es darf Spaß machen!«*
- *»Ich darf Freude und Aufregung zeigen!«*
- *»Ich darf Quatsch machen und toben!«*
- *»Es darf leicht und lustig sein!«*

Denn wenn du dir die Frage stellst: »Was passiert, wenn wir jetzt Quatsch machen und toben?«, wird die Antwort selten lauten: Es passiert etwas Schlimmes, denn davor hat dein inneres Kind Angst – sondern vielmehr: Ich bin dann mit meinen Kindern in Verbindung!

Was du tun kannst, wenn dein Kind Berührung verweigert

Kommen wir noch einmal zu Petra, die am Ende Folgendes gesagt hatte: »Ich darf dann über viele Minuten nicht an ihn heran und es dauert …« Sobald Petra ihren Sohn loslassen kann, ohne dass er erneut auf die Straße läuft, lässt sie los. Sie »darf nicht an ihn ran« heißt, dass er statt Berührung erst einmal Empathie braucht. Verbal oder nonverbal, so wie es gerade für ihren Sohn passt. Danach wird es dann zur Berührung kommen können. Die Situation ist für Petra vermutlich so schwer auszuhalten, weil sich dieses lange Festhalten, diese Gewalt, einfach bedrohlich anfühlt und ihr inneres Kind Angst hat und sich nach Sicherheit und Schutz sehnt. Mit dem Wissen, warum und wie sie das tut, wird es ihr leichter fallen. Und aus unserer Erfahrung heraus wird die Situation umso kürzer sein, je mehr Petra in ihrer Klarheit ist und ihren Sohn liebevoll führt. Da Petras Sohn sein Bedürfnis nach Autonomie erfüllt haben möchte, dies aufgrund der Entscheidung für seinen Schutz in dieser konkreten Situation aber einfach nicht möglich ist, darf sie im Alltag gezielt darauf achten. Darf ihr Sohn im Familienalltag nämlich mit- oder alleine entscheiden, wird er mit dem Einsatz der Schützenden Gewalt in dieser Situation anders umgehen können.

Was Petra zu ihrem Sohn auch sagen könnte, wäre: »Ich bin für deine Sicherheit verantwortlich, und daher halte ich dich fest oder entscheide, dass das Fahrrad zu Hause bleibt!« Das sagt Petra, weil sie der Überzeugung ist, dass ihr Sohn nicht selbst für seine Sicherheit sorgen kann. Das ist eine Tatsache. Er kann in seinem Alter für seine Sicherheit keine Verantwortung übernehmen und braucht daher die Unterstützung seiner Mama. Bleibt das Rad zu Hause, wird das vermutlich zu einem Wutausbruch bei Petras Sohn führen, da hier sein Bedürfnis nach Autonomie kurzfristig stark eingeschränkt wird. Dieser Wutausbruch kann – ähnlich wie oben bereits beschrieben – begleitet werden.

Zusammengefasst: Das Festhalten in der Gefahrensituation entspricht der Schützenden Gewalt. Das Fahrrad in dem Moment an sich zu nehmen, wäre dann eine Kombination aus Stellvertretender Kraft und Schützender Gewalt – dazu kommen wir in Kapitel 6. Das Fahrrad beim nächsten Mal zu Hause zu lassen, entspricht der Elterlichen Führung.

Formulierungshilfen für die Schützende Gewalt

1. Körperlicher Übergriff

»Stopp! Finger weg!«
»Halt! Weg da!«
»Stehen bleiben!«
»Stopp! Ich halte dich!«

Es handelt sich um sehr kurze und klare Ansagen, der Ton macht hier die Musik. Sprich bestimmt und führend. Je nach Situation kannst du noch dein Warum ergänzen:
»Damit du heile bleibst!«
»Wegen deiner Sicherheit!«
»Für deinen Schutz!«

2. Berührung

Hier ist es sinnvoll, kurz still zu sein und innezuhalten, bevor du fließend in Schritt 3 übergehst. Gemeinsames Atmen und eine Art Wiegebewegung helfen euch beim Wiederaufbau der Verbindung.

3. Empathie

»Da hast du dich gerade total erschrocken, wie ich dich angefasst habe, oder?!«

»Da bist du jetzt auch total sauer, weil du das alleine machen wolltest, oder?!«

»Oje, das war gerade ganz schön heftig, oder?!«

»Du bist gerade ganz unsicher, weil du nicht weißt, was los ist, oder?!«

»Ich bin für dich da!«

»Ich halte dich!«

»Du bist bei mir in Sicherheit!«

Wichtig: Erst wenn sich das Nervensystem deines Kindes ein wenig beruhigt hat, kannst du deine Gefühle und eine Erklärung für den Grund deiner Handlung ergänzen. Das hängt vom Alter und vom Auffassungsvermögen deines Kindes ab. Die Situation selbst könnt ihr auch am folgenden Tag besprechen.

»Weißt du, ich habe mich auch total erschrocken,

- weil mir wichtig ist, dass du heile bleibst,
- weil mir dein Leben wichtig ist,
- weil mir deine Gesundheit wichtig ist.«

Auf jeden Fall ist das ein passender Moment, auch Bedauern zu äußern:

»Ich bedauere sehr, wie ich dich angefasst habe, weil ich friedlich mit dir sein möchte. Gleichzeitig bin ich für deine Gesundheit/deinen Schutz verantwortlich. Daher feiere ich jetzt, dass du unverletzt bist/alles gut gegangen ist/wir das geschafft haben!«

»Komm, wir schenken uns auf den Schreck eine Kuscheleinheit für unsere Nähe, das hilft uns beiden!«

All das kann sowohl verbal als auch nonverbal stattfinden. Manchmal sind weniger Worte mit der entsprechenden Haltung effektiver als viele Worte.

Diese Sätze können dich dabei unterstützen, in deine Haltung bei der Anwendung der Schützenden Gewalt zu kommen:

Sätze zum Fliegen

Ich erlaube mir, mich aktiv um den körperlichen Schutz meines Kindes zu kümmern.

Ich setze meine elterliche Macht bewusst zum körperlichen Schutz meines Kindes ein.

Ich bin mir darüber im Klaren, dass meine Schützende Gewalt Einfühlung braucht.

Ich gehe verantwortungsvoll mit der Schützenden Gewalt um.

Zum körperlichen Schutz meines Kindes erlaube ich mir, die Schützende Gewalt anzuwenden.

Tipp: Schreib dir den für dich stimmigsten Impuls auf eine Karte und häng dir diese gut sichtbar zu Hause auf. Beim Vorbeigehen sagst du ihn einmal laut. So kommst du schneller in deine Haltung.

Die Anwendung der Schützenden Gewalt wird sich nie gut in deinem Herzen anfühlen. Verbinde dich immer wieder aufs Neue mit deinem Warum und komm in die Empathie. Um mit deinem Kind nach diesem Schock in Verbindung zu kommen, findet ein Ritual, das für euch Verbindung symbolisiert.

Extratipp: Macht die Tankstelle. Nimm dein Kind nach dem Vorfall der Schützenden Gewalt in den Arm oder auf den Schoß und sag: »Da hast du dich gerade so sehr erschrocken, oder?! Ich mich auch! Komm, wir tanken uns erst mal wieder mit Liebe auf! Bist du bereit für die Tankstelle?«

Sagt dein Kind »Ja«, reibst du deine Hände fest aneinander. Lege deine Hände über den Bauchnabel deines Kindes. Sag: »Hier fließt jetzt ganz viel Mama-/Papa-Liebe rein! Ich bin für dich da!«, oder ähnliche Sätze. Vielleicht magst du dein Kind, während deine Hände auf seinem Bauchnabel liegen, einladen, tief in den Bauch einzuatmen, sodass sein Bauch ganz dick wird. Beim Ausatmen macht ihr ein Pffffff-Geräusch und der Bauch wird wieder flach. Nach einer Weile fragst du dein Kind, ob es genug »Mama-/Papa-Liebe« getankt hat. Falls ja, hört ihr auf, falls nein, machst du weiter. Falls dein Kind nicht bereit dafür ist, reicht ihm vielleicht einfach die Nähe auf deinem Schoß, oder es braucht noch einen Moment, um »Ja« sagen zu können – oder ihr findet eine andere Strategie.

Wie steht es um dein Wissen zur Schützenden Gewalt? Mach den Test in Kapitel 9 (vgl. Seite 252).

KAPITEL 5

Stellvertretende Kraft

»Meine fürsorgliche körperliche Kraft erfüllt deine Bedürfnisse!«

Die Stellvertretende Kraft (Hahn 2007) ist eine weitere Strategie der elterlichen Macht im Sinne der FüLi-Erziehung, und sie wird immer da eingesetzt, wo das Kind die Konsequenzen seines Handelns noch nicht absehen oder Zusammenhänge nicht erkennen kann. Die Eltern handeln also stellvertretend für ihr Kind und setzen dabei ihre körperliche Kraft ein, um ihr Kind zum Beispiel von A nach B zu tragen. Situationen für den Einsatz der Stellvertretenden Kraft sind zum Beispiel:

- Dein Kind ist müde und will noch spielen, statt sich bettfertig zu machen.
- Dein Kind will den Schneeanzug nicht anziehen.
- Dein Kind will noch mehr fernsehen.
- Dein Kind läuft mit Essen in den Händen durch die Wohnung und beschmiert damit die Wände.
- Dein Kind rennt durch den Supermarkt und zieht Sachen aus den Regalen.
- Dein Kind ist krank und sagt »Nein!« zur Einnahme von Medikamenten.

Die Stellvertretende Kraft ist dann im Sinne der FüLi-Erziehung, wenn sie der Erfüllung der Bedürfnisse des Kindes nach Klarheit,

Orientierung, Struktur, Routine, Rhythmus, Grenzen, körperlicher Gesundheit und Ordnung dient und den Schutz des Lebens erfüllt. Sie kann als Unterstützung verstanden werden, bei der das Kind seinen eigenen Willen behalten, doch in diesem Moment nicht umsetzen kann. Das bedeutet im Klartext, dass du – ebenso wie bei der Schützenden Gewalt – in der jeweiligen Situation ein Bedürfnis deines Kindes, für das du verantwortlich bist, über sein Bedürfnis nach Autonomie stellst. Es braucht – noch mehr als beim Einsatz des Schutzschilds und der Schützenden Gewalt – sehr viel Feingefühl und vor allem Klarheit seitens der Eltern. Schau deshalb gern in unser Downloadmaterial, wie das Bedürfnis nach Autonomie vorbeugend bei deinem Kind gestillt werden kann, um dein Kind vor zu vielen Ohnmachtserlebnissen durch Stellvertretende Kraft zu schützen. Wir sind überzeugt, dass es weniger Stellvertretende Kraft im Alltag braucht, wenn das Kind bereits im Alltag sein Bedürfnis nach Autonomie erfüllt bekommt und somit ausgeglichen ist. Und doch gibt es aus entwicklungspsychologischer Sicht Momente, in denen dein Kind noch rein impulsgesteuert reagiert und dich und deinen körperlichen Einsatz braucht, damit du ihm helfen kannst, sich selbst und andere zu schützen. Das liegt daran, dass wichtige neuronale Verbindungen im Gehirn noch nicht da sind, die dem Kind dabei helfen, sich selbst und seinen Körper in jeder Situation zu kontrollieren. Wie du in der Grafik auf Seite 17 erkennen kannst, nimmt auch die Stellvertretende Kraft wenig Raum im Alltag mit Kindern ein und steht, wie jede Strategie der FüLi-Erziehung, in enger Verbindung mit deiner empathischen und klaren inneren Haltung.

Der Einsatz der Stellvertretenden Kraft endet, sobald das Kind in der Lage ist, in der jeweiligen Situation Verantwortung für die Folgen seines Handelns zu übernehmen und Zusammenhänge zu erkennen. Das ist individuell abhängig vom Reifungsprozess des Kindes und den jeweiligen Situationen. Grundsätzlich bedeutet das allerdings, dass es umso mehr Stellvertretende Kraft braucht, je jünger das Kind ist. Folgende Situationen stehen beispielhaft für die Momente, in denen Eltern sich unsicher sind, ob und wie ihr Kind die Stellvertretende Kraft braucht:

- »Wenn ich nach Ankündigung den Fernseher ausmache, werde ich von meinen Kindern beschimpft und körperlich angegangen. Da werde ich selber wütend und es ist eine Abwärtsspirale von Schreien und körperlicher Gewalt.«
- »Meine Tochter isst zu viele Süßigkeiten auf einmal und im schlimmsten Fall übergibt sie sich – sie findet kein Ende. Ich bin verzweifelt.«
- »Meistens dauert die Schlafbegleitung bei uns mindestens ein bis eineinhalb Stunden. Meine Tochter wechselt dauernd das Hörspiel, redet und strampelt im Bett mit den Beinen. Dabei möchte ich doch einfach nur endlich Zeit für mich haben.«
- »Mein Sohn hat hohes Fieber und es geht ihm sehr schlecht, er schreit und weint, es macht mich fertig, ihn so zu sehen. Ich weiß, dass ihm der Fiebersaft hilft, doch er verweigert ihn komplett.«
- »Meine Kinder verweigerten die Blutabnahme am kleinen Finger, sie haben nur noch geschrien und ich habe irgendwann ihre Finge festgehalten, gegen ihren Willen. Ich bin eine schlechte Mama!«

Auch die Stellvertretende Kraft kann wie die Schützende Gewalt abhängig von der Situation vom Kind subjektiv als Gewalt wahrgenommen werden. Falls dem so ist, braucht es danach viel Empathie, um wieder in Verbindung zu kommen, genau wie wir es in Kapitel 4 zur Schützenden Gewalt schon ausführlich beschrieben haben. Dabei kann die Gewaltfreie Kommunikation mit ihrer Haltung und Technik sehr hilfreich sein. Wie auch bei der Schützenden Gewalt ist Empathie der Schlüssel, um eventuell entstandene Bindungsbrüche zu überwinden oder gar nicht erst entstehen zu lassen. Die Stellvertretende Kraft ist für viele Eltern eine große Herausforderung, noch mehr als der Schutzschild oder die Schützende Gewalt, da das Ermessen der Notwendigkeit unglaublich viel Feingefühl und Erfahrung erfordert. Oft haben Eltern mit schlechtem Gewissen zu kämpfen: »War das jetzt okay? War es zu viel? Oder zu wenig?« Ähnlich wie beim Einsatz der Schützenden Gewalt wird sie sich im Moment des Einsatzes nie wirklich gut anfühlen, weil sie im ersten Moment schlicht ein körperlicher Übergriff ist und elterliche Macht zum Einsatz kommt. Doch unter Berücksichtigung aller Schritte ist sie ein Geschenk für liebevoll führende Eltern und damit für die Kinder – die elterliche Macht wird nicht missbraucht, wenn die Stellvertretende Kraft in einer Situation genau das ist, was Kinder brauchen, um ihre Bedürfnisse erfüllt zu bekommen.

Einsatz der Stellvertretenden Kraft

In welchen Situationen genau braucht es die Stellvertretende Kraft? In welchen Situationen kann dein Kind die Konsequenzen seines Handelns noch nicht absehen und braucht deine Unterstützung, um eigene Bedürfnisse zu erfüllen? In der Regel sind es Momente, in denen du dein Kind aufforderst, etwas zu tun, und es »verweigert« sich – wobei »verweigern« hier schon eine Interpretation des Verhaltens deines Kindes ist. Denn dein Kind handelt für sich und im Sinne seiner eigenen Bedürfnisse. Es will also beispielsweise lieber spielen oder selbst entscheiden und sagt mit seinem Nein dir gegenüber Ja zu seinen eigenen Bedürfnissen nach Spiel, Spaß oder Autonomie. Es verweigert also nicht, sondern kümmert sich um sich.

Dein Kind sagt dir mit seinem Verhalten: »Hilf mir, mich um mich zu kümmern! Hilf mir, es zu schaffen!« In der Regel handelt es sich im weitesten Sinne um sogenannte Übergangssituationen, um Veränderungen im Alltag, sei es der Wechsel des Raumes, der Tätigkeit oder das Beenden einer Tätigkeit, um nun etwas anderes zu

tun. Es geht also darum, das Kind von A nach B zu bewegen oder es dazu zu bringen, etwas zu tun, damit etwas anderes passieren und ein anderes Bedürfnis erfüllt werden kann. Bevor wir den Einsatz der Stellvertretenden Kraft ausführen, ist es wichtig, erst einmal zu verstehen, um welche Bedürfnisse es hier bei deinem Kind geht, für deren Erfüllung du als Erwachsene*r verantwortlich bist:

- *Dein Kind ist müde und will noch spielen, statt sich bettfertig zu machen:* Hier handelt es sich um das Bedürfnis nach Schlaf. Damit dein Kind dieses erfüllt bekommt, braucht es dein Handeln.
- *Dein Kind will den Schneeanzug nicht anziehen:* Hier geht es um die körperliche Gesundheit, für die du verantwortlich bist.
- *Dein Kind hat einen Wutausbruch und wirft Stühle um:* Auch hier geht es erst einmal um die körperliche Gesundheit deines Kindes und seinen Schutz.
- *Dein Kind sagt »Nein!« zum Fahrradhelm:* Es geht um die körperliche Gesundheit deines Kindes.
- *Dein Kind will noch mehr fernsehen:* Hier geht es um die emotionale Gesundheit deines Kindes.
- *Dein Kind sagt »Nein!« zum Nägelschneiden:* Es geht um den Schutz deines Kindes vor etwaigen Verletzungen durch die Nägel.

- *Dein Kind läuft mit voller Windel in ein anderes Zimmer:* Du sorgst für die Bedürfnisse nach Hygiene und körperlicher Gesundheit.
- *Dein Kind läuft mit Essen in den Händen durch die Wohnung und beschmiert damit die Wände:* Dein Kind braucht Grenzen und Führung.
- *Dein Kind rennt durch den Supermarkt und zieht Sachen aus den Regalen:* Auch hier braucht dein Kind Grenzen und Führung.
- *Dein Kind sagt »Nein!« zur Sonnencreme:* Du bist verantwortlich für die körperliche Gesundheit deines Kindes.
- *Dein Kind ist krank und sagt »Nein!« zur Einnahme von Medikamenten:* Auch hier kümmerst du dich um die körperliche Gesundheit deines Kindes.
- *Dein Kind möchte noch mehr Süßigkeiten essen:* Es geht um seine körperliche Gesundheit.
- *Dein Kind will nicht ins Bett gehen und steht immer wieder auf:* Dein Kind braucht Schlaf.

Handelt es sich um die Bedürfnisse deines Kindes nach körperlicher Gesundheit, Schlaf, Hygiene oder Ähnliches, bist du für deren Erfüllung im Rahmen deiner elterlichen Fürsorge verantwortlich. Braucht dein Kind hingegen Grenzen und/oder Führung, geht es um deine Elterliche Führung. Diese Trennung ist wichtig für den Einsatz der Stellvertretenden Kraft. Denn es ist und bleibt im ersten Moment ein körperlicher Übergriff – und für diesen gibt es zum Wohle des Kindes keinen Freifahrtschein.

Wir teilen den Einsatz der Stellvertretenden Kraft in vier Schritte ein. Stell dir vor, es ist Abend und du beginnst mit der Abendroutine.

1. Schritt: Deine Aufforderung an dein Kind: »Jetzt geht's ins Badezimmer!« Dein Kind kommt mit, es kooperiert. Dann gibt es keinen Konflikt, das Thema ist beendet. Sagt dein Kind aber »Nein!« oder spielt weiter – es kooperiert deinem Eindruck nach nicht und es gibt einen Konflikt, dann kannst du prüfen, um welches Bedürfnis deines Kindes es dir selbst eigentlich geht – in diesem Fall vermutlich um Schlaf. Es ist Abend, dein Kind ist müde und du hast die Bettgehzeit im Blick. Das alles kann dein Kind nicht absehen. Es geht also um deine Fürsorge und um den Schlaf deines Kindes. Nun beobachtest du dein Kind und stellst fest, um welches Bedürfnis es sich gerade kümmert. Vermutlich geht es deinem Kind um Spiel und Spaß, denn es spielt gerade – und möglicherweise auch um Autonomie, denn es möchte selbst entscheiden, wann es ins Badezimmer geht. Verneint dein Kind deine Aufforderung oder reagiert nicht, nimmst du Körperkontakt auf und begibst dich körperlich auf Augenhöhe. Du setzt dich beispielsweise neben dein Kind, während es spielt, und legst deine Hand auf seine Schulter als Zeichen, dass du da bist und mit ihm sprichst, denn dein Kind ist gerade in seiner eigenen Welt und kann dich möglicherweise nicht hören. Durch die Berührung trittst du in seine Welt ein und sagst »Hallo!«.

Hast du die Aufmerksamkeit deines Kindes, holst du es empathisch ab:

»Du spielst gerade mit deinen Autos und hast ganz viel Spaß, oder?!«

»Ja!«

»Zeig mal, was du da spielst!«

»Brrrrrummmmm – Quietsch – hier ist die Straße!«

»Das gefällt dir total, oder?!«

»Ja!«

»Das sehe ich. Gleichzeitig ist jetzt Badezimmer-Zeit. Bist du bereit, mit mir mitzukommen?«

»Ja!«

Wir wissen alle, dass es dieses »Ja« zu 99,9 Prozent nicht geben wird. Deswegen braucht es noch ein wenig mehr Empathie und deine Kooperationsbereitschaft, also deine Bereitschaft, deinem Kind dabei zu helfen, diesen Übergang zu schaffen:

»Bist du bereit, mit mir mitzukommen?«

»Nein!«

»Du willst noch spielen und Spaß haben, oder?!«

»Ja!«

»Das sehe ich und ich freue mich, dass du Spaß hast! Gleichzeitig entscheide ich als deine Mama, dass es jetzt ins Badezimmer geht, weil ich für dich verantwortlich bin. Wie bekommen wir dein Spiel und Spaß mit ins Badezimmer, hast du eine Idee?«

»Ich nehme meine Autos mit!«

Hier kommen wir in die Kooperation – und ihr macht zum Beispiel ein Wettrennen mit den Autos ins Badezimmer. Dein Kind erfährt durch diesen Ablauf Verlässlichkeit und Zuverlässigkeit, denn »Mama weiß, was zu tun ist, und kümmert sich!« – »Ich bin in Sicherheit!«. Abgesehen davon erfährt es auch Liebe, denn »Mama sieht mich und kümmert sich um mich!« – »Ich bin liebenswert, so, wie ich bin!«. Noch einmal kurz zusammengefasst:

1. Weigert sich dein Kind und zeigt das in seinem Verhalten, sagst du »Jetzt geht's ins Badezimmer« noch einmal und gehst bei ausbleibender Kooperation zu deinem Kind.
2. Du begibst dich auf die Augenhöhe deines Kindes und berührst es am Körper, beispielsweise an den Knien oder an der Schulter.
3. Du verstehst den Willen deines Kindes und bist ihm gegenüber nonverbal oder verbal empathisch, beispielsweise indem du denkst oder sagst: »Ah, du spielst hier gerade mit den Autos – da hast du Spaß, oder?!« Du versuchst herauszufinden, was dein Kind gerade braucht, um mitmachen zu können. Du schenkst Empathie.
4. Deine Entscheidung steht fest. Du hast herausgefunden, was dein Kind braucht, um kooperieren zu können, und begleitest es entsprechend. Du führst dein Kind liebevoll zu der Handlung, die du entschieden hast, oder kommunizierst deine Entscheidung.

Wie viel Empathie du deinem Kind schenkst, liegt in deiner Hand, denn du hast die Erfüllung der nachfolgenden Bedürfnisse im Blick. Es kann allerdings auch sein, dass dein Kind gerade gar keine Empathie braucht, sondern eher Führung und Grenzen. Dafür wirst du ein Gespür bekommen. Bleibt dein Kind auch nach deiner Empathie bei seinem »Nein!«, setzt hier nun die Stellvertretende Kraft ein. Redest du weiter und weiter, übergibst du deinem Kind die Verantwortung für die Erfüllung seiner Bedürfnisse. Diese kann es allerdings nicht tragen. Also entscheidest du, einzugreifen, NACHDEM du Empathie geschenkt hast – und handelst verantwortungsbewusst FÜR dein Kind. Du sagst beispielsweise: »Ich entscheide jetzt, dass wir ins Badezimmer gehen, und nehme dich«, nimmst dein Kind auf den Arm und trägst es ins Badezimmer. Dieses Tragen ist der Moment der Stellvertretenden Kraft. Du hast deinem Kind Empathie geschenkt und es begleitet, um in die Kooperation zu kommen. Du weißt, welche Folgen es hat, wenn ihr jetzt nicht ins Badezimmer geht, denn das Bedürfnis nach Schlaf möchte erfüllt werden. Du übernimmst die Führung und hilfst deinem Kind, es zu schaffen. Du hilfst ihm, von A nach B zu kommen. Damit stellst du andere Bedürfnisse über die Autonomie deines Kindes. Deswegen wird es voraussichtlich frustriert oder wütend reagieren. Doch dein Kind kann die Konsequenzen der Situation noch nicht absehen, es braucht deine liebevolle Führung. Diesen Frust begleitest du und behältst dabei die Nerven. Gleichzeitig bleibst du bei deiner Entscheidung, weil du genau weißt, warum du so handelst.

Folgt ein Wutausbruch, beobachtest du dein Kind und schaust im Sinne des Schutzschildes zunächst einmal, dass alles und alle heil bleiben – dein Kind ebenso wie du selbst. Du schenkst nonverbal Einfühlung (vgl. Seite 112), begibst dich auf Augenhöhe und berührst dein Kind, wenn es dazu bereit ist. Ist dein Kind weder bereit, dir zuzuhören, noch, von dir berührt zu werden, bleibst du bei ihm und gibst ihm Zeit und seinen Gefühlen Raum. Setz dich beispielsweise mit etwas Abstand dazu und sag »Ich bin da«, bis du spürst, dass die Anspannung von deinem Kind abfällt und es bereit ist, Nähe zuzulassen und dir zuzuhören. Du führst dein Kind durch seine Gefühle, so wie wir es in Petras Beispiel nach dem Einsatz der Schützenden Gewalt ausgeführt haben. Sei da, gib deinem Kind Raum, und findet – sobald alle Gefühle gesehen und gehört wurden – gemeinsam eine Lösung, wie das Bedürfnis deines Kindes nach beispielsweise Autonomie erfüllt werden darf.

Als Formel für die Stellvertretende Kraft empfehlen wir: Ich richte die Aufforderung einmal an mein Kind. Folgt keine Kooperation des Kindes, folgen Berührung und Empathie. Folgt weiterhin keine Kooperation, handele ich im Sinne der Stellvertretenden Kraft.

Folgende Übung kann dir helfen, zu verstehen, was dein Kind braucht, um diese sogenannten Übergänge, also den Wechsel von einer Situation in die nächste, in Kooperation meistern zu können.

Reflexionsübung

Finde eine Übergangssituation im Alltag, die für dein Kind und dich schwierig ist. Überlege, was dein Kind braucht, um kooperieren zu können, und überlege dann, welche Strategie deinem Kind helfen könnte, dieses Bedürfnis zu erfüllen.

Übergangssituation	**Was braucht das Kind? (Bedürfnis)**	**Was könnte dem Kind helfen, es zu schaffen? (Strategie)**
Anziehen	Autonomie	Zwischen zwei Hosen entscheiden lassen, welche es anziehen möchte
Zähneputzen	Spiel und Spaß	Als Düsenjet die Zähne putzen

Es folgen zwei Beispiele, die den Einsatz der Stellvertretenden Kraft deutlich machen können.

Medizin nehmen

Dein Kind ist krank und sagt »Nein« zur Einnahme von Medikamenten. Es geht um die körperliche Gesundheit deines Kindes.

Dein Kind braucht ärztlich verordnet einen Saft, der alle drei Stunden eingenommen werden sollte. Es kann die Konsequenzen für die eigene Gesundheit bei Verweigerung der Einnahme nicht absehen. Deswegen ist klar, dass der Saft genommen wird – während du in deiner liebevollen Haltung bleibst. Die Ansage wäre also folgende:

»Es ist Zeit für deinen Saft, guck mal hier.«

Dein Kind könnte beispielsweise – je nach Alter – so reagieren und braucht erst einmal Empathie:

»Nee, nicht schon wieder.«

»Du hast gar keinen Bock auf den Saft, ne?!«

»Boah, nee, der schmeckt nicht.«

»Fühlt der sich auch komisch an auf der Zunge?!«

»Ja.«

»Den magst du gar nicht?!«

»Nein.«

»Jetzt ist die Sache so, ich bin dafür verantwortlich, dass du diesen Saft nimmst, für deine Gesundheit, und dafür brauchen wir eine Lösung. Bist du bereit, dass wir gemeinsam eine finden?«

»Nein.«

»Fakt ist, ich entscheide, dass du jetzt diesen Saft bekommst, weil ich dafür verantwortlich bin.«
»*Nein.*«
»Das habe ich gehört, dass du dagegen bist.«

Jetzt folgt der Einsatz der Stellvertretenden Kraft im Sinne der FüLi-Erziehung. Du hast Einfühlung geschenkt und versucht, in die Kooperation zu kommen. Wichtig ist, dass du dich vor dem Einsatz der Stellvertretenden Kraft beruhigst beziehungsweise ruhig bleibst, indem du beispielsweise liebe- und verständnisvoll mit deinem inneren Kind sprichst. Dann braucht es dein Handeln. Aufgrund des Zeitfensters von drei Stunden bei diesem Medikament gibt es keinen weiteren Spielraum, die Bedürfnisse nach Autonomie oder Spiel und Spaß zu berücksichtigen. Doch vertrau darauf, dass deine Klarheit und Führung vielleicht schon beim nächsten Mal ihre Wirkung zeigen werden. Du sagst beispielsweise: »Ich ziehe jetzt die Spritze mit dem Saft auf. Du setzt dich hier hin und lehnst dich an der Wand an.« Dein Kind wird sich aller Voraussicht nach nicht von alleine hinsetzen, also setzt du es hin, während du sprichst. Dabei hältst du es so fest, wie es das braucht, damit du ihm den Saft verabreichen kannst, und bleibst hier unbedingt in der liebevollen Haltung. Je nach Alter und Kraft deines Kindes kann es sein, dass du hier Unterstützung brauchst. Dieser Moment wird sich niemals gut anfühlen, und doch tust du es für die Gesundheit deines Kindes. »Ich mache jetzt die Spritze in deinen Mund, weil ich für dich verantwortlich bin. Und jetzt: runterschlucken.«

Sollte dein Kind den Saft ausspucken wollen, nimmst du sanft und gleichzeitig bestimmt und mit deiner friedvollen inneren Haltung deine Hand, legst sie auf den Mund deines Kindes und beugst den Kopf leicht nach hinten. Denn die Option, dass die Medizin weggelassen wird, gibt es in diesem Fall leider nicht. Wichtig ist, dass du danach dein Kind emotional auffängst. Du nimmst es in den Arm, wenn es dazu bereit ist, und schenkst ihm Empathie – alle

Gefühle dürfen da sein und raus. Du sagst beispielsweise »Danke fürs Mitmachen!« und darfst zusätzlich bedauern und deinem Kind dennoch klarmachen, dass du für seine Gesundheit gehandelt hast: »Ich bedauere, wie ich dich gerade festgehalten habe, da mir ein friedvoller Umgang wichtig ist, und gleichzeitig bin ich für deine Gesundheit verantwortlich.«

Sowohl das emotionale Auffangen als auch die Berührung sind wichtig, um keine Traumata entstehen zu lassen. Bei der nächsten Medikamenteneinnahme beginnst du wieder wie oben beschrieben – durch deine Klarheit und deine Führung wird es deinem Kind nun voraussichtlich schon deutlich leichter fallen, mitzumachen. Sobald du das spürst, kannst du auch seinem Bedürfnis nach Autonomie Raum geben, indem es beispielsweise entscheiden darf, wo es die Medizin einnimmt – »In der Küche oder auf dem Sofa?«. Für mehr Leichtigkeit könnt ihr dabei beispielsweise auch ein Lied summen, Grimassen schneiden oder lustige Geschichten mit dem Zaubersaft erzählen. Dein Kind könnte beispielsweise auch seine ganz eigene Arztpraxis eröffnen und dort Kuscheltiere und Puppen behandeln, die ebenfalls Medikamente brauchen

Wände beschmieren

Dein Kind läuft mit Essen in den Händen durch die Wohnung und beschmiert damit die Wände. Hier braucht dein Kind Grenzen und Führung.

Du beobachtest dein Kind, wie es vor dem Händewaschen mit seinen mit Essen beschmierten Händen an die Wände der Wohnung geht. Dein Kind kann weder die Konsequenzen absehen, noch die Verantwortung dafür übernehmen, dass die Wände sauber bleiben. Also handelst du – mit der Haltung im Herzen – und machst eine schnelle, klare Ansage:

»Stopp, Finger weg!«

Passiert nichts, gehst du dazwischen – es folgt der Einsatz der Stellvertretenden Kraft. Du hältst die Hände deines Kindes fest.

»Stopp, die Wand bleibt sauber!«

Vermutlich wehrt sich dein Kind, weil du seine Hände hältst. Den Wutausbruch begleitest du wie in Kapitel 4 beschrieben.

»Ich sehe, du willst hier spielen und mit den Händen panschen?!«

»Ja.«

»Die Wände bleiben sauber. Dafür bin ich verantwortlich. Doch du möchtest gern mit deinen Händen rumpanschen, oder?!«

»Ja.«

»Das machen wir jetzt. Ich trage dich zum Waschbecken, mache hier Wasser rein – und jetzt kannst du hier panschen.«

Du machst mit und stimmst zum Beispiel ein Lied dazu an: »Pitsche patsche, Hände patschen!«

Alternativ könntest du dein Kind auch fragen, ob es eine Idee hat, wo es panschen kann, sodass alles andere sauber bleibt. Das entscheidest du je nach Alter und Entwicklungsstand deines Kindes – anhand seiner Reaktion wirst du merken, ob es mit dieser Frage überfordert ist.

Du setzt die Stellvertretende Kraft ein, indem du nach deiner Ansage Empathie schenkst und dein Kind gleichzeitig von der Wand wegholst und zum Waschbecken trägst, damit es sein Bedürfnis nach Spiel und Spaß dort erfüllen kann. Du führst dein Kind, gibst einen klaren Rahmen vor, wo es okay ist, mit den Händen zu panschen – und wo eben nicht. Das Panschen selbst kann dann selbstverständlich viel Spaß machen und euch beiden Leichtigkeit schenken, beispielsweise indem du es mit Reimen oder Liedern verknüpfst, indem ihr als wilde Tiere panscht oder im Wasserloch spielt.

Deine innere Haltung

Die Stellvertretende Kraft ist eine besonders sensible Strategie der elterlichen Macht im Sinne der FüLi-Erziehung, weswegen es hier umso mehr auf deine Haltung ankommt. Mach dir also gern immer wieder die Grundannahmen bewusst: *Niemand tut etwas, um dich zu ärgern. Er/Sie tut es für sich* und *Andere Menschen sind lediglich der Auslöser unserer Gefühle, niemals die Ursache.* Außerdem darf dein Kind in diesen Situationen seinen Willen haben, ihn aber in diesem Moment nicht ausführen. Du findest zukünftig Wege, wie ihr das besser vereinen könnt. Was dein Kind braucht, ist deine Klarheit und Orientierung. Die schenkst du ihm, indem du Verantwortung übernimmst und ihm Entscheidungen abnimmst, die es selbst (noch) nicht treffen kann.

Ansagen statt Fragen

Du schenkst deinem Kind Orientierung, indem du ihm klare Anweisungen gibst, statt ihm Fragen zu stellen, deren Antworten du selbst gibst – und über die dein Kind gar nicht zu entscheiden hat. Fragst du dein Kind beispielsweise Dinge wie:

»Gehen wir jetzt nach Hause?«

»Wir gehen jetzt in den Kindergarten, ja?«

»Ich gehe zur Arbeit und dann komme ich nach Hause, ja?«, überlässt du ihm kommunikativ die Entscheidung darüber und gibst damit die Verantwortung ab. Dein Kind entscheidet nicht darüber, wann ihr nach Hause geht, es entscheidet auch nicht, ob und wann ihr in den Kindergarten geht oder ob du zur Arbeit gehst. Die Entscheidungen triffst du als Elternteil. Formulierst du diese Dinge als Fragen statt als Ansagen, kann das dein Kind enorm verunsichern und überfordern. Oft folgen hierauf Wutausbrüche, weil dein Kind gar nicht dazu in der Lage ist, mit solchen Fragen umzugehen. Dennoch möchte es kooperieren – weshalb es in den meisten Fällen gar keine Stellvertretende Kraft braucht. Dein Kind braucht vor allem klare Ansagen wie beispielsweise:

»Ich als deine Mama entscheide, dass wir jetzt nach Hause gehen.«

»Ich bringe dich jetzt in den Kindergarten.«

»Ich gehe jetzt zur Arbeit und komme um 16 Uhr nach Hause. Bis dahin ist Papa/Mama/Opa/Oma für dich zuständig.«

Als liebevoll führendes Elternteil ist es das Ziel, die Stellvertretende Kraft so wenig wie möglich einzusetzen. Was dein Kind braucht, um kooperieren zu können, ist deine Klarheit und deine Elterliche Führung: Du führst es liebevoll, indem du sein Bedürfnis nach Orientierung erkennst, konkrete Ansagen machst und es damit einlädst, zu kooperieren. Mit einer klaren, unmissverständlichen und im Herzen liebevollen Ansage erfüllen wir dem Kind das Bedürfnis nach Orientierung. Es weiß, wo es langgeht und was von ihm erwartet wird. Das wiederum ist die Grundlage für seine Kooperation, denn um freiwillig mitmachen zu können, braucht es zunächst die Klarheit, was genau passiert, und die Gewissheit, in Sicherheit zu sein.

Aus der Beratung

»Wie setze ich die Stellvertretende Kraft konkret ein, wenn mein Kind (4) sich weigert, sich wettergerecht anzuziehen? Sie ist schon dauererkältet und zieht zu Hause am liebsten gar nichts an. Wenn wir losmüssen, geht das oft nicht oder erst eine Stunde oder noch später als geplant, weil sie nicht bereit ist, sich anzuziehen. Würde ich sie zwingen, würde sie sich danach doch einfach wieder ausziehen. Was kann ich tun?« *Christian*

Gemeinsam mit Christian blicken wir zunächst auf seine Haltung im Umgang mit der Stellvertretenden Kraft. Wie oben bereits erwähnt, ist diese nämlich keine zwingende Kraft – das heißt, das Kind wird nicht in die wettergerechte Kleidung gezwungen. Was es an dieser Stelle zunächst viel mehr braucht, ist Christians Klarheit. Warum geht es raus? Gibt es einen Termin, für den Christian verantwortlich ist? Oder geht es um seine Fürsorge, weil er weiß, dass sein Kind dringend Bewegung braucht? Besteht die Möglichkeit, dass sie drinbleiben, weil Christian das eigentlich auch schöner findet? Oder geht es ums Prinzip, weil Christian das sagt? Wichtig ist: Christian ist verantwortlich. Er entscheidet, ob es rausgeht oder ob sie drinbleiben, nicht seine Tochter. Mit der Klarheit und der Entscheidung darüber, das Haus zu verlassen, und der Gewissheit, dass seine Tochter »dauererkältet« ist, kommt Christian automatisch in die Verantwortung für die wettergerechte Kleidung seiner Tochter. Es ist Christians Fürsorge, die erfüllt werden möchte, im Kontext der körperlichen Gesundheit seiner Tochter. Über diese kann seine Tochter unmöglich selbst entscheiden.

Beginnen wir also mit der Aufforderung. Christian ist klar in seiner Haltung und sich seiner Verantwortung bewusst, er stellt keine Frage, sondern macht eine klare Ansage:

»Wir gehen raus. Du ziehst jetzt deinen Schneeanzug an.«

Christian legt den Schneeanzug hin und bleibt bei seiner Tochter, beides hilft ihm, in die Kooperation kommen zu können.

»Nein.«

Das wusste Christian bereits – wobei die Klarheit in der Formulierung hier oftmals schon einen Unterschied machen kann. Bei einem »Nein« folgt der nächste Schritt, der Körperkontakt auf Augenhöhe. Christian begibt sich also auf die Augenhöhe seines Kindes, berührt seine Tochter beispielsweise an der Schulter und nimmt Blickkontakt auf. Diese drei Dinge helfen dem Kind, aufmerksam zu bleiben und Bindung aufzubauen. Erst jetzt ist Christians Tochter bereit für Empathie.

»Du hast gar keine Lust, den Schneeanzug anzuziehen, oder?!«

»Nein!«

»Das findest du gerade richtig doof?!«

»Ja!«

Christians Aufgabe ist es nun, herauszufinden, was hinter dem Nein seiner Tochter stecken könnte. Denn ihr Nein zum Schneeanzug ist ein Ja zu etwas anderem. Vielleicht möchte seine Tochter selbst entscheiden, ob sie den Anzug anzieht, und kümmert sich um ihr Bedürfnis nach Autonomie. Oder der Anzug ist unbequem und es geht um ihr Bedürfnis nach Wohlbefinden. Vielleicht will sie auch am liebsten zu Hause bleiben, weil es so schön warm und gemütlich ist – sie sagt also Ja zu Geborgenheit oder Spiel und Spaß. Genau das darf Christian nun nach und nach empathisch abfragen.

»Du möchtest den Anzug am liebsten auslassen, oder?!«

»Ja!«

»Kann es sein, dass du selbst entscheiden möchtest, ob du den Anzug anziehst?!«

»Ja!«

»Ah, du sagst ›Nein‹ zum Schneeanzug, weil du selbst entscheiden willst, ob und wann du ihn anziehst?!«

»Ja.«

Christians Tochter kümmert sich um ihr Bedürfnis nach Autonomie. Christian wiederum bleibt in seiner Klarheit und seiner Verantwortung – also in seiner liebevollen Elterlichen Führung. Es geht raus und der Anzug wird angezogen. Gleichzeitig darf er eine andere Möglichkeit finden, das Autonomiebedürfnis seiner Tochter zu erfüllen.

»Ich als dein Papa entscheide, dass wir jetzt rausgehen und dass du den Anzug anziehst. Wo könntest du denn mitentscheiden, hast du eine Idee?«

»Nein!«

»Ich hab eine, magst du die hören?«

»Ja.«

»Möchtest du die blaue oder die gelbe Mütze aufsetzen?«

»Die gelbe.«

Kommt Christians Tochter hier in die Kooperation, weil ihr Bedürfnis nach Autonomie gesehen und gehört wurde, braucht es keine Stellvertretende Kraft. Christian zieht ihr den Schneeanzug an, seine Tochter entscheidet, welche Mütze sie aufsetzt. Es könnte auch ein Wutausbruch folgen, den Christian dann, wie in Kapitel 4 beschrieben, begleiten darf. Sollte das Bedürfnis nach Wohlbefinden unerfüllt sein, könnte Christian so weitermachen:

»Du findest den Anzug total doof?!«

»*Ja.*«

»Du sagst ›Nein‹ zum Schneeanzug, weil er sich ungemütlich anfühlt?!«

»*Ja.*«

»Zeig mal her, wo fühlt sich der Anzug für dich ungemütlich an!?«

Mit dem Wissen, dass der Anzug für sein Kind unangenehm ist, darf Christian nun schauen, welche Lösung es geben kann. Hat er eine Alternative, die ebenso wettergerecht und gleichzeitig bequemer für seine Tochter ist? Kann er am Schneeanzug etwas verändern – beispielsweise ein Schild abschneiden oder eingenähte Bündchen für die Hände entfernen?

Ist das Wohlbefinden seiner Tochter nun erfüllt, wird sie wahrscheinlich bereit sein, den Anzug anzuziehen, denn sie wurde gesehen und gehört und Christian hat eine Lösung für das Problem gefunden. Hier braucht es keine Stellvertretende Kraft.

Falls es keine Alternative gibt, bleibt Christian in seiner liebevollen Elterlichen Führung – es geht raus und der Schneeanzug wird angezogen. Grundsätzlich darf er sich zu einem anderen Zeitpunkt dann um bequeme Winterbekleidung für seine Tochter kümmern – für sein Bedürfnis nach Fürsorge und das Bedürfnis seiner Tochter nach Wohlbefinden. Es folgt der Einsatz der Stellvertretenden Kraft. Sind es die Bedürfnisse nach Geborgenheit und/oder Spiel und Spaß, die bei seiner Tochter unerfüllt sind, könnte das Gespräch so weitergehen:

»Du sagst ›Nein‹ zum Anzug, das höre ich. Kann es sein, dass du am liebsten hier drinbleiben möchtest?!«

»*Ja!*«

»Du möchtest am liebsten hierbleiben, weil es hier so schön

warm und gemütlich ist?!«, oder: »… weil du gerade mit deinen Tieren spielst und dir das so viel Spaß macht, oder?!«

»Ja.«

»Und du hast gar keine Lust, rauszugehen, stimmt's?!«

»Ja!«

»Ich als dein Papa entscheide, dass wir jetzt rausgehen und dass du den Anzug anziehst. Wie könnten wir es denn draußen schön warm und gemütlich haben/weiterspielen, hast du eine Idee?«

»Nein.«

»Ich habe eine Idee, magst du sie hören?«

»Ja!«

Vielleicht hat Christians Tochter auch selbst eine Idee – oder sie finden gemeinsam eine. Beispielsweise könnte seine Tochter sich in den Kinderwagen kuscheln, falls das möglich ist. Oder ihr Spielzeug oder ein Laufrad oder Ähnliches mitnehmen und so draußen spielen. Oder sie gehen beide dick vermummt als Düsenjetpilot*innen aus der Wohnung. Hier bleibt Christian ebenfalls in seiner liebevollen Elterlichen Führung und es braucht keinen Einsatz der Stellvertretenden Kraft. Nun hat Christian also herausgefunden, was seine Tochter braucht und wozu sie »Ja« sagt. Christian bleibt zu jedem Moment in seiner Elterlichen Führung und findet gemeinsam mit seiner Tochter eine Lösung. Ist seine Tochter auch nach der Empathie nicht bereit, freiwillig zu kooperieren, folgt nun die Stellvertretende Kraft. Entscheidend dabei ist Christians Haltung und seine Klarheit: Sein Kind kann nicht entscheiden, ob sie rausgehen, wann sie losgehen oder ob sie noch länger zu Hause bleiben.

»Ich entscheide, dass wir jetzt rausgehen, und ziehe dir den Schneeanzug an, damit du gesund bleibst.« Warum Christian so entscheidet, braucht vorerst keine Erklärung, denn das würde das Kind möglicherweise überfordern. Wichtig ist, dass Christian sich über die Gründe klar ist. Dabei kann es ihm um Bewegung, frische Luft oder andere Bedürfnisse gehen. Falls kein Bedürfnis hinter dem Rausgehen steckt, könnte Christian natürlich auch entscheiden, zu Hause zu bleiben. Ganz nach der Grundannahme *Du trägst die Bereitschaft in dir, zu jeder Zeit deine Meinung ändern zu können.*

Christian zieht seiner Tochter den Anzug an. Der Einsatz der Stellvertretenden Kraft wird sich niemals gut anfühlen. Nur: Die Alternative wäre, wegen des Kindes zu Hause zu bleiben – was nicht die Lösung sein kann, da es Christians Fürsorge und damit dem Bedürfnis nach Bewegung seiner Tochter entgegenstehen würde oder bedeutet, dass Christian seinen Termin verpasst und damit sein Bedürfnis nach Zuverlässigkeit unerfüllt ist. Oder er würde die Gesundheit des Kindes gefährden, indem es im Winter draußen keine warmen Sachen trägt. Auch das ist keine Option. Wichtig ist, dass Christian seine eigenen Bedürfnisse kennt – es geht an dieser Stelle also keinesfalls um Prinzipienreiterei. Was folgt, ist mit ziemlicher Sicherheit ein Wutausbruch, den Christian, wie oben beschrieben, liebevoll und empathisch begleitet. Danach schaut er weiter, wie er sich um die unerfüllten Bedürfnisse seiner Tochter kümmern kann. Wichtig: Christian darf seine Meinung jederzeit ändern. Er darf in jeder Minute entscheiden, doch zu Hause zu bleiben. Doch er bleibt in seiner Elterlichen Führung und Verantwortung – er trifft die Entscheidung, nicht das Kind. Wäre Christians Tochter statt vier nun beispielsweise zehn Jahre alt, würde er hier in den Austausch gehen, besprechen, warum warme Kleidung wichtig ist, sie selbst Erfahrungen sammeln lassen und gemeinsam eine Lösung finden, die für alle okay ist. Je älter das Kind ist, desto weniger braucht es den Einsatz der Stellvertretenden Kraft als Strategie der FüLi-Erziehung. Was sich aufgrund der detaillierten Ausformulierungen und der verschiedenen Möglichkeiten, die Situation in Freiwilligkeit und Kooperation zu lösen, möglicherweise so liest, als würde es mindestens eine halbe Stunde oder mehr Zeit brauchen, dauert mit ein bisschen Übung und der nötigen Klarheit meist nur wenige Minuten.

Formulierungshilfen zur Stellvertretenden Kraft

- »Ich nehme dich jetzt mit, weil ich für dich verantwortlich bin.«
- »So machen wir das jetzt.«
- »Ich entscheide das jetzt für dich, weil ich dein*e Papa/Mama bin.«
- »Ich sage jetzt Nein zu deiner Idee, weil ich mich um dich kümmere.«
- »Ich halte dich jetzt für deine Sicherheit!«

Je kleiner dein Kind, desto eher helfen ihm klare und kurze Ansagen zur Orientierung statt viel Fragerei. Hier machen der Ton und vor allem deine Haltung die Musik. Sprichst du deinen Wunsch als Einladung aus und denkst »Ich helfe meinem Kind, es zu schaffen, und gebe ihm Orientierung«, wird dein Kind das auch genauso verstehen.

Statt ...	**Lieber ...**
»Ziehst du dir jetzt deine Schuhe an?«	»Hier sind deine Schuhe. Einmal anziehen.«
»Magst du was trinken?«	»Hier ist dein Wasser. Trink einen Schluck.«
»Magst du heute in den Zoo oder ins Schwimmbad?«	»Wir gehen heute in den Zoo.«
»Jetzt bleib doch mal sitzen!«	»Sitzen bleiben!«

Um darauf zu verzichten, dein Kind mit zu vielen Fragen zu überfordern, wollen wir dich einladen, in dich zu gehen und Fragen zu notieren, aus denen du mit Leichtigkeit eine Ansage machen könntest:

Reflexionsübung

Fragen im Alltag	Mögliche Umformulierung

Du formulierst also ganz klare Ansagen. Zur Veranschaulichung ziehen wir gern das Bild von dir als Zirkusdirektor*in heran: Du sagst, wo es langgeht und was zu tun ist. Und das in einer fröhlichen und freundlichen Art und Weise, zum Beispiel so: »Manege frei für die Anziehvorstellung: Unterhose anziehen – jawoll! Und es folgen die Socken – hurra!« Dein Kind folgt dir so sehr gern. Das mag sich im ersten Moment komisch anfühlen, weil du ja eigentlich möchtest, dass dein Kind sich »frei« fühlt, es die Wahl hat und mitentscheiden kann. Eventuell hast du es in deiner eigenen Kindheit so erlebt, dass du nicht mitentscheiden durftest – du hattest zu funktionieren und durftest nicht mitbestimmen, deine Bedürfnisse haben keine Rolle gespielt. Doch genau hier liegt der entscheidende Unterschied, denn die Bedürfnisse deines Kindes spielen eine große Rolle: Neben Autonomie und Empathie braucht dein Kind nämlich vor allem Orientierung, um überhaupt kooperieren zu können. Handelt dein Kind anders, als du es sagst, frag dich, ob es sich um Bedürfnisse handelt, für deren Erfüllung du verantwortlich bist (Orientierung, Sicherheit, Autonomie etc.), oder ob ihr einen Kompromiss schließen könnt.

Ansage	Kompromiss?
»Hier sind deine Schuhe. Einmal anziehen.«	»Nein!« – Je nach Situation entscheidest du, ob es die Möglichkeit gibt, andere Schuhe anzuziehen oder dein Kind beispielsweise barfuß laufen kann (Autonomie) oder ob du deinem Kind die Schuhe beispielsweise als Clown anziehst, dabei Grimassen schneidest und lustig sprichst. (Spiel & Spaß)
»Hier ist dein Wasser. Trink einen Schluck.«	»Nein!« – »Okay.« Du bist kompromissbereit, weil dein Kind gerade offenbar nicht durstig ist. Du wirst ihm das Wasser zu einem anderen Zeitpunkt noch mal anbieten. »Willst du das Wasser aus dem Glas oder deiner Trinkflasche trinken?« (Autonomie) »Schau mal, mit einem Strohhalm kannst du nach dem Trinken lustige Blasen in deinem Glas machen.« (Spiel & Spaß)
»Wir gehen heute in den Zoo.«	»Ich will ins Schwimmbad!« – »Ah, das ist für mich auch okay.« Für dich war das Schwimmbad ohnehin eine Option – um dein Kind nicht mit zwei Vorschlägen zu überfordern, hast du den Zoo vorgeschlagen. Hier bleibst du also kompromissbereit.

Ansage	Kompromiss?
»Sitzen bleiben!«	»Nein!« – Hier braucht es je nach Alter des Kindes die Stellvertretende Kraft, denn es geht um die körperliche Gesundheit deines Kindes oder seinen Schutz.

Folgende Sätze können dir dabei helfen, in deine Klarheit im Umgang mit der Stellvertretenden Kraft zu kommen:

Sätze zum Fliegen

Ich entscheide stellvertretend für mein Kind, ohne seinen Willen zu brechen.

Ich entscheide für mein Kind als Unterstützung zur Erfüllung seiner Bedürfnisse.

Ich weiß, was mein Kind braucht, und handele danach.

Tipp: Schreib dir den für dich stimmigsten Impuls auf eine Karte und häng dir diese gut sichtbar zu Hause auf. Beim Vorbeigehen sagst du ihn einmal laut. So kommst du schneller in deine Haltung.

Extratipp: Findet eine Melodie, die ihr gern zusammen summt oder die du bereits im Kleinkindalter gesummt hast. Nimm dein Kind auf den Schoß oder in deinen Arm und fang an, eure Melodie zu summen. Dabei kannst du dein Kind auch wiegen, was euch noch mehr Verbindung schenken kann. Lade dein Kind ein, mitzusummen. Vielleicht mögt ihr eure Melodie durch einen »Kraftsatz« erweitern wie zum Beispiel »Ich werde geliebt - ich bin beschützt«. Kraftsätze werden in der Ich-Form gesprochen, falls dein Kind nicht mitsprechen möchte, reicht es, dass du ihn in der Ich-Form sprichst.

Wie steht es um dein Wissen zur Stellvertretenden Kraft? Mach den Test in Kapitel 9 (vgl. Seite 254).

KAPITEL 6

Wie du Schützende Gewalt in Kombination mit Stellvertretender Kraft einsetzt

Die Stellvertretende Kraft steht oft im Zusammenhang mit der Schützenden Gewalt. Dies ist immer dann der Fall, wenn die Gefahr für das Kind nach dem Einsatz der Schützenden Gewalt noch nicht vorüber ist und dein Kind weiterhin deine Unterstützung braucht, um außerhalb dieser Gefahrensituation zu bleiben. Rennt dein Kind beispielsweise auf die Straße, hältst du es im Sinne der Schützenden Gewalt fest, damit es auf dem Bordstein und damit in Sicherheit bleibt. Du wendest diese erste Gefahrensituation durch dieses Festhalten ab. Spürst du nun, dass dein Kind beim Loslassen erneut Richtung Straße rennen würde, geht die Schützende Gewalt fließend über in die Stellvertretende Kraft, indem du dein Kind aus dieser Situation nimmst – es also zur Seite trägst und so lange festhältst, wie es für seine Sicherheit nötig ist. Damit verschmilzt der führend liebevolle und gleichzeitig gewaltsame Eingriff zu seinem Schutz mit dem Einsatz deiner Kraft zum Wohle deines Kindes, das die Konsequenzen seines Handelns nicht selbst absehen kann.

Folgende Situationen zeigen beispielhaft, wann es in der Regel eine Kombination aus Schützender Gewalt und Stellvertretender Kraft braucht:

- *Dein Kind fährt mit dem Laufrad zur Straße*: Du greifst dein Kind am Arm (Schützende Gewalt). Sofern du den Eindruck hast, dass es beim Loslassen erneut zur Straße fahren würde, nimmst du ihm das Laufrad aus der Hand (Stellvertretende Kraft).

- *Dein Kind zieht an den Haaren eines anderen Kindes*: Du hältst seine Hand fest (Schützende Gewalt); falls dein Kind keine Bereitschaft zeigt, loszulassen, setzt du die Stellvertretende Kraft wie oben beschrieben ein und nimmst dein Kind aus der Situation.
- *Dein Kind schlägt, schubst, schreit laut und beißt*: Hier gehst du im Sinne der Schützenden Gewalt erst einmal dazwischen und verhinderst den körperlichen Übergriff, indem du beispielsweise die Hand deines Kindes nimmst oder seinen Kopf wegdrehst, wenn es beißen will etc. Damit alle heile bleiben, trägst du dein Kind danach aus der Situation (Stellvertretende Kraft).
- *Dein Kind macht Dinge kaputt und wirft Gegenstände oder Essen durch den Raum*: Du nimmst deinem Kind den Gegenstand, den es werfen will, aus der Hand (Schützende Gewalt). Spürst du, dass es nach weiteren Dingen sucht, die es werfen kann, trägst du es aus der Situation an einen Ort, wo es nur Dinge gibt, die es werfen darf – beispielsweise Kuscheltiere –, oder du hältst es so lange fest, wie es das für die Sicherheit aller braucht.

Wie im Kontext der Schützenden Gewalt und der Stellvertretenden Kraft jeweils schon ausgeführt, fühlt sich der Einsatz beider Strategien in der Situation selbst nie gut an, weil es sich um eine Form von Gewalt handelt. Dieses Gefühl verstärkt sich bei der Kombination beider Strategien, weil diese Situation meist länger anhält. Das auszuhalten, kann Eltern viel Kraft und Energie abverlangen, ganz besonders dann, wenn sie als Kinder selbst Situationen des Machtmissbrauchs und der damit einhergehenden Ohnmacht erlebt haben. Umso wichtiger ist hier, in der Haltung zu bleiben, dass du immer zum Schutz und zur Sicherheit deines Kindes handelst. Unterstützend kannst du euch beiden nonverbale Empathie schenken (vgl. Seite 112), indem du dein Kind und dich selbst mit all euren Gedanken und Gefühlen siehst, statt euch beide zu verurteilen. Ihr tut euer Bestmögliches und kümmert euch um euch – auch wenn sich das in der ganz konkreten Situation nicht gut anfühlt.

Aus der Beratung

»Meine Tochter (7) überschreitet bei meinem Sohn (3) körperliche Grenzen. Das passiert oft im Spiel, weil sie ihre Kraft nicht einschätzen kann (Tritte) oder weil sie einfach zu doll mit ihm kuscheln möchte (Schwitzkasten). Sie überhört sein ›Nein‹, und auch wenn er weint, lässt sie nicht von ihm ab. Da sie ihm körperlich überlegen ist und auch meine Worte nicht an sie herankommen, greife ich ein. Sie hat eine Wahnsinnskraft, und ich muss tatsächlich meinen ganzen Körper einsetzen, um ihn aus ihrem Klammergriff zu befreien – mit meinen Worten bleibe ich aber ruhig. Dennoch: Ich schütze meinen Sohn, indem ich bei meiner Tochter Gewalt anwende, das fühlt sich für mich nicht gut an. Meist tröste ich auch erst mal ihn. Wie werde ich in dieser Situation beiden Kindern gerecht?« *Eva*

Beginnen wir wieder bei der Mama und überlegen, wie sie in die Selbsteinfühlung kommen kann, indem wir genau schauen, welche Gefühle bei ihr beim Einsatz der Stellvertretenden Kraft in Kombination mit der Schützenden Gewalt ausgelöst werden und welche ihrer Bedürfnisse unerfüllt sind. Dabei findet auch ihr inneres Kind Beachtung, da eventuell alte Gefühle und unerfüllte Bedürfnisse von früher ausgelöst werden und die Situation eventuell bedrohlicher wahrgenommen wird, als sie ist.

Eva weiß, dass die körperliche Gesundheit ihres Sohnes in Gefahr ist und dass sie dafür zuständig ist, ihn zu schützen. Der Einsatz der beiden Strategien der Elterlichen Führung wiederum fühlt sich für sie nicht gut an, da sie faktisch Gewalt bei ihrer Tochter anwendet. Sie ist überfordert, weil sie nicht genau weiß, ob ihr Handeln so »richtig« ist, ihre Wirksamkeit ist also unerfüllt, weil sie unsicher ist, was genau sie tun kann. Außerdem fühlt sie sich unwohl mit dem Einsatz ihrer Elterlichen Führung, weil ihr die Verbindung zu ihrer Tochter wichtig ist. Und vielleicht ist sie gleichzeitig traurig, weil sie nicht versteht, warum ihre Tochter das macht; ihr Bedürfnis, zu verstehen, ist also ebenso unerfüllt. Sie möchte beiden Kindern gerecht werden und ist enttäuscht, dass ihr das ihrer Auffassung nach nicht gelingt. Das wiederum entspricht ihrem Bedürfnis nach Fürsorge.

Um zu verstehen, was sie tun und wie sie handeln kann, braucht Eva zunächst das Verständnis darüber, was ihre Tochter ihr sagen möchte. Mit diesem Wissen können beide dann Lösungen finden, wie solche Situationen langfristig vermeidbar werden.

Zunächst darf Eva sich davon verabschieden, dass es eine Möglichkeit gibt, beiden Kindern gleichzeitig gerecht zu werden. Das ist in so einem Streitfall nie möglich. In diesem Fall heißt das, zu schauen, wer im Sinne der Unversehrtheit und der körperlichen wie seelischen Gesundheit gerade mehr Hilfe braucht. Das ist in dem Fall der jüngere Sohn. Er hat sich erschrocken, also nimmt sie ihn zuerst auf den Arm und kümmert sich um ihn. Danach wendet sie sich ihrer Tochter zu. Warum dies im Sinne der liebevoll führenden Erziehung und damit gerecht ist, erklären wir im folgenden Kapitel zur Hierarchie in der Familie ausführlich. Außerdem kann Eva sich in solchen Situationen immer wieder vor Augen führen, dass sie zum Schutz ihres Sohnes handelt und gleichzeitig ihre Tochter dabei unterstützt, sich um sich zu kümmern. Denn der körperliche Übergriff ist nur dann ein Missbrauch ihrer elterlichen Macht, wenn sie ihrer Tochter mit der Haltung begegnet »sowas macht man nicht«, »du bist böse« oder »du machst das extra«. Mit der Haltung, dass ihre Tochter Hilfe braucht und etwas über sich erzählen möchte, braucht es dennoch den Eingriff – nur findet dieser im Kontext der Liebevollen Führung statt. Nach ihrem Eingriff, der nur wenige Worte braucht, nimmt Eva ihren jüngeren Sohn auf den Arm, wiegt ihn und schenkt ihm Empathie (»Du hast dich ganz doll erschrocken, oder?«). Im Sinne der Stellvertretenden Kraft versucht sie im Anschluss, über Berührung und Augenhöhe an ihre Tochter heranzukommen. Sie ist sieben, also können sie im Gespräch herausfinden, was die Tochter ihr mit diesem Verhalten sagen wollte – welche ihrer Bedürfnisse sie sich zu erfüllen versucht hat. Vielleicht war ihr das gemeinsame Spielen mit ihrem kleinen Bruder zu viel und sie wollte allein sein und brauchte Ruhe. Oder ihr Bruder hat etwas genommen, was ihr gehört, und sie wollte gefragt werden. Oder sie wollte zeigen, dass sie mit Eva alleine sein möchte und Mama-Nähe braucht. Vielleicht versucht sie auch, ihre Position in der Familie einzufordern, weil sie sich dieser unsicher ist? Wichtig ist, dass Eva hier in ihrer Verantwortung bleibt und ihrer Tochter hilft, Lösungen dafür zu finden, wie sie sich in solchen Situationen um sich kümmern kann. Braucht ihre Tochter beispielsweise Ruhe, können beide überlegen, wie sie das beim nächsten Mal anders formulieren kann. Evas Verantwortung bleibt es in diesem Fall, das zu verstehen und dafür zu sorgen, die Spielzeit beider Kinder auseinanderzuhalten. Will ihre Tochter gefragt werden, wenn es um ihre Dinge geht, können sie hier gemeinsam

Ideen finden, wie sie das anders kommunizieren kann. Evas Aufgabe bleibt es, die Grenzen ihrer Tochter zu wahren. Mit dem Wissen, dass ihre Kinder dazu neigen, in Konfliktsituationen körperlich zu werden, braucht es in gemeinsamen Spielsituationen Evas volle Aufmerksamkeit und ihre feinen Antennen, damit sie frühzeitig eingreifen kann, ohne dass die Schützende Gewalt oder die Stellvertretende Kraft überhaupt nötig werden.

Kommen wir an dieser Stelle noch einmal auf das Beispiel von Petra aus Kapitel 4 zurück (vgl. Seite 119). Petra setzte zunächst die Schützende Gewalt ein, um ihren Sohn davon abzuhalten, auf die Straße zu fahren – sie löst damit die Situation im Sinne der FüLi-Erziehung. Um weitere Gefahrensituationen zukünftig zu vermeiden, wird Petra entweder entscheiden, das Fahrrad je nach Gefährlichkeitsgrad des Weges vorerst zu Hause zu lassen, oder auf den Wegen sehr nah an ihrem Sohn sein und dafür sorgen, dass er an ihrer Seite fährt. Der Einsatz der Stellvertretenden Kraft könnte in der Situation an der Straße folgen, wenn Petras Sohn den Eindruck erweckt, dass er nach dem Einsatz der Schützenden Gewalt erneut zur Straße fahren würde. Dann kann Petra entscheiden, das Fahrrad an sich zu nehmen. Hier entscheidet vor allem ihre Haltung, ob sie es ihm wegreißt, weil er sich nicht so verhält, wie sie es in dieser Situation erwartet, oder ob sie es zum Schutz ihres Sohnes ruhig und bestimmt an sich nimmt.

Der Einsatz der Schützenden Gewalt und der Stellvertretenden Kraft in Kombination kann sehr fordernd für Eltern sein. Und doch gibt es Situationen, wo es beide FüLi-Strategien für die Sicherheit und die körperliche Unversehrtheit des Kindes braucht. Mit der entsprechenden Haltung, Berührung und dem empathischen Auffangen auf Augenhöhe im Nachhinein kann viel Verbindung entstehen. Außerdem schenkt deine Klarheit und deine Liebevolle Führung deinem Kind Sicherheit und Geborgenheit durch die Erfüllung seiner Bedürfnisse nach Orientierung, Verlässlichkeit, Stabilität und

Schutz. Auch wenn es wirklich nicht einfach ist, die Schützende Gewalt und Stellvertretende Kraft anzuwenden, ist es doch dringend nötig für eine gesunde Entwicklung des Kindes. Insbesondere dann, wenn dein Kind bereits eine sichere Bindung zu dir aufgebaut hat und darüber Vertrauen in dich als verlässliche Bezugsperson entwickeln konnte, wird es deine empathische und klare innere Haltung spüren, weshalb dein Handeln nicht schädlich für die Seele deines Kindes oder eure Beziehungsqualität sein wird.

Wie steht es um dein Wissen zur Kombination aus Schützender Gewalt und Stellvertretender Kraft? Das kannst du in unserem Test in Kapitel 9 herausfinden (vgl. Seite 256).

KAPITEL 7

Hierarchie auf Augenhöhe

»Die Hierarchie in der Familie schenkt Orientierung und Grenzen.«

Wir sind uns bewusst, dass allein der Begriff Hierarchie eine echte Herausforderung darstellt und sich augenscheinlich nur schwer mit einer Erziehung, die die Bedürfnisse aller in den Mittelpunkt stellt, vereinbaren lässt. Hierarchie auf Augenhöhe klingt für viele Eltern erst einmal widersprüchlich, doch wir möchten dir in diesem Kapitel zeigen, wie es möglich ist, diese Strategie zu nutzen, um Entscheidungsprozesse leichter zu machen und einander Halt und Sicherheit zu geben.

Da Kinder aufgrund ihrer fehlenden Hirnreife noch nicht zu jeder Zeit in der Lage sind, vernünftige Entscheidungen für sich und andere zu treffen, können Kinder in einer Familie nicht zu jeder Zeit gleichberechtigt sein. Ein Kind kann noch nicht verantwortungsvoll darüber entscheiden, welche Schule es besucht, ob es in die Kita geht oder nicht oder ob es im Straßenverkehr sicher ist. Deshalb entsteht in der Familie automatisch eine Hierarchie, in der die Kinder in vielen Situationen den Älteren und den Erfahrenen in der Familie folgen. Das heißt: Kinder sind zwar nicht gleichberechtigt, allerdings zu jeder Zeit gleichwürdig und gleichwertig. Sie haben ein Recht darauf, genauso respekt- und liebevoll behandelt zu werden wie Erwachsene. Deshalb sprechen wir von einer Hierarchie auf Augenhöhe.

Bedauerlicherweise werden hierarchische Strukturen auch heute noch viel zu häufig genutzt, um Macht zu missbrauchen. Assoziationen zu willkürlichen Machtstrukturen, die einige wenige Menschen bevorzugen und viele andere benachteiligen, indem sie »von oben herab«, eben nicht auf Augenhöhe, behandelt werden, liegen nahe. Die Entwicklungen in der Arbeitswelt, wo der Wunsch nach flachen Hierarchien oder der Abschaffung ebendieser in immer mehr Unternehmen Einzug hält, veranlassen viele moderne Eltern, auch in der Familie auf hierarchische Strukturen zu verzichten. Genau deshalb wollen wir uns des Themas annehmen und eine neue Sichtweise auf diesen problematischen Begriff eröffnen.

Doch es ist nun einmal so, dass allein durch die körperliche, geistige und seelische Überlegenheit der Eltern in einer Eltern-Kind-Beziehung eine Art Machtverhältnis entsteht. Diese elterliche Macht darf zu keiner Zeit strafend oder gewaltvoll sein oder gar missbraucht werden. So wie wir Hierarchie auf Augenhöhe verstehen, dient diese Macht nur dazu, liebevoll führend für das Kind zu sorgen und Entscheidungen zu treffen. Kinder sehnen sich nach einer erwachsenen und erfahrenen Person in der Familie, die ihnen Halt und Sicherheit gibt. Vergleichbar ist diese Führungsposition von Eltern mit der Rolle des Elefantenweibchens in seiner Herde. Die Weibchen führen die Herde, weil sie besser einschätzen kön-

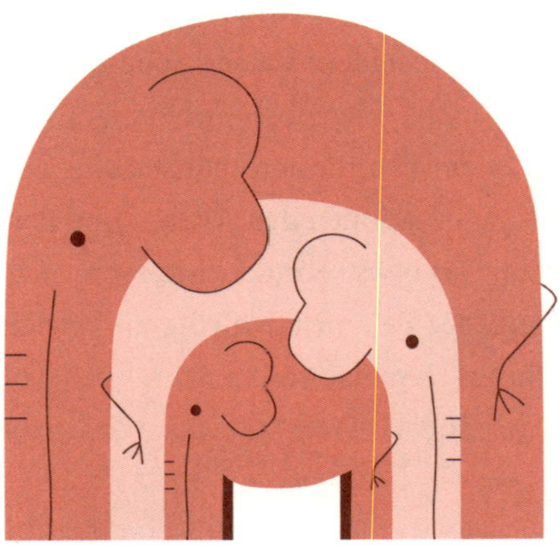

nen, was für den Schutz der Herde wichtig ist, und treffen aufgrund ihrer Erfahrung bessere Entscheidungen für die jüngeren Tiere. Die gesamte Herde profitiert somit von den jahrzehntelangen Erfahrungen des meist ältesten Elefantenweibchens und wird durch sein Verhalten vor Gefahren beschützt. Besonders treffend finden wir das Bild der Elefantenherde, wenn es um Hierarchie auf Augenhöhe geht, denn Elefanten sind sehr fürsorgliche Tiere und achten besonders darauf, dass es allen in der Herde gut geht. Elefanten haben viel Feingefühl, sind absolute Familientiere und trösten sich gegenseitig, wenn beispielsweise ein Tier der Herde verstorben ist, indem sie sich gegenseitig Nähe schenken. Mitgefühl und gegenseitige Hilfe sind in jeder Elefantenherde beobachtbar. Gleichzeitig gibt es eine ganz klare innere Ordnung, die der Herde Orientierung und Grenzen schenkt, und doch können alle frei und friedvoll zusammenleben. Hierarchie sorgt also dafür, dass alle Familienmitglieder Orientierung und Grenzen spüren und dadurch die Sicherheit im System Familie gewährleistet ist. Das Bild des Elefantenweibchens kann natürlich genauso auf Väter übertragen werden oder bei gleichgeschlechtlichen Paaren auf einen der Väter oder eine der Mütter oder auf jede weitere wichtige Bezugsperson des Kindes, die sich um das Kind kümmert.

Daher ist es in Familien gut, wenn jeder zu jeder Zeit seinen Platz im System der Familie kennt. Das Kind weiß dadurch, wer für es zuständig ist, dass es sich auf seine Eltern verlassen kann und dass es mit all seinen Bedürfnissen gesehen wird. Allein aufgrund seiner Biografie hat jedes Familienmitglied einen festen Platz im Familiensystem, in anderer Hinsicht ist er flexibel.

Die Hierarchie bleibt grundsätzlich immer bestehen, weshalb diese FüLi-Strategie in der Grafik auf Seite 17 mehr Raum einnimmt als Schutzschild, Schützende Gewalt und Stellvertretende Kraft. Sie hat aber auch eine gewisse Flexibilität, wenn Kinder mehr und mehr an Erfahrung gewinnen und diese auch ins Familienleben einbringen können.

Die Hierarchie im System Familie folgt dem Prinzip »die Jungen folgen den Alten«; wer zuerst im System der Familie war, steht entsprechend an erster Stelle. Mit zunehmendem Alter der Kinder wandelt sich dieses Prinzip hin zu »Die Unerfahrenen folgen den Erfahrenen«, entsprechend der Frage, wer was besser kann oder wer in welchem Bereich mehr Erfahrung hat oder eine besondere Stärke mitbringt. Dazu ein Beispiel aus Kathys Leben: »Mein Sohn ist 2007 geboren, und viele Jahre galt das Prinzip ›die Jungen folgen den Alten‹, das heißt, ich als Mutter gebe den Rahmen vor, mein Sohn folgt und gestaltet altersgemäß mit. Mittlerweile hat sich unsere Hierarchie in manchen Bereichen angepasst und wir folgen dem Motto ›die Unerfahrene folgt dem Erfahrenen‹, beispielsweise dann, wenn mein Sohn mir die Verwendung bestimmter Apps erklärt oder es ums Skateboardfahren geht.«

Wie du in Kapitel 1 bereits gelesen hast, sind eine Ordnung, Orientierung und Gerechtigkeit Teile des Oberbedürfnisses nach Sicherheit. Damit sich Kinder sicher fühlen, Bindung aufbauen und sich frei entfalten und entwickeln können, müssen ihre Bedürfnisse nach einer Ordnung und Gerechtigkeit erfüllt sein. Hierarchie, wie wir sie leben, verstehen und vermitteln, ist auch aus bindungstheoretischer Perspektive unabdingbar, da das Kind so die Möglichkeit hat, seine Eltern als verlässliche, selbstsichere und erfahrene Bezugspersonen wahrzunehmen. Auch Ansätze der systemischen Familientherapie, in welcher sogar vom Gesetz der Hierarchie als Ordnung der Liebe gesprochen wird, zeigen, wie wertvoll diese für die kindliche Entwicklung ist – vorausgesetzt, sie wird auf Augenhöhe gelebt.

Ergebnisse einer Studie (Stotz, 2015) zum kindlichen Gerechtigkeitserleben bei elterlicher Ungleichbehandlung von Geschwistern, in welcher Grundschulkinder und erwachsene Geschwisterkinder befragt wurden, zeigen, dass die Hierarchie von Kindern als Ordnung akzeptiert wird, sofern Eltern diese immer wieder nachvollziehbar erklären. Wird diese Hierarchie in der Familie gelebt, sinkt automatisch das Konfliktpotenzial – ganz besonders zwischen Geschwistern. Findet im System Familie hingegen ein hierarchischer Rollentausch statt, so wird es vermehrt zu Konflikten kommen, da Kinder dann durch ihr Verhalten versuchen, eine neue Ordnung herzustellen, um ihr Bedürfnis nach Orientierung, Ordnung, Gerechtigkeit und Sicherheit zu stillen. Kinder übernehmen dann beispielsweise die Führungsrollen, wenn ihre Eltern keine eigenen Grenzen aufzeigen: Das Kind entscheidet, wer wo sitzt und wer was isst, wer wo schläft, wer was anziehen soll und wann wer ins Bett geht. Außerdem bekommen Kinder die Führungsrolle immer dann zugeschoben, wenn ihnen Fragen gestellt werden, die gar nicht zu ihrem Entscheidungsfeld gehören oder deren Ausmaß sie gar nicht absehen können:

- *»Wann möchtest du, dass Oma kommt?«*
- *»Was essen wir heute?«*
- *»Wo möchtest du sitzen?«*
- *»Willst du in die Kita gehen?«*

Mit solchen Fragen sind sie auf einmal verantwortlich für Entscheidungen, die die ganze Familie betreffen, obwohl sie dies noch gar nicht leisten können. Sie sind schlicht überfordert. Wir beobachten in Beratungen immer wieder, dass Kinder diese verantwortungsvolle Führungsposition übernehmen müssen, worüber das Gleichgewicht in der Familie aus den Fugen geraten kann. Solche und viele weitere Situationen können sich ergeben, wenn diese Strukturen fehlen:

- *»Unsere beiden Kids streiten sich täglich darum, wer zuerst etwas bekommt oder als Erster irgendwo dran kann. Ich würde mir gern mehr Gelassenheit wünschen, weil es mich manchmal echt nervt.«*
- *»Meine zwei großen Söhne rivalisieren und streiten nahezu andauernd. Das ist so anstrengend, und ich verstehe nicht, warum das sein muss.«*

- *»Mein Mann und ich haben häufig Konflikte über den Umgang mit den Kindern. Oft ist es wie ein Wettkampf gegeneinander, wer es besser machen kann.«*
- *»Wenn mein Mann mit meinen Kindern zu Hause ist, spielen sie meist sehr entspannt. Kaum komme ich zur Tür rein, explodieren alle, die Kindern rangeln um meine Nähe und ich stehe hilflos da.«*
- *»Meine größeren Kinder streiten sehr oft, wer besser ist als der andere, und auf Dauer ist das kaum auszuhalten.«*

Da Eltern im Familiensystem zuerst da waren und deshalb erfahrener sind, stehen sie im Familiensystem an erster Stelle. Sie nehmen den wichtigsten Platz in der Familie ein, denn ohne sie könnte das System Familie schlicht nicht existieren. Sie sind dafür verantwortlich, dass die Bedürfnisse aller Familienmitglieder bestmöglich erfüllt werden. Ohne sie könnten die Kinder nicht lange überleben. Eltern sind also das Familienoberhaupt. Wenn wir diesen Begriff nutzen, gehen wir davon aus, dass dieses Oberhaupt keine willkürliche oder strafende Macht ausübt, sondern lediglich fürsorgliche Entscheidungen trifft. Als Familienoberhaupt tragen Eltern auch die Verantwortung, untereinander zu klären, wer in welchen Situationen mehr oder weniger das Sagen hat. Die Antwort auf die Frage, wer in der jeweiligen Situation zuständig ist, schenkt zusätzlich Orientierung, sowohl für die Kleinen als auch für die Erwachsenen. In manchen Situationen kann die Mama und in anderen der Papa Familienoberhaupt sein, bei gleichgeschlechtlichen Paaren jeweils eine*r der beiden Partner*innen. Ob und wie sich die Eltern aufteilen, entscheiden natürlich die beiden untereinander und nicht die Kinder.

Macht es euch als Paar gern leicht und verteilt eure Leitpositionen so, dass sie euren Stärken entsprechen. Zum Beispiel bringt der Vater das Kind morgens in den Kindergarten, da er morgens schneller fit ist, und abends kümmert sich die Mutter um die Einschlafbegleitung, weil es ihr leichter fällt, dabei die Nerven zu behalten. Oder umgekehrt. Die Eltern stehen also allgemein gesprochen gemeinsam an erster Stelle, und wer in konkreten Situationen an erster und zweiter Stelle steht, klären die beiden untereinander immer wieder neu.

Die Reihenfolge der Kinder entspricht dem Zeitpunkt ihrer Geburten: An dritter Stelle (nach den Eltern) steht das erstgeborene Kind, an vierter Stelle das zweitgeborene und so weiter. Dies gilt auch bei Zwillingen, ein Kind ist zuerst zur Welt gekommen, auch wenn es »nur« zwei Minuten gewesen sind. Diese Ordnung und ihre Verknüpfung mit individuellen Rechten und Pflichten wird von Kindern in der Regel als gerecht empfunden. Je höher der jeweilige Geburtsrang im familiären System, desto größer sind die Pflichten und Verantwortungen und damit einhergehend auch die Rechte, also die Freiräume. Gerechtigkeit innerhalb der Familie hat nichts mit Gleichheit zu tun (vgl. Seite 181). Die Hierarchie in der Familie ist keine Frage der Wertigkeit der Mitglieder (alle sind jederzeit gleichwertig und gleichwürdig), sondern richtet sich einzig und allein nach der Ankunft im Familiensystem.

Noch einmal: Die Bedürfnisse der Eltern stehen immer an erster Stelle, damit diese für das Überleben des Systems sorgen können. Dabei sollten Eltern natürlich darauf achten, ihre eigenen Bedürfnisse so zu erfüllen, dass auch die Bedürfnisse der Kinder berücksichtigt werden. Braucht zum Beispiel der Säugling Nahrung oder ein Kind hat sich schwer verletzt, dann rücken dessen Bedürfnisse selbstverständlich an die erste Stelle.

Mit diesem Wissen sind Sorgen, ob diese Familienordnung ungerecht für die jüngeren Kinder sei oder es für Geschwister harmonischer wäre, immer gleichberechtigt zu sein, obsolet. Kleine Kinder haben beispielsweise im Idealfall mehr Exklusivzeit, in der die Großen sich in Geduld üben dürfen, denn neben Ordnung, Orientierung und Gerechtigkeit dürfen auch alle anderen Bedürfnisse einbezogen werden. Eifersucht darf sein und mitsamt der aufkommenden Frustration begleitet werden.

Die »Erster-Bester-Schneller-Phase«

An dieser Stelle möchten wir auch das Thema Wettkampf unter Kindern aufgreifen. Wir sind der Überzeugung, dass Wettkampf für die kindliche Entwicklung förderlich ist, sofern keine sogenannte unnatürliche Rivalität unter Geschwistern herrscht. Denn dann kann der Wettkampf dazu führen, dass die Qualität der Geschwisterbeziehung leidet.

Mit circa drei Jahren beginnen Kinder, in den Wettkampf mit anderen Kindern zu treten. »Ich will zuerst!«, »Ich bin besser als du!«, »Ich war schneller als du!« sind typische Sätze, die wir in dieser Zeit von ihnen hören.

In der aktuellen gesellschaftlichen Diskussion wird – wenn es um Erziehung geht – mehr und mehr davon abgeraten, den Wettkampfgeist von Kindern zu fördern. Es soll keinen Ersten mehr beim Wettlaufen geben, Kinder sollen nicht mehr verlieren dürfen, und am besten wäre es, wenn alle gleichermaßen als Gewinner aus Situationen herausgehen könnten. Aber erreichen wir durch diese Veränderungen wirklich, dass Kinder einen gesunden Umgang mit Wettkampf erlernen? Dies wagen wir stark zu bezweifeln und möchten deshalb unsere Sichtweise mit dir teilen, wie Kinder wettbewerbsfähig werden, ohne unter Leistungsdruck zu leiden oder gar zu zerbrechen oder sich machtvoll über andere Menschen zu stellen, denn es liegt uns fern, Wettkampf unter Kindern künstlich zu erzeugen. Zunächst hilft dir vielleicht folgender Vergleich: Bereits kleine Tierbabys trainieren ihre Muskeln und rangeln und kämpfen, um stärker zu werden und sich weiterzuentwickeln. Wettkampf ermöglicht unseren Kindern allerdings nicht nur, stärker zu werden (die Muskeln zu trainieren), sondern ebenfalls, Stärken und Schwächen an sich selbst zu entdecken. Und das ist noch nicht alles: Wettkampf kann als eine Strategie betrachtet werden, wie Kinder sich ihr Bedürfnis nach Autonomie, Selbstwirksamkeit, Entwicklung und Wahrgenommenwerden erfüllen.

Dazu ein Beispiel aus Martinas Schule: »Susi war im Sportunterricht im Bodenturnen besonders begabt und erntete dafür viel Anerkennung und Wertschätzung. Es stellte sich heraus, dass Anna, die sportlich auch sehr begabt war, offensichtlich neidisch auf Susi war und dieselbe Anerkennung erfahren wollte wie Susi. Da sie noch keine bessere Strategie hatte, begann Anna mit ihren Freundinnen über Susis bunte Sporthose zu lachen. Nachdem ich Susi, die verständlicherweise traurig war, aufgefangen hatte, versuchte ich, Anna zu verstehen, und schenkte ihr zunächst Einfühlung. ›Das war gar nicht leicht für dich, oder? Sonst bist du im Sport immer die Beste unter den Mädels, und jetzt warst du bestimmt ganz neidisch, oder? Du freust dich sehr darüber, wenn die anderen sehen, wie leicht dir Sport fällt, und du bist bestimmt immer sehr stolz, zu zeigen, wie du das alles kannst und machst.‹ Anna fühlte sich verstanden und nickte. Nun war es meine Aufgabe, ihr einen anderen Umgang mit ihrem Gefühl Neid aufzuzeigen und ihr zu zeigen, wie sie sich das Bedürfnis nach Anerkennung stillen könnte. Anstatt über Susis Hose zu lachen, versuchte sie zu erkennen, welches Gefühl sich hinter dem Neidmonster verbarg. Wir konnten herausfinden, dass es Bewunderung war, und wir konnten erkennen, dass Anna auch gesehen werden wollte. Anna erkannte darüber hinaus, dass Susi tatsächlich besser war und blieb als sie selbst. Dies konnte sie schließlich neidlos anerkennen, da ich noch einmal mit ihr über ihre Stärken sprach und sie akzeptieren konnte, dass es Bereiche gab, in welchen andere Kinder besser oder stärker waren. Dadurch konnte sie Susis Talent mehr und mehr annehmen und dieses sogar feiern, wenn sie im Sportunterricht mal wieder brillierte.«

Ein persönliches Beispiel aus Kathys Leben: »Als meine Tochter circa drei Jahre alt war, begann sie mit ihrem großen Bruder – die beiden haben achteinhalb Jahre Altersunterschied – beim nach Hause Gehen zu wetteifern: ›Ich bin zuerst an der Tür!‹ Natürlich hatte sie gegen ihren Bruder gar keine Chance und war jedes Mal sehr frustriert und zornig. ›Du bist so ein doofer Bruder!‹, sagte sie dann. Das Ganze zog sich bestimmt ein Jahr lang hin. Mit meinem Wissen über die Bedeutung des Wettkampfs in der Entwicklung eines Kindes und mit viel Einfühlung konnte ich das Ganze entspannt beobachten und meiner Tochter die Erfahrung schenken, wie sie mit ihrem Frust umgehen und vor allem in welchen Bereichen sie ihrerseits einen Wettkampf gewinnen kann.

›Du bist gerade total sauer?! Du wolltest gerne gewinnen?!‹ – ›Ja, nie gewinne ich!‹ – ›Mhhh, und da bist du ganz zornig!‹ – ›Ja!‹ – ›Das sehe und höre ich! Wollen wir mal überlegen, bei welchem Wettkampf du gewinnen könntest?‹ – ›Ja!‹ – ›Okay, hast du eine Idee?‹ – ›Neeee, der ist doch so schnell!‹ – ›Ich hätte eine, magst du sie hören?‹ – ›Ja!‹ – ›Zum Beispiel schläfst du länger als dein Bruder. Und du bist bereits auf einem Pony galoppiert, das kann er gar nicht.‹ Und so kamen wir in den Austausch und fanden immer mehr Bereiche, in denen sie ›Erste, besser oder schneller‹ war als ihr Bruder.«

Strategien für den Umgang mit Wettkampf

Wenn dein Kind also Erste*r, Schnellste*r oder Beste*r sein möchte, helfen dir vielleicht folgende Strategien:

Das Kind mit seinen Gefühlen und Bedürfnissen annehmen

Zunächst sollte Kindern der Wettkampfgeist nicht abtrainiert oder abgesprochen werden, sondern entscheidend ist, Kindern zu vermitteln, welche Gefühle und Bedürfnisse sich hinter dem Wettkampfgeist verbergen. Wenn dein Kind also Erste*r, Schnellste*r oder Beste*r sein möchte, sage zum Beispiel: »Ja, ich sehe dich!«, »Ich weiß, dir ist wichtig, stark zu werden!«, »Ja, du bist ganz aufgeregt, weil du gewinnen möchtest.« Schenke deinem Kind also Einfühlung, anstatt ihm seinen Wettkampfgeist abzusprechen.

Dem Kind dabei helfen, sich selbst besser zu verstehen

Sprecht über das Gefühl Neid und findet heraus, welche weiteren Gefühle sich hinter dem Neidmonster verbergen (z. B. Bewunderung oder Traurigkeit). Wenn dein Kind bereit ist, könnt ihr dann gern nach Lösungen suchen, wie dein Kind es schaffen könnte, besser oder auch so gut zu werden. Dabei kannst du deinem Kind natürlich immer wieder helfen, mit Misserfolgen umzugehen. Dazu gehört auch, die eigenen Stärken zu erkennen und weiterzuentwickeln und Schwächen an sich anzunehmen und nur so weit auszubauen wie nötig.

Sich mit anderen Menschen über Erfolge freuen
Gerade dann, wenn das Neidgefühl besonders stark ist, fällt es Kindern und auch Erwachsenen schwer, sich über Erfolge, Talente, Gewinne oder Stärken anderer zu freuen. Deshalb dürfen wir genau das unseren Kindern vorleben. In meiner Schulklasse gab es deshalb regelmäßig sogenannte Stärken-Feier-Runden, in denen wir Kinder für ihre besonderen Begabungen feierten. Ich denke da gern an den kleinen Hassan zurück, der aufgrund seines extremen Übergewichtes im Bodenturnen kaum mitmachen konnte. Gleichzeitig erkannte ich, und schließlich durch meinen Hinweis auch die Klasse, wie stark er darin war, anderen Kindern Hilfestellungen zum Beispiel beim Handstand zu geben. Gemeinsam fanden wir heraus, dass Hassan überdurchschnittlich empathisch, hilfsbereit und liebevoll sein konnte. Ich habe jetzt noch Gänsehaut, wenn ich daran denke, wie die gesamte Schulklasse ihn dann in vielen weiteren Situationen für diese Stärke feierte. All diese Verhaltensweisen helfen deinem Kind und deinen Geschwisterkindern, einen gesunden Umgang mit Wettkampf zu erlernen und das Gefühl Neid für sich und die eigene Weiterentwicklung zu nutzen.

Einsatz der Hierarchie

Liebevoll führende Eltern werden ihrer elterlichen Macht gerecht, wenn sie die Rolle als Familienoberhaupt einnehmen und zwischen den Pflichten und Rechten der Mitglieder für Ausgleich sorgen. Das damit erfüllte Bedürfnis aller Familienmitglieder nach Gerechtigkeit kann gleichzeitig bedeuten, dass andere Bedürfnisse, wie beispielsweise die nach Autonomie und Selbstbestimmung, in den jeweiligen Situationen unerfüllt bleiben. Das kann bei Kindern zu Frust führen, der Raum braucht und empathisch begleitet werden darf (vgl. Seite 117). Grundsätzlich wird die langfristig gelebte Hierarchie etwaige Wutausbrüche reduzieren, weil sie Kindern Klarheit, Struktur und Sicherheit schenkt. Wichtig bleibt, wie bei allen Strategien der FüLi-Erziehung, das Bedürfnis des Kindes nach Autonomie im Alltag ganz gezielt zu erfüllen – im Kontext der Hierarchie ist dies beispielsweise wunderbar möglich, indem die Eltern wie oben beschrieben das Was, Wer und Wann festlegen und die Kinder wiederum das Wie mitbestimmen können (vgl. Kapitel 8).

In unseren Beratungen erleben wir oft, dass das Bedürfnis nach Gerechtigkeit beispielsweise aus Angst vor der Eifersucht des jüngeren Kindes beziehungsweise der Angst, die jüngeren Kinder zu benachteiligen, aufgegeben wird. Daraus können Verhaltensauffälligkeiten folgen, die von außen dann folgendermaßen wirken: »Das Kind wirkt wie ein Tyrann«, »Das Kind bestimmt hier alles«, »Das Kind akzeptiert kein Nein«, »Das Kind hat einen Wutausbruch nach dem anderen«. Bei Geschwistern wird es am häufigsten durch andauernde Streitereien und die sogenannte unnatürliche Rivalität deutlich. Die Ursache: Die Kinder versuchen, ihren Platz in der Familie zu finden und diesen willkürlich gewählten Platz zu verteidigen. Sie versuchen, mit ihrem Verhalten darauf aufmerksam zu machen, dass »hier etwas nicht stimmt«, und sie rufen nach einer Ordnung, die ihnen Halt und Sicherheit gibt. Je mehr Ordnung, Orientierung und Gerechtigkeit in einem Familiensystem erfüllt sind, desto weniger Auseinandersetzungen wird es geben. Durch die Einhaltung der Ordnung im Familiensystem lernen Kinder außerdem Geduld, die Bedürfnisse aller im Blick zu haben, und sie entwickeln Frustrationstoleranz. Zusätzlich spüren sie die Verlässlichkeit der Eltern, wodurch wiederum die Bindung gestärkt wird.

Die goldenen Regeln der Hierarchie

1. Wer war zuerst da?

Wer zuerst da ist, kann auch als Erster entscheiden oder als Erste etwas bekommen. Das meint entweder, wie oben ausführlich beschrieben, die Ankunft im System der Familie oder ganz konkret die Ankunft in der jeweiligen Situation. Sitzen beispielsweise alle Familienmitglieder gleichzeitig am Tisch, bekommen zuerst die Älteren und dann die Jüngeren. Trudelt einer nach dem anderen am Tisch ein, bekommen sie das Essen in der Reihenfolge ihrer Ankunft am Esstisch. Dies ist nur ein Vorschlag, wie ihr Hierarchie leben könntet. Schaut gern, ob und wie ihr das individuell für euch umsetzen möchtet.

2. Wer hat zuerst gefragt?

Wenn die Familie beim Essen zusammensitzt, kann sie auch einer anderen Regel folgen: Es bekommt der- oder diejenige, der oder die zuerst fragt. So hebelt beispielsweise die Frage des jüngsten Kindes »Kann ich etwas zu trinken haben?« die Reihenfolge entsprechend der Ankunft aus, wenn es zuerst gefragt hat. Viele Eltern haben hier Sorge, dass das Leben der Hierarchie in dieser Form ein Wettkampfdenken zwischen den Kindern verstärkt, weil die Kinder jeweils zuerst in der Situation sein oder zuerst fragen wollen, um der oder die Erste zu sein. Dieser Wettkampf darf sein, weil er die Frustrationstoleranz der Kinder schult und ihnen gleichzeitig dabei hilft, zu lernen, dass die Reihenfolge keine Rolle spielt, weil beispielsweise das zweite oder dritte Kind genauso viel Essen bekommt, wie es braucht, und es keinen Nachteil davon hat, nach dem ersten Kind dran zu sein (vgl. Seite 165).

3. Wem gehört das?

Kinder streiten sich oft über Spielzeug oder andere Dinge, die sie gerade benutzen wollen. Bei Spielzeug beispielsweise entscheidet das

Kind, dem das Spielzeug gehört, darüber, wer damit spielen darf. Es geht nicht darum, wer es zuerst hatte oder wer welche Rangfolge im Familiengefüge hat. Deswegen ist es wichtig, dass innerhalb der Familie klar ist, wem was gehört – ganz besonders bei Spielzeug, das mehrere Geschwister nutzen, oder bei Dingen, die aufgrund des Alters der Kinder an das jüngere Geschwisterkind übergehen. Es sollte auch nicht als selbstverständlich angesehen werden, wenn ältere Kinder ihr Spielzeug an jüngere abgeben, aber wenn sie es tun, kann die »Übergabe« von den Eltern einfühlsam begleitet werden. Außerdem ist es schön, eine Kiste mit gemeinsamen Spielsachen mit den Kindern zu füllen. Bei diesen Spielsachen werden die Kinder immer wieder begleitet, eine gemeinsame Lösung zu finden, wer womit wie lange spielt. Hier kann der Gedanke der Hierarchie in der Familie und die damit verbundene Ordnung und Gerechtigkeit über das Familiensystem hinausgehen. Beim gemeinsamen Spielen mit anderen Kindern, die zu Gast sind, darf das Kind, dem das Spielzeug gehört, entscheiden, ob es sein Spielzeug teilt oder nicht.

4. Was ist am dringendsten?

Die Reihenfolge kann sich außerdem nach der Bedürftigkeit richten, also danach, wessen Bedürfnisse gerade am dringendsten sind und wer warten kann. Das kann situativ ganz unterschiedlich sein. Diese Form der Hierarchie erfordert insofern etwas Übung, als dass hier alle aktuell unerfüllten Bedürfnisse überblickt und nach Dringlichkeit sortiert werden dürfen. Braucht beispielsweise das ältere Kind etwas zu essen, das jüngere Unterstützung beim Toilettengang und der verantwortliche Elternteil hofft, sich im Gespräch mit allen austauschen zu können, so ist es sicher sinnvoll, die Bedürfnisse in der Reihenfolge zu erfüllen, wie sie am dringendsten sind: Zuerst wird das jüngere Kind auf Toilette begleitet, als Zweites bekommt das ältere Kind etwas zu essen und dabei oder im Anschluss kümmert sich der Elternteil um sein Bedürfnis nach Austausch.

Beispiele aus dem Alltag

Wir wollen anhand einiger Beispiele zeigen, wie die goldenen Regeln der Hierarchie im Alltag umgesetzt werden können. Sie zeigen anschaulich, wer wann zuerst dran ist, welche Entscheidungen die Eltern treffen sollten und in welchem Rahmen Kinder mitentscheiden können.

Gemeinsames Essen

Der Vater macht beispielsweise das Abendessen. Dann ruft er alle zu Tisch und verteilt sowohl das Essen als auch die Getränke nach dem Alter der Anwesenden, wenn alle gleichzeitig am Tisch sitzen. Das ältere Kind bekommt sein Essen also vor dem jüngeren Kind. Das ist eine mögliche Strategie, um die innere Ordnung in der Familie zu festigen und das Bedürfnis nach Ordnung und Gerechtigkeit beim Kind zu erfüllen. Ist das jüngere Kind beispielsweise zuerst am Tisch oder fragt: »Kannst du mir etwas zu trinken geben?«, ändert sich die Reihenfolge insofern, dass dieses Kind ja zuerst da war oder gefragt hat und entsprechend auch zuerst bekommt.

Falls aufgrund der hierarchischen Reihenfolge Frust auftritt, könnte dieser wie folgt begleitet werden. Das jüngere Kind könnte beispielsweise sagen:

»Das ist so gemein, immer bekommt mein Bruder zuerst!«

»Hast du den Eindruck, dass das so ist?!«

»Ja.«

»Und das stört dich?!«

»Ja!«

»Du möchtest auch mal zuerst dran sein?!«

»Ja, genau!«

»Es bekommt immer der zuerst sein Essen, der als Erster da gewesen ist – und dein Bruder war zuerst in der Familie. Was könntest du machen, um als Erstes das Essen zu bekommen?«

»Meinen Bruder fragen, ob ich als Erstes bekommen kann – er entscheidet.«
»Genau – oder hast du noch eine andere Idee?«
»Ja, ich könnte als Erstes am Tisch sitzen, dann bin ich als Erstes da gewesen!«
»Genau!«

Auch wenn andere Menschen zum Essen zu Gast sind, kann weiter zuerst nach Familienzugehörigkeit entschieden werden. So bekommt Oma, wenn sie fester Bestandteil im Familiengefüge ist, beispielsweise ihr Essen zuerst, weil sie das älteste Familienmitglied ist. Sind andere Kinder zu Gast, bekommen zuerst die eigenen Kinder entsprechend der Rangfolge das Essen, danach die Besuchskinder entsprechend ihres Alters. Das sorgt für Ordnung und Harmonie untereinander. Wenn dir das unfreundlich vorkommt oder du lieber den Gästen den Vorzug geben möchtest, ist das natürlich auch möglich.

Begrüßung

Die Mutter kommt nach der Arbeit nach Hause, während alle anderen Familienmitglieder zu Tisch sitzen. Eine Möglichkeit, die Hierarchie in der Familie einzulösen, wäre, dass sie zuerst ihren Partner oder ihre Partnerin und danach die Kinder begrüßt, zuerst die Großen und dann die Kleinen. Begleitend könnte sie beispielsweise sagen: »Ich begrüße erst Papa/Mama, danach bist du dran!«

Medienzeit

Je nach Alter können Geschwisterkinder unterschiedlich lange Medienzeiten pro Woche haben. Beispielsweise darf das zehnjährige Kind drei Stunden pro Woche konsumieren, das siebenjährige Kind zwei Stunden. Das kann beim jüngeren Kind für Frust sorgen:
»Manno, immer darf meine Schwester länger ans Handy als ich, das ist so gemein!«

»Du bist frustriert und möchtest genauso viel Medienzeit wie deine Schwester haben?!«

»Genau!«

»Deine Schwester ist älter, sie darf länger am Tablet spielen. Wenn du so alt bist wie deine Schwester, darfst du genauso lange spielen wie sie. Wollen wir mal überlegen, was wir in der Zeit gemeinsam machen können?«

Autofahrt

Bei zwei Geschwistern ist es gut, wenn jedes im Auto seine feste Seite hat, auf der es sitzt. So gibt es keinen Streit um die Platzwahl, das Ein- und Aussteigen geht schneller und die Eltern können sich aufs sichere Fahren konzentrieren. Diese Sitzordnung haben die Eltern so festgelegt, um sich beispielsweise ihre Bedürfnisse nach Leichtigkeit und Sicherheit zu erfüllen. Wenn nun das ältere der beiden Kinder auf der Seite des jüngeren Bruders einsteigen möchte, was dieser allerdings partout nicht will, dann entscheidet der »Besitzer«, also in dem Fall der jüngere Bruder, wer auf seiner Seite ein- oder aussteigt. Als Elternteil gilt es nun, dem anderen Kind dabei zu helfen, auf der eigenen Seite einsteigen zu können. Wenn das Geschwisterkind dabei wütend wird, ist das okay und kann begleitet werden – doch es bleibt dabei, es entscheidet immer das Kind, dessen Seite es ist.

Stillen

Die Mutter ist allein für ihre zwei Kinder (3 Monate und 4 Jahre) zuständig. Beide Kinder haben zeitgleich Hunger. Entsprechend der Rangfolge in der Familie würde hier das ältere Kind zuerst etwas zu essen bekommen und das jüngere Kind würde warten. Da es sich bei dem jüngeren Kind um ein Baby handelt, dessen Bedürfnis nach Nahrung in Form von Milch gerade nicht warten kann, ist es zuerst dran. Die Mutter könnte das ältere Kind parallel dabei unterstützen, selbst etwas zu essen und sich beispielsweise einen Apfel zu nehmen, doch sie versorgt zuerst das Kind, dessen Bedürfnis dringender ist.

Schlafsituation

In einer vierköpfigen Familie schläft die Mutter seit mehreren Monaten mit dem älteren Kind in dessen Kinderzimmer, weil dieses nicht alleine schlafen möchte. Sie hat eine Gästematratze auf dem Boden neben dem Bett liegen, auf der sie Rückenschmerzen bekommt. In dieser Konstellation hat also der Wunsch des älteren Kindes, nicht alleine schlafen zu wollen, darüber entschieden, wer wo schläft. Doch wo die Mutter schläft, entscheidet sie ganz alleine, natürlich unter Berücksichtigung ihrer Bedürfnisse, der ihrer Tochter und der anderen Familienmitglieder. Dafür gibt es zum Beispiel folgende Möglichkeiten:

- Ein Familienbett wird eingerichtet und alle schlafen in einem großen Bett.
- Die Matratze der Tochter wird neben das elterliche Bett gelegt.
- Die Matratze der Mutter wird in das Zimmer der Tochter gelegt und statt eines provisorischen Schlafplatzes wird ein fester eingerichtet.

Es geht darum, dass die Eltern die Bedürfnisse aller erkennen und dafür Entscheidungen treffen, die für alle okay sind. Möglichkeiten gibt es viele. Die Eltern bestimmen, wo sie schlafen – das Wie dürfen die Kinder im von den Eltern vorgegebenen Rahmen mitbestimmen.

Reflexionsübung

Welche der genannten Strategien zur Herstellung der Ordnung in eurem Familiensystem kannst du dir vorstellen umzusetzen? Findest du weitere? Notiere:

____

____

____

____

Deine innere Haltung

Um Hierarchie in diesem Sinne leben zu können, braucht es vor allem die Haltung folgender Grundannahme der Gewaltfreien Kommunikation: *Alle Menschen sind grundsätzlich dazu bereit, zur Erfüllung der Bedürfnisse anderer beizutragen* – solange ihre eigenen Bedürfnisse auch berücksichtigt werden. Und Gerechtigkeit ist ein Bedürfnis, welches erfüllt werden möchte. Gerechtigkeit meint dabei aber nicht Gleichheit. Darauf möchten wir kurz näher eingehen:

Exkurs: Gleichheit und Gerechtigkeit

Im Kontext von Familie würde Gleichheit bedeuten, dass alle Kinder unabhängig von ihrem Alter und den damit einhergehenden Bedürfnissen und Kompetenzen auch gleich behandelt werden. Alle Kinder haben damit, unabhängig von ihren ganz individuellen Unterschieden, die gleichen Rechte und Pflichten. Gerechtigkeit wiederum bedeutet, anzuerkennen, dass die Ausgangssituation und damit einhergehend die jeweiligen Bedürfnisse, Erfahrungen und Kompetenzen innerhalb der Familie ganz unterschiedlich verteilt sind. Gerechtigkeit berücksichtigt, dass Kinder je nach Hirnreife und individueller geistiger und körperlicher Entwicklung in derselben Situation unterschiedliche Voraussetzungen haben, weil sie die Konsequenzen ihres Handelns beispielsweise schon oder eben noch nicht absehen können und vieles mehr. Sie brauchen also unterschiedliche Arten der Zuwendung, um dieselben Bedürfnisse erfüllen zu können und denselben Wert in der Familie zu erfahren. Gerechtigkeit und Gleichheit in der Familie unterscheiden sich insofern voneinander, als bei der Gerechtigkeit die Bedürfniserfüllung der einzelnen Familienmitglieder berücksichtigt wird, statt alle gleich zu behandeln.

Ein beliebtes Bild, um den Unterschied zwischen Gleichheit und Gerechtigkeit zu illustrieren, ist das dreier Kinder unterschiedlicher Körpergröße, die hinter einem Zaun stehen. Gleichheit würde nun bedeuten, allen Kindern einen identisch hohen Hocker zu geben, auf den sie sich stellen können. Damit bleibt der Größenunterschied zwischen allen Kindern identisch, jedoch ist der Hocker nur für Kind 1 und 2 ausreichend hoch. Kind 3 kann nach wie vor nicht über den Zaun schauen. Gerechtigkeit heißt, den Kindern drei unterschiedlich hohe Hocker zu geben, die dazu führen, dass alle Kinder über den Zaun schauen können und damit schlussendlich gleich groß sind.

Aus der Beratung

»Meine Kinder sind nur eindreiviertel Jahre auseinander und dürfen bisher fast alles gleich viel oder abwechselnd: gleich viel Süßes, gleich viel Medienzeit, auf dem Lastenrad abwechselnd vorne sitzen, abwechselnd abends als Erstes ›eingesungen werden‹ (dabei halten meine Frau oder ich für die Dauer von je zwei Schlafliedern die Hand jedes Kindes; die beiden schlafen im Stockbett). Trotzdem sagt das ältere Kind oft: ›Du hast mich gar nicht so lieb wie mein Geschwisterchen!‹, und die Streitereien untereinander nehmen im Alltag zu.« *Daniel*

Beginnen wir mit dem Altersunterschied der Kinder: Wie groß dieser ist, spielt, wie oben bereits erwähnt, keine Rolle. Auch der Unterschied von einer Minute – beispielsweise bei Zwillingen – ist ein Unterschied. Gleichzeitig ist es unserer Erfahrung nach so, dass es für Eltern umso herausfordernder ist, die innere Ordnung der Familie herzustellen, je enger die Kinder beieinander sind.

Nun hat Daniel innerhalb der Familie eine Lösung für seinen Wunsch nach Gleichheit gefunden – die Kinder werden also unabhängig von ihrem Altersunterschied gleichbehandelt und haben genau das auch so gelernt. Damit ist das Bedürfnis nach Gerechtigkeit unter den Kindern nicht erfüllt. Dass das für sie problematisch ist, lässt sich an den von Daniel beschriebenen Streitigkeiten erkennen. Wenn Geschwisterkinder »häufig streiten«, ist das in der Regel ein Zeichen dafür, dass die innere Ordnung unter den Geschwistern und/oder in der ganzen Familie nicht harmonisch ist.

Wir würden Daniel empfehlen, etwas mehr hierarchische Struktur zu etablieren und das auch ganz klar zu sagen, beispielsweise durch Sätze wie: »Wir haben uns etwas überlegt, um die Gerechtigkeit in der Familie besser umzusetzen. Das machen wir ab jetzt so …« Da werden die Kinder natürlich erst mal protestieren, weil sie es anders gelernt haben. Und diese Wut darf da sein, denn dadurch lernen sie Frustrationstoleranz und legen damit den Grundstein für ein starkes Selbstbewusstsein und für Selbstbestimmung, also ein starkes Selbst. Konkret kann das beispielsweise heißen, dass das ältere Kind etwas mehr Süßigkeiten bekommt, ihm mehr Medienkonsum erlaubt wird, weil es älter ist und das schon besser verarbeiten kann. Es geht nicht allein darum, dass das ältere Kind immer mehr darf und es ihm immer besser geht, sondern es wird auch Situationen geben, in denen das ältere Kind warten kann. Beispielsweise wird dem jüngeren Kind zuerst in den Schlaf geholfen und das ältere darf lernen, einen Augenblick zu warten. Noch einmal zusammengefasst: Kinder brauchen Gerechtigkeit statt Gleichheit – und diese wird innerhalb der Familie durch die vorgegebene Hierarchie und die damit einhergehende innere Ordnung hergestellt.

Formulierungshilfen für Hierarchie in der Familie

- »Du hast mich gerufen (3), das habe ich gehört. Sobald ich deinen Bruder (7) verabschiedet habe, komme ich zu dir.«
- »Einer nach dem anderen.«
- »Wir sind: Mama, Papa, Tanja (8), Max (6) und Toni (3).«
- »Das gehört deiner Schwester. Sie entscheidet, wer damit spielt.«
- »Ich bin da und kümmere mich nacheinander um euch – immer der Reihenfolge nach.«
- »Du bist gerade sauer, weil du auch mal als Erste drankommen möchtest?! Lass uns mal überlegen, wann du Erste sein könntest.«
- »Ich gebe erst Anne etwas zu trinken, denn Anne hat zuerst gefragt. Danach bist sofort du dran. Eine nach der anderen.»
- »Peter darf mehr, da er älter ist. Gleichzeitig hat er auch mehr Verantwortung.«

Diese Glaubenssätze können dich dabei unterstützen, in deine Klarheit für die Hierarchie in der Familie zu kommen:

Sätze zum Fliegen

Ich weiß, was zu tun ist.

Ich entscheide, weil ich für meine Familie verantwortlich bin.

Ich kümmere mich um die Gerechtigkeit in der Familie.

Erfüllte Gerechtigkeit bringt Leichtigkeit.

Gerechtigkeit bedeutet nicht Gleichheit.

Tipp: Hier findest du drei Strategien, mit denen du im Alltag die Hierarchie in der Familie leben kannst.

Ministerposten

So geht's:

1. Ihr erstellt gemeinsam eine Liste (gern mit Symbolen), was es in eurem Familienalltag alles zu tun gibt, damit »der Laden« läuft (Müll rausbringen, Wäsche waschen, saugen, Blumen gießen, Spülmaschine einräumen/ausräumen usw.).
2. Ergänzt jeweils, wie oft diese Tätigkeiten zu tun sind.
3. Ihr überlegt gemeinsam, wem welche Tätigkeit am meisten liegt (unabhängig davon, ob ihr der Meinung seid, wer es besser kann). Denn es soll ja auch Spaß machen!
4. Nun verteilt ihr die Posten gerecht auf. Dabei beachtet ihr, wer wie viel leisten kann: Wer länger da ist, hat auch mehr Verantwortung.
   - Die Eltern machen am meisten und übernehmen die »schwierigen« Dinge.

- Das Erstgeborene hat mehr Aufgaben als das Zweitgeborene oder eine herausfordernde Aufgabe.
- Falls ein Kind etwas übernehmen möchte, das es noch nicht alleine kann, helft ihm, es zu schaffen, und verabredet euch zu dieser Tätigkeit.

5. Überlegt euch für jeden Posten einen entsprechenden Ministernamen (Müllminister*in, Wäscheminister*in, Altglasminister*in usw.).
6. Besprecht, wann die Ausführung dieser Tätigkeiten am sinnvollsten ist, und erstellt einen Ministerplan. In diesem Plan sind die Aufgaben auf Tage verteilt und mit den Personen gekennzeichnet, die dafür zuständig sind (Wäscheklammer oder Farben). Im Sinne der Autonomie legt ihr zum Beispiel fest: »Montagvormittags Müll« statt »8:00 Uhr Müll«. So kann der/die zuständige Minister*in selbst entscheiden, ob er/sie das vor dem Frühstück, danach oder beim Rausgehen macht.
7. Nun geht es an die Umsetzung. Hier darf den Kindern unter die Arme gegriffen werden – helft ihnen, es zu schaffen.
8. Überprüft regelmäßig in einem Treffen, ob die Aufgaben noch für alle okay sind oder ob angepasst/getauscht werden darf.

Ob ihr die Ministerposten für eine Woche oder einen Monat verteilt, entscheidet ihr gemeinsam. Probiert euch aus. Info: Die »Ministerposten« eignen sich zusätzlich sehr gut, um das Bedürfnis nach Autonomie zu erfüllen.

Der Tanz der Namen

Findet gemeinsam eine Melodie, mit der ihr eure Namen in der Reihenfolge der Hierarchie singt: Mama – Papa – Erstgeborenes – Zweitgeborenes – Drittgeborenes – usw. Dieses »Lied« könnt ihr über den Tag verteilt singen und die Kinder einladen, mitzusingen. Irgendwann reicht es schon, allein die Melodie zu summen. Gern könnt ihr dazu auch tanzen. Fühlt euch frei in der Umsetzung. Ob Mama oder Papa zuerst genannt wird, entscheiden die Eltern unter sich. Ihr könnt auch wechseln.

Das Familienbild

Malt gemeinsam ein Bild eurer Familie und platziert die Familienmitglieder nach ihrem »Rang« in der Familie.

Wie steht es um dein Wissen zur Hierarchie auf Augenhöhe? Mach den Test in Kapitel 9 (vgl. Seite 258).

KAPITEL 8

Liebevolle Führung mit Freiraum im Familienalltag

»Das Was entscheiden die Eltern, das Wie können die Kinder frei mitgestalten.«

Die FüLi-Strategien Schutzschild, Schützende Gewalt und Stellvertretende Kraft lassen im Moment des Konflikts häufig wenig Raum für die Autonomie des Kindes, da das Bedürfnis nach Sicherheit beim Kind durch Liebevolle Führung Vorrang hat. Deshalb stellen wir dir nun die sechste FüLi-Strategie vor, die aus unserer Sicht im Alltag mit Kindern am häufigsten zum Einsatz kommt: die Strategie Freiraum. In der Grafik auf S. 17 erkennst du, dass die Strategie Freiraum am meisten Platz einnimmt, da sie für die gesunde Entwicklung deines Kindes so bedeutungsvoll ist. Wenn das kindliche Bedürfnis nach Autonomie nicht ausreichend gesehen wird, kann das die freie Entfaltung der Persönlichkeit des Kindes hemmen. Deshalb ist es von großer Bedeutung, die fürsorglichen Machtstrategien Schutzschild, Schützende Gewalt und Stellvertretende Kraft nur dann einzusetzen, wenn dies im Alltag zwingend für die Sicherheit und den Schutz des Kindes erforderlich ist.

Mit dem Bedürfnis nach Autonomie meinen wir konkret, dass Kinder in Entscheidungen miteinbezogen werden und mitbestimmen dürfen, gewisse Dinge selbst entscheiden dürfen, gefragt werden, bevor Entscheidungen getroffen werden, dass ihre Meinung gehört und ernst genommen wird und nicht zuletzt, dass Kinder Dinge selber machen dürfen, sich ausprobieren und dadurch eigene

Erfahrungen sammeln und manchmal auch Misserfolge erleben. Am Ende dieses Kapitels geben wir dir deshalb anhand von typischen Alltagskonflikten zahlreiche Strategien an die Hand, wie du das Bedürfnis nach Autonomie bei deinem Kind stillen kannst.

Konkret bedeutet die Strategie Freiraum, dass du in diesen Situationen mit deinem Kind gemeinsam eine Lösung finden kannst, im Dialog mit deinem Kind über Kompromisse nachdenken darfst und ihr schließlich zu einer friedvollen Lösung kommt, welche die Bedürfnisse aller in der Familie oder der Gemeinschaft berücksichtigt. Bei der Strategie Freiraum entscheidest du das Was, und beim Wie darf dein Kind mitentscheiden. Fest steht beispielsweise, dass die Zähne geputzt werden, nur wie, darf dein Kind mitbestimmen. Je älter dein Kind wird, desto größer wird der Freiraum für dein Kind und desto weiter kann der Rahmen gesteckt werden.

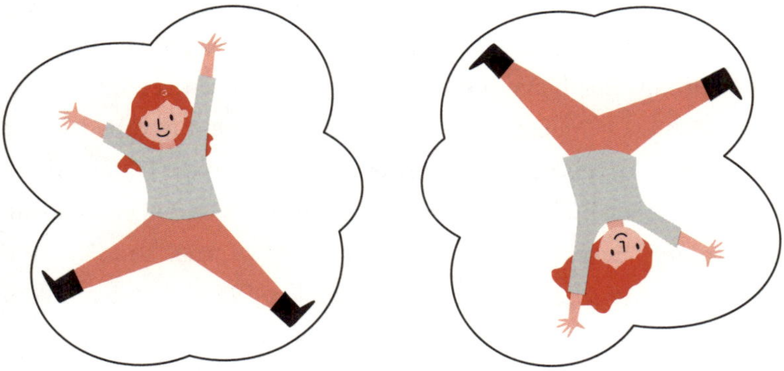

Du kannst dir den Rahmen wie ein Gummiband vorstellen, das du mal enger und mal weiter dehnen kannst. Die Konfliktlösung braucht Geduld und Zeit, und nicht immer gibt es eine schnelle und einfache Lösung. Dies ist im Alltag manchmal schwer auszuhalten. Es bedeutet aber auch, dass du als Mama/Papa nicht starr bei deiner Meinung bleiben musst, sondern dich auch mal von der Meinung deines Kindes überzeugen lassen kannst. So entsteht viel Selbstwirksamkeit für dein Kind, und du hast während der Konfliktlösung die Möglichkeit, in der Leichtigkeit und in Verbindung mit deinem Kind zu bleiben. Im Folgenden beleuchten wir typische Konflikte mit Kindern, in denen die Strategie Freiraum sinnvoll ist.

Mein Kind ist respektlos, rücksichtslos und unhöflich

Solche Aussagen begegnen uns in der Beratung immer wieder, und wir möchten dich einladen, dein Bedürfnis nach Achtung in der Familie genauer zu hinterfragen und zu verstehen. Wie in Kapitel 1 bereits erwähnt (vgl. Seite 26), können Bedürfnisse in Ober- und Unterbedürfnisse unterschieden werden. Respekt gehört zum Oberbedürfnis nach Achtung, das folgende weitere Unterbedürfnisse hat: Anerkennung, Wertschätzung, Würde, Freiheit, Vertrauen, Integrität usw. Das Oberbedürfnis nach Achtung entspricht der Haltung: »Ich behandle andere so, wie ich auch behandelt werden möchte!« Handele ich selbst dementsprechend, erfülle ich mir das Oberbedürfnis nach Achtung und damit auch die Unterbedürfnisse wie Respekt, Rücksicht, Integrität usw. Denn voller Achtung bin ich erst, wenn ich nach meinen eigenen Werten handle, ohne die Verhaltensweisen anderer zu verurteilen. Wenn dein Kind dich beispielsweise beschimpft, würde Achtung bedeuten, dass du selbst ihm gegenüber achtungsvoll bleibst, anstatt zurückzuschimpfen. Frage dein Kind beispielsweise: »Bist du sauer, weil du das gerade selbst entscheiden wolltest?«

Als Unterstützung empfehlen wir, dir noch einmal die in Kapitel 1 (vgl. Seite 35) erwähnte Grundannahme Nummer 4 der Gewaltfreien Kommunikation bewusst zu machen. Du kannst dein persönliches Richtig oder Falsch haben und dies deinem Kind vermitteln und ihm gleichzeitig seinen Freiraum lassen, dieses Richtig oder Falsch für sich selbst neu zu definieren – je älter dein Kind wird, desto mehr Einfluss kann dein Kind auf eure gemeinsamen

Familienwerte haben. Gleichzeitig hört die Freiheit und Autonomie eines Kindes dort auf, wo die Freiheit anderer Menschen stark eingeschränkt wird oder die Bedürfniserfüllung einer Gemeinschaft durch das Verhalten des Kindes auf der Strecke bleibt. Ein sozial kompetentes Kind lernt Achtung zu leben, indem es sich einerseits an die Bedürfnisse anderer anpassen kann und sich gleichzeitig achtungsvoll abgrenzt. Doch wie viel achtungsvolles Verhalten dürfen wir Erwachsene von Kindern bereits erwarten? Werfen wir dafür einen Blick auf die kindliche Entwicklung:

Exkurs: Kindliche Entwicklung

Bereits im Alter von circa zweieinhalb Jahren sind Kinder in der Lage, die sogenannte emotionale Perspektivübernahme zu leisten. Damit ist gemeint, dass ein Kleinkind in diesem Alter im Gesicht seines Gegenübers erkennen kann, in welchem Gefühlszustand sich die Person befindet. Oft ist dies an Zweiwortsätzen wie zum Beispiel »Mama traurig?« oder »Papa böse?« erstmals beobachtbar. Die sogenannte kognitive Perspektivübernahme, also die Fähigkeit des Kindes, zu verstehen, dass andere Menschen andere Gedanken und Meinungen haben, beginnt erst mit circa vier bis viereinhalb Jahren (vgl. Haug-Schnabel und Bensel). Die Sozialkompetenz geht noch über diese emotionale Entwicklung hinaus und bezieht sich vor allem auf das Handeln des Kindes in einer Gruppe. Gefördert wird das Sozialverhalten, wenn Kinder lernen, auf die Bedürfnisse anderer Rücksicht zu nehmen. Dies verlangt dem Kind häufig ein hohes Maß an Frustrationstoleranz ab. Damit ist gemeint, dass ein Kind lernt, mit Misserfolgen, unangenehmen Gefühlen wie Enttäuschung, Trauer, Frust und eigenen Fehlern umzugehen. Es ist für ein Kind insbesondere bis zum Schulalter sehr herausfordernd, die eigenen Wünsche hintanzustellen und abzuwarten, da es in dieser Phase noch in erster Linie impulsgesteuert handelt, um für die eigenen Bedürfnisse zu sorgen. Wir können die Frustrationstoleranz unserer Kinder fördern, indem wir nicht alle Frustmomente im Alltag von ihnen fernhalten. Vielleicht trinkst du noch drei Minuten in Ruhe deinen Tee aus, während dein Kind bereits mit dir spielen möchte. Andererseits braucht der Frust des Kindes liebevolle Begleitung in Form von Empathie. Diese Begleitung kann im genannten Beispiel zum Beispiel so aussehen: »Ich weiß, du möchtest jetzt spielen. Gleichzeitig möchte ich noch meinen Tee austrinken. Danach bin ich für dich da.«

Momente des Frusts entstehen im Alltag, wenn Kinder erfahren, dass auch die anderen Familienmitglieder Bedürfnisse haben. Bereits ab dem dritten Lebensjahr können Kinder mehr und mehr verstehen, dass andere Menschen genau wie sie selbst auch Bedürfnisse haben und dass wir gemeinsam immer wieder nach Kompromissen suchen können, damit alle sich wohlfühlen. Denn gerade dann, wenn du mehrere Kinder hast, wirst du nicht immer alle Bedürfnisse gleichzeitig erfüllen können. Aus entwicklungspsychologischer Sicht steht fest, dass Kinder etwa bis zum 20. Lebensjahr aufgrund ihrer fehlenden Hirnreife nicht zu jeder Zeit vernünftig und sozial verträglich reagieren können. Der präfrontale Kortex, der für Vernunft, Moral und Perspektivübernahme zuständig ist, ist noch nicht vollständig ausgebildet. Es fehlen also im Gehirn noch wichtige neuronale Verbindungen, die ein vernünftiges Verhalten zu jeder Zeit möglich machen.

Gerade in bestimmten Entwicklungsphasen, den sogenannten Autonomiephasen, meistern Kinder große Entwicklungssprünge und erbringen große Anpassungsleistungen. In der ersten Autonomiephase (ca. 1,5 bis 3 Jahre) entdecken Kinder erstmals die Welt alleine und streben nach Unabhängigkeit. In der Wackelzahnpubertät (ca. 5 Jahre bis 7 Jahre) kommt dein Kind in die Schule und wird von neuen Anforderungen überflutet. Und dann kommt da noch die herausfordernde Teenagerzeit (ca. 12 bis 16 Jahre), in der sich Kinder mehr und mehr mit ihrer Identitätsentwicklung beschäftigen und eigene Wertevorstellungen entwickeln. Die Altersangaben gelten nur als grobe Orientierung; jedes Kind entwickelt sich individuell.

Besonders schwierig ist es für Kinder, sich jederzeit achtungsvoll zu verhalten, wenn sie sich in einer solchen Entwicklungsphase befinden. Hinzu kommt, dass insbesondere für Kleinkinder Übergangssituationen noch sehr herausfordernd sind, was leicht durch »die Langsamkeit des kindlichen Gehirns« zu erklären ist. Kinder brauchen einfach noch länger, um eine Veränderung verarbeiten zu können. Deshalb brauchen sie gerade in Übergangssituationen besonders viel liebevolle Führung und dabei viel innere Klarheit ihrer Bezugsperson, was und warum etwas passiert. Achtungsvolles Verhalten ist also keine Selbstverständlichkeit, die wir Kindern einfach so abverlangen können.

Die folgenden Beispiele zeigen deutlich, wie wir Achtung im Alltag täglich vorleben und gemeinsam mit unseren Kindern leben können.

Aus der Beratung

Die Nachbarn sind zu Besuch zum Abendessen. Susanne wünscht sich, dass ihr achtjähriger Sohn sich zum Abendessen dazugesellt. Als Susanne die Kinderzimmertür öffnet und ihren Sohn bittet, zum Tisch zu kommen, sagt ihr Sohn: »Hau ab, auf die habe ich keinen Bock!«

Zunächst wäre wichtig, dass Susanne ihre klare und empathische Haltung nutzt und ihre eigenen alten Muster wahrnimmt. So kann es ihr gelingen, ihre Überlebensstrategie, immer jedem gefallen zu müssen – diese konnte sie in der Beratung erkennen –, zu überwinden. Dies schafft Susanne, indem sie sich selbst Einfühlung schenkt, beispielsweise in einem einfühlsamen Selbstgespräch mit ihrem inneren Kind. Anstatt ihren Sohn emotional zu manipulieren: »Dein Verhalten macht mich und die Nachbarn wirklich traurig«, könnte Susanne folgendermaßen reagieren:

1. Friedvolle Reaktionsmöglichkeit

»Du hast grad gar keinen Bock und brauchst gerade deine Ruhe, oder?!«

»*Ja!*«

»Du möchtest gerne in deinem Zimmer bleiben, oder?!«

»*Ja, ich kann das gerade echt nicht gebrauchen!*«

»Das habe ich gehört. Und du musst ja auch nicht dazukommen. Gleichzeitig ist mir Gemeinschaft so wichtig und ich hätte dich gerne dabei. Hast du eine Idee, wie wir da zusammenkommen?«

»*Na ja, ich könnte ja später dazukommen.*«

»Das wäre eine Möglichkeit, ja. So bekommst du erst deine Ruhe und dann wir beide noch Gemeinschaft.«

»*Cool, ich komme dann zum Essen, okay?!*«

»Total okay, ich freue mich auf dich!«

2. Friedvolle Reaktionsmöglichkeit

»Du möchtest selbst entscheiden, ob du dich dazusetzt, oder?!«

»*Ja!*«

»Und du möchtest auch gefragt werden, ob du bereit für Besuch bist?!«

»*Genau, das sind ja gar nicht meine Gäste!*«

»Das habe ich gehört. Und du musst ja auch nicht dazukommen. Gleichzeitig ist mir Gemeinschaft so wichtig und ich hätte dich gerne dabei. Hast du eine Idee, wie wir da zusammenkommen?«

»*Na ja, du kannst ja jetzt mit den Nachbarn zusammen essen, und wir setzen uns danach zusammen hin.*«

»Okay, das wäre auch eine Möglichkeit. Dann esse ich jetzt mit den Nachbarn und du später mit mir alleine?!«

»*Ja genau, ich habe gerade auch noch gar keinen Hunger.*«

»Okay, und beim nächsten Mal planen wir den Besuch gemeinsam.«

»*Das wäre cool!*«

Jetzt denkst du vielleicht: »So lernt mein Kind ja nie, dass man sich zum Essen gemeinsam an einen Tisch setzt, vor allem wenn Besuch da ist.«

Gerade das Thema »Essen am Familientisch« sorgt bei vielen Eltern für starke Reaktionen, denn sie haben in ihrer Kindheit viele Erfahrungen gemacht, die in Verbindung mit Druck und Zwang standen. Wir empfehlen dir daher von ganzem Herzen, beim Thema Essen Freiwilligkeit in deiner Familie Einzug halten zu lassen und alte Muster wie:

- Das gehört sich so, dass man immer zusammen isst!
- Was auf den Teller kommt, wird aufgegessen!
- Was auf den Tisch kommt, wird gegessen!
- Beim Essen muss man still sitzen!
- Beim Essen wird nicht geredet!

hinter dir zu lassen. Susanne bringt in den Formulierungshilfen klar zum Ausdruck, worum es ihr geht: um Gemeinschaft, genauer um die Gemeinschaft beim Essen. Gleichzeitig möchten wir darauf hinweisen, dass Essen nur eine Möglichkeit ist, um das Bedürfnis nach Gemeinschaft zu stillen, und dass Susannes Sohn nicht verantwortlich dafür ist, dass ihr Bedürfnis nach Gemeinschaft in diesem Moment gestillt wird. Deshalb darf sie ihrem Sohn in diesem Moment viel Freiraum schenken, um selbst zu entscheiden, wie er das mit dem Essen und dem Besuch handhaben möchte. Diesen Freiraum kann Susanne ihrem Kind allerdings erst geben, wenn sie erkannt hat, welche unwahren Glaubensüberzeugungen sie mit sich herumträgt. Erst dann hat sie die Möglichkeit, das Verhalten ihres Sohnes nicht mehr als respektlos zu empfinden, und kann mit ihrem Sohn in Verbindung kommen. Außerdem entsteht Achtung ja bereits dadurch, dass Susanne achtungsvoll auf das Verhalten ihres Sohnes reagiert.

Aus der Beratung

Max möchte seine fünfjährige Tochter von ihrer besten Freundin abholen und hat es ziemlich eilig, pünktlich nach Hause zu kommen. Max' Tochter, die gern weiterspielen möchte, schreit wutentbrannt: »Du blöder Kack-Papa!«

Max könnte sich zunächst selbst Einfühlung schenken und sich dadurch beruhigen. Anstatt seine Tochter zu ermahnen: »So redest du nicht mit mir!«, könnte Max folgendermaßen reagieren:

Friedvolle Reaktionsmöglichkeit
»Du sagst ›Blöder Kack-Papa‹. Bist du sauer, weil du noch spielen möchtest?!«
»Ja! Es ist so cool hier!«
»Du hast gerade total Spaß mit deiner Freundin?!«
»Ja! Ich will noch bleiben!«
»Das habe ich gehört. Du hast gerade so einen Spaß, und gleichzeitig entscheide ich, dass wir jetzt gehen, weil ich für dich verantwortlich bin. Hast du eine Idee, was wir da jetzt machen können?«

Sie könnten sich auf fünf Minuten einigen. Hier braucht es die Führung durch den Papa, dass seine Tochter das schaffen kann. Oder sie einigen sich beispielsweise darauf, beim Anziehen eine Anziehstraße auf dem Boden auszulegen, was etwas Leichtigkeit in die Konfliktsituation bringen würde.

Sätze zum Fliegen

Ich behandle mich und andere Menschen voller Achtung.

Ich lebe Achtung vor.

Ich achte mich und nehme mich an, so wie ich bin.

Ich bin bereit, das Bedürfnis hinter einer »Beschimpfung« zu hören.

Wie Kinder lernen, das Bedürfnis nach Achtung bei anderen Menschen freiwillig zu erfüllen

Du hast vielleicht schon häufiger gelesen, dass Kinder genau das lernen, was sie in ihrem Umfeld beobachten. Das sogenannte Beobachtungslernen oder auch Lernen am Modell, begründet durch den Psychologen und Forscher Albert Bandura, gilt als Basis für soziales Lernen.

Dein Kind imitiert dabei sein Umfeld, doch macht es wirklich alles nach, was ihm vorgelebt wird? Bedankt sich wirklich jedes Kind genauso wertschätzend für ein Geschenk, wie es dies bei seinen Eltern beobachtet? Hält wirklich jedes Kind dem Nachbarn freundlich die Tür auf, nur weil es dies bei seinen Eltern gesehen hat? Das können wir nicht bestätigen. Es gibt einige Kinder, die durch Beobachtungslernen sehr viel aufnehmen und imitieren, doch ist das unserer Erfahrung nach abhängig vom Temperament des Kindes.

Wir dürfen Kinder nicht zu Höflichkeit und Rücksichtnahme zwingen. Da jedes Kind ohnehin ein soziales Wesen ist und anderen Menschen gern eine Freude macht, ist Zwang an dieser Stelle auch überhaupt nicht nötig. Dein Kind darf zu jeder Zeit frei entscheiden, ob es höfliche und rücksichtsvolle Verhaltensweisen zeigen möchte, und es darf zu jeder Zeit Nein sagen. Gleichzeitig können wir Kinder aber liebevoll anleiten und ihnen dadurch schöne

Zaubermomente verschaffen. Die Vorstellung, dass unsere Kinder durch unser Vorbild und durch liebevolle Anleitung dafür sorgen, unsere Welt zu einem friedvolleren Ort zu machen, ist einfach wunderbar. Dabei denke ich, Martina, gerade an eine schöne Situation während meines Weihnachtseinkaufes. Ich hatte beide Hände voll mit großen Taschen, weil ich mal wieder auf den letzten Drücker am 22. Dezember alle Geschenke auf einmal besorgte. Ein etwa fünfjähriges Mädchen erkannte, dass ich auf den Ausgang zuging, und rannte freudestrahlend zur Tür, um sie mir aufzuhalten. Ich freute mich riesig über ihre Unterstützung und bedankte mich voller Wertschätzung bei ihr. Die Mutter des Mädchens platzte beinahe vor Stolz, und das Mädchen erlebte sich darüber selbstwirksam. Kinder wollen aus sich heraus dazu beitragen, dass sich andere Menschen wohlfühlen. Sie erleben sich genau in solchen Momenten als selbstwirksam und wichtig, worüber wundervolle Momente mit anderen Menschen entstehen können.

Dein Kind lernt also einerseits am Modell seiner Bezugspersonen und in der Interaktion mit Geschwistern und anderen Kindern und andererseits durch dein liebevolles Anleiten und deine Ermutigung, der dein Kind freiwillig folgen darf. Durch das liebevolle Anleiten gelingt es dir, deinem Kind Familienwerte zu vermitteln, mit denen es sich mehr und mehr identifizieren wird, sofern es sich damit wohlfühlt. Liebevolle Führung bedeutet zum Beispiel auch, dass du mit deinem Kind Perspektivübernahme übst, das heißt, dass ihr gemeinsam überlegt, wie sich andere Menschen fühlen und was sie brauchen. Darüber entsteht bei deinem Kind eine intrinsische Motivation, sich achtungsvoll zu verhalten. Es beginnt, deine Werte zu übernehmen und zu leben. Das Mädchen, das mir die Tür aufgehalten hatte, wurde von mir nicht gelobt, sondern spürte, wie sehr ich mich über seine Unterstützung freute und dass es mir durch seine Unterstützung wirklich half. Diese Form von Wertschätzung verschaffte uns beiden einen Zaubermoment, in welchem wir miteinander in Verbindung waren.

Fazit: Lass deinem Kind so viel Freiraum wie möglich und gib ihm durch dein Vorbild, dein Ermutigen und Gespräche einen Rahmen vor, wie Achtung gelebt werden kann. Wenn du möchtest, setze dich mit deinem Partner/deiner Partnerin zusammen und notiert euch Dinge, die ihr euren Kindern vorleben möchtet, um Achtung, Respekt und Integrität zu vermitteln.

Nutzt hierfür gern unsere Ideen, wie ihr Achtung in der Familie vorleben könnt (zu finden im Downloadmaterial, siehe Seite 262).

Mein Kind möchte nicht in die Kita

Die Rahmenbedingungen in Kindertagesstätten und Schulen sind bedauerlicherweise nicht immer so, wie wir uns das vorstellen oder wünschen. Häufig sind die Fachkräfte überlastet und wissen sich nicht anders zu helfen, als mit Belohnung und Bestrafung zu arbeiten. Doch es gibt zahlreiche weitere Gründe, warum Kinder nicht in die Kita möchten. Häufig fällt Kindern, je nach Temperament und Entwicklungsphase, die Trennung von den Eltern schwer, da sich die Kleinen bei ihren erstgewählten Bezugspersonen und im Familiennest am sichersten und am wohlsten fühlen. Auch sind Übergänge für Kinder eine große Herausforderung. Deswegen ist es oft an Montagen oder nach den Ferien für Kinder besonders schwierig, da sie sich erst einmal wieder auf die Anforderungen in der Kita einlassen müssen. Dennoch sind wir der Überzeugung, dass du als Mama/Papa entscheidest, ob beziehungsweise dass dein Kind in die Kita geht und dass dein Kind dabei mitbestimmen darf, was es braucht, um diesen Schritt schaffen zu können.

Aus der Beratung

Linas vierjährige Tochter hat die Eingewöhnung nach starken Trennungsschmerzen gemeistert und geht nun schon seit eineinhalb Jahren täglich in die Kita. Nach den Sommerferien kommt sie in die Einrichtung und der Gruppenraum ist in einen anderen Stock umgezogen. Angst und Panik machen sich breit und Linas Tochter möchte nicht in den Gruppenraum gehen. Sie klammert und wehrt sich gegen die Trennung. Daraufhin beschließt Lina, mit ihrer Tochter nach Hause zu fahren. Auf dem Heimweg weint Linas Tochter und schreit ihre Mama an: »Ich will zurück in die Kita. Ich will nicht nach Hause!« An den darauffolgenden Tagen zeigt Linas Tochter ein ähnliches Verhalten. Sie will sich nicht trennen und gleichzeitig tobt sie auf dem Heimweg, dass sie doch wieder zurück in die Kita möchte.

In der Beratung zeigte sich ganz deutlich die große Angst von Lina, ihr Kind könnte sich von ihr im Stich gelassen fühlen, wenn sie geht, weshalb sie voller Angst und Anspannung mit ihr in der Garderobe sitzen bleibt und darauf wartet, dass ihre Tochter bereit für einen tränenfreien Abschied ist. Ihre große Angst, etwas falsch zu machen, kennt sie bereits aus ihrer Kindheit. Sie selbst sehnt sich nach Sicherheit und Klarheit und möchte einfach nur das Richtige für ihre Tochter tun. Nachdem sich Lina in sich einfühlen konnte und dabei erkannte, wie viel Urvertrauen sie ihrer Tochter schon mitgegeben hat, beruhigte sie sich. Sie erkannte ihre Versagensangst als alte Angst aus ihrer Kindheit, die nichts mit der Beziehung zu ihrem Kind zu tun hat. Auch half es Lina, zu erkennen, dass Trennungsschmerz beim Abschied sein darf und die Tränen und die Trauer auch von der Bezugserzieherin begleitet werden können. Lina konnte plötzlich auch erkennen, dass ihre Tochter den Schritt eigentlich schaffen möchte. Bisher hatte sie versucht, ihrer Tochter in der Garderobe ganz viel Empathie zu schenken und sie mit Mamaliebe aufzufüllen, doch genau in diesen Situationen wurde ihre Tochter unruhig. Ihrer Tochter fehlte die liebevolle Führung. Durch die Einfühlung in sich selbst und die Einfühlung in ihre Tochter fand Lina innere Klarheit.

Folgendes Vorgehen half Lina schließlich, ihre Tochter selbstsicher abzugeben.

Friedvolle Reaktionsmöglichkeit

Zunächst sprach Lina noch einmal mit der Erzieherin und erzählte ihr von ihrem Entschluss, dass sie ihre Tochter morgens auch bei ihr abgeben möchte, wenn sie in der Garderobe weinen sollte. Als die Erzieherin ihr die Sicherheit gab, ihre Tochter liebevoll zu trösten, und ihr versprach, anzurufen, wenn ihre Tochter sich nach kurzer Zeit nicht beruhigen würde, hatte Lina die Sicherheit, die sie benötigte. Der Austausch mit der Erzieherin und die Vereinbarung gaben ihr den nötigen Halt. Sie nahm sich morgens bewusst mehr Zeit zum Kuscheln und Spielen, um das Bindungsbedürfnis ihrer Tochter zu stillen, das sie sonst in der Garderobe zu stillen versucht hatte.

Zusätzlich überlegten sich Lina und ihre Tochter Strategien, um das Bedürfnis nach Geborgenheit zu stillen. Sie packten jeden Morgen einen kleinen Rucksack mit einem T-Shirt, das nach Mama/Papa riecht, einem Stein der mit Mama-/Papaliebe aufgeladen wird, und einem kleinen Foto, auf dem die ganze Familie abgebildet ist. Bereits während dieser Zeit erzählt Lina immer wieder sehr selbstsicher davon, dass heute Kita-Tag ist. Vor der Kita setzen sich die beiden noch mal auf eine Bank und essen gemeinsam ein kleines zweites Frühstück. Über all diese Bindungsstrategien erfüllt Lina ihrer Tochter das Bedürfnis nach Bindung, worüber sich der Trennungsschmerz von Linas Tochter beruhigt.

Lina kündigte ihrer Tochter an, dass sie in der Garderobe nur kurz Tschüss sagen wird. Um ihrem Kind zum Abschied Verbindung und Orientierung zu schenken, spricht sie den genauen Ablauf mit ihr durch und sagt: »Du hast alles, was du brauchst, in deinem Rucksack. Wir schauen noch mal in den Rucksack. Wozu hilft dir der Stein …?« Die Gewissheit, dass auch das Bindungsbedürfnis ihrer Tochter erfüllt war, gab Lina zusätzlich Sicherheit. Auf ein »Ich will nicht reingehen. Ich will bei dir bleiben« reagierte Lina nun mit Einfühlung: »Ich weiß, du würdest viel lieber bei mir bleiben, oder?! Bei mir fühlst du dich besonders sicher, mhhh?! In deinem Rucksack hast du alles, was du für deine Sicherheit brauchst. Du schaffst es, reinzugehen. Ich bin da und helfe dir, dass du das schaffst!« Indem Lina ihrer Tochter Raum für ihr Bedürfnis nach Sicherheit schenkt und sie sich auch davor Zeit nimmt, auf das unerfüllte Bedürfnis nach Sicherheit einzugehen, ermöglicht Lina ihrer Tochter Freiraum. Gleichzeitig spürt Lina, dass ihre Tochter ihre liebevolle Führung braucht.

Deshalb öffnete sie nach der Einfühlung die Tür zur Garderobe, übergab ihre Tochter direkt an die Erzieherin und verabschiedete sich mit einem Abschiedskuss und den Worten: »Ich hole dich nach dem Mittagschlaf ab. Laura kümmert sich um dich.« Ihre Tochter weinte zwar noch, beruhigte sich allerdings innerhalb von wenigen Minuten durch die liebevolle Begleitung von Laura. Voller Stolz erzählte Linas Tochter beim Abholen, was sie alles in der Kita erlebt hatte.

Fazit: Dieses Beispiel zeigt, wie wichtig es ist, dass du dein Bedürfnis nach Sicherheit stillst und ein klares Warum für dich brauchst, um liebevoll die Führung übernehmen zu können, wenn dein Kind überfordert ist. Hinterfrage deshalb gern, welche Angst bei dir ausgelöst wird, wenn dein Kind nicht in die Kita möchte, und wie du dir und deinem Kind Sicherheit schenken kannst, um in die liebevolle Führung zu kommen. Diese Erkenntnisse brauchen manchmal viel Austausch, vielleicht auch nur mit einer guten Freundin und/oder der Erzieherin.

Wenn du jetzt glaubst, dass diese Art zu begleiten sehr viel Zeit kostet, möchten wir dir gern aus unserer Erfahrung heraus sagen, dass ein Wutausbruch am Morgen und das völlige Verweigern des Kindes häufig zeitintensiver und vor allem kräftezehrender sind als die Bedürfniserfüllung beim Kind mithilfe der Strategien, die wir hier aufgezeigt haben. Freiraum für dein Kind schenkt also auch dir Freiraum.

Sätze zum Fliegen

Ich darf mein Kind loslassen.

Ich darf meinem Kind Frust zumuten.

Ich darf den Fähigkeiten meines Kindes vertrauen.

Ich helfe meinem Kind, es zu schaffen.

Mein Kind ist faul und möchte nichts leisten

Immer wieder berichten uns Eltern, dass ihr Kind überhaupt nicht anstrengungsbereit ist und es insbesondere bei Hausaufgaben zu großen Machtkämpfen kommt. Vielen Eltern ist es wichtig, dass ihre Kinder leistungsfähig sind, da sie in ihrer Kindheit gelernt haben, dass ihr eigener Wert an Leistung geknüpft ist. Aus unserer Perspektive ist Leistung an sich kein Wert, da wir Werte mit Bedürfnissen gleichsetzen; wir sprechen stattdessen vom Bedürfnis der Selbstwirksamkeit. Da Eltern oft in großer Sorge sind, ihr Kind würde die Schullaufbahn nicht erfolgreich meistern, greifen sie – wenn es um fehlende Leistungsbereitschaft des Kindes geht – schließlich zu Erziehungsmethoden wie Bestrafung und Belohnung. Uns liegt viel daran, dass Kinder auch in Bezug auf schulische Themen liebevoll geführt werden, und wir möchten dir im Folgenden zeigen, wie du auch dabei mit deinem Kind auf Augenhöhe bleiben kannst.

Aus der Beratung

»Jeden Tag ist es das gleiche Theater und ich gerate mit meiner neunjährigen Tochter beim Hausaufgabenmachen in einen Machtkampf«, erklärt uns Nina in der Beratung. Ninas Tochter besucht die vierte Klasse und weigert sich, ihre Schulaufgaben zu machen. »Erst nach viel Geschrei und Tränen erledigt sie schließlich mehr schlecht als recht, was von der Schule gefordert wird«, berichtet Nina frustriert.

Nina ist selbst in einer Familie aufgewachsen, in der Leistung eine große Rolle gespielt hat. »Wenn du nichts lernst, sitzt du später auf der Straße«, pflegte ihr Vater stets zu sagen. Aus Angst, zu versagen, und um Lob und Anerkennung von ihrem Vater zu erfahren, tat Nina alles dafür, überall die Beste zu sein. Für dieses Streben nach Perfektion erfuhr Nina in ihrer Kindheit vermeintliche Sicherheit und Liebe. Dabei handelte Nina nicht intrinsisch motiviert aus sich heraus, weil ihr Leistung und Erfolge Freude bereiteten. Ihr innerer Motor war ihre Angst – die Angst, die Liebe ihres Vaters zu verlieren, und gleichzeitig die Angst, zu versagen und auf der Straße zu landen. In der Psychologie sprechen wir von der sogenannten extrinsischen Motivation. Wenn Menschen extrinsisch motiviert handeln, agieren sie nicht für sich selbst, weil ihnen eine Tätigkeit Freude macht. Dabei kann es passieren, dass Menschen völlig ausbrennen und verlernen, auf das zu achten, was ihnen guttut.

Ninas Überlebensstrategie war deshalb »Ich muss perfekt und die Beste sein!«, und diese Überlebensstrategie bringt Nina nicht selten völlig an ihre Belastungsgrenze, weil sie ihr Bedürfnis nach Ruhe und Erholung nicht mehr spüren kann. Was aber haben Ninas Versagensangst und ihre Überlebensstrategie, immer perfekt sein zu müssen, mit den Konflikten mit ihrer Tochter beim Hausaufgabenmachen und Lernen zu tun?

Vielleicht kennst du die Antwort, nachdem du in unserem Buch bereits so viel über Prägungen in der Kindheitsgeschichte erfahren hast. Für Nina fühlt es sich bedrohlich und unsicher an, wenn ihre Tochter beim Lernen nicht funktioniert, so wie sie früher funktionieren musste. »Du wirst schon sehen. Du landest auf der Straße, wenn du nicht lernst«, tönt es laut in ihrem Unterbewusstsein. Als Nina in der Beratung ein fantasievolles Bild für diese innere Stimme finden darf, hat sie plötzlich ein kleines völlig aufgebrachtes Männchen vor Augen, das sie panisch anschreit und ihr vermitteln möchte, dass ihre Tochter in Gefahr ist, wenn sie so weitermacht. Unverarbeitete Gefühle aus ihrer Kindheit wie zum Beispiel Stress, Hilflosigkeit und Verzweiflung werden in ihr ausgelöst, wenn ihre Tochter sich weigert, noch eine Matheaufgabe zur Übung zu rechnen. Schließlich signalisiert ihr Nervensystem: »Es geht hier um deine Existenz, Mädchen. Reiß dich zusammen!«

Nachdem Nina diese Erkenntnis hatte, war sie in der Lage, ihr unerfülltes Bedürfnis nach Sicherheit und/oder Liebe zu erkennen. Sie nahm sich fest vor, ihrer Tochter zu vermitteln, dass sie sicher und geborgen ist und unabhängig davon, was sie leistet, geliebt wird. Gleichzeitig konnte sie ganz neue Ziele für sich formulieren, wie sie ihrer Tochter Leistungs- und Anstrengungsbereitschaft vermitteln möchte. In einer Sitzung konnten wir erarbeiten, dass der Wert Leistung für sie eine große Rolle spielt, was ja vollkommen in Ordnung ist. Gleichzeitig möchte Nina aber nicht, dass ihre Tochter lernt: »Du bist nur wertvoll, liebenswert und sicher, wenn du etwas leistest!« Zunächst formulierte Nina also völlig neue Erziehungsziele für sich, die folgendermaßen lauteten:

- Mir ist wichtig, meinem Kind vorzuleben, dass Leistung und Anstrengung Freude machen können.
- Mir ist wichtig, dass mein Kind Anstrengungsbereitschaft ent-

wickelt, um später ein erfülltes und glückliches privates und berufliches Leben führen zu können.

- Mir ist wichtig, dass mein Kind seinen Wert spürt, auch wenn es sich gerade ausruht und eine Pause macht.
- Mir ist wichtig, dass mein Kind lernt, mit Misserfolgen und Frust umzugehen und neuen Mut zu finden, es zu einem anderen Zeitpunkt noch einmal zu versuchen.

Um diese Ziele zu erreichen, ist es wichtig, zu verstehen, dass Kinder durch ihre natürliche Autonomieentwicklung aus sich heraus anstrengungsbereit und wettbewerbsfähig werden und bleiben. Wir nennen diesen Teil der Autonomieentwicklung die Selber-machen-Phase.

Exkurs: Die Selber-machen-Phase

Werfen wir dazu noch einmal einen Blick auf die kindliche Entwicklung. Bereits in der ersten Autonomiephase wollen Kinder sich unbedingt weiterentwickeln und vorankommen. In dieser »Selber-machen-Phase« kann besonders gut beobachtet werden, mit wie viel Freude Kinder aus sich heraus etwas leisten wollen. »Selber machen!«, »Ich will alleine!«, »Ich will das machen!« sind Sätze, die Eltern schon hören, wenn ihre Kinder gerade erst sprechen gelernt haben. Ab dieser ersten Autonomiephase ist es für Kinder deshalb sehr wichtig, dass Eltern wenig Kontrolle und viel Freiraum für Exploration schenken. Wenn Eltern es schaffen, ihre Kinder nicht mit stark kontrollierenden Verhaltensweisen oder Sätzen wie »Pass auf!«, »Vorsicht!«, »Achtung!« einzuschränken, wird in dieser Phase eine gute Basis für Anstrengungsbereitschaft gelegt. Kinder tragen Leistungsbereitschaft also in sich – es dient ihrem Überleben, Dinge selbst zu erlernen, Zusammenhänge zu verstehen. Begleiten Eltern diese intrinsische Leistungsbereitschaft führend liebevoll, so wird sie über die Kindheit hinaus erhalten bleiben.

Aus entwicklungspsychologischer Sicht können Eltern auch noch auf weitere Verhaltensweisen achten, um Leistungs- und Anstrengungsbereitschaft bei ihrem Kind zu fördern. Zunächst ist es wichtig, Kindern so viele Erfahrungen wie möglich und die damit verbundenen Misserfolge und den Frust zuzumuten. Jede Erfahrung, die Kinder durch Ausprobieren machen können, jeder kleine Misserfolg und Fehler führen dazu, dass ein Kind stärker wird und aus seinen Fehlern lernen kann. Es ist also nicht immer nötig, Kindern zum Beispiel Schritt für Schritt zu erklären, wie es den Turm aufbauen soll, damit er nicht umfällt, oder darauf zu pochen, dass die Steckperlen genau so gesteckt werden müssen, damit das Bild danach perfekt aussieht. Kinder dürfen aus ihren eigenen Erfahrungen, Erfolgen und Misserfolgen dazulernen. Es ist lediglich unsere Aufgabe, Kinder durch den Frust zu begleiten, der durch kleine Misserfolge im Alltag entsteht. »Du ärgerst dich, weil der Turm umgefallen ist, stimmt's? Du hast dir so viel Mühe gegeben, dass er stehen bleibt. Das habe ich gesehen. Komm, wir machen eine Pause, und später kannst du es gleich noch mal probieren.«

Wichtig ist natürlich auch, Kindern immer wieder in kleinen Schritten dabei zu helfen, dass aus kleinen Misserfolgen Erfolge werden können. So lernt dein Kind einerseits, mit Misserfolgen umzugehen, und andererseits erlebt es sich durch kleine Erfolge im Alltag fähig und selbstwirksam. Hierzu gehört auch, Kinder nach Niederlagen erneut zu ermutigen und sie wieder liebevoll in herausfordernde Situationen zu führen – allerdings erst, wenn sich die starken Gefühle wie zum Beispiel Frust und Traurigkeit wieder beruhigt haben. Deshalb hilf deinem Kind immer wieder, Erfolgserlebnisse zu haben, indem du herausfindest, was deinem Kind leichtfällt und wo seine Stärken und Interessen liegen. Kinder strengen sich mit großer Freude an, wenn sie sich dabei selbstwirksam erleben, ihre Stärken ausleben können und sich für das Thema interessieren, für welches eine Leistung erbracht werden darf.

Wie du deinem Kind helfen kannst

Kommen wir nun darauf zurück, wie Nina ihre Tochter beim Lernen begleiten könnte. Fest steht, dass Nina keinerlei fürsorgliche Machtstrategie benötigt, um ihre Tochter zum Hausaufgabenmachen zu bewegen. Um sich in ihr Kind einfühlen zu können, benötigt Nina zunächst ganz viel Selbstempathie. Sie redet sich nun in jeder Lernsituation mit ihrer Tochter gut zu und schenkt sich selbst Verständnis. Dann folgt Nina diesen drei Strategien.

Sich selbst auf die Lernsituation vorbereiten

Nina versucht, vor diesen Situationen besonders gut für sich zu sorgen, da ihr bewusst ist, wie wichtig ihre Bedürfniserfüllung für die herausfordernde Situation ist. Sie trinkt noch einmal ausreichend Wasser, isst noch etwas und versucht einige Atemübungen zu machen, um ihr Stresslevel im Körper zu senken. Wenn möglich macht sie davor noch einen kleinen Spaziergang mit ihrem Hund, da sie sich dabei gut entspannen kann. Sie könnte sich während des Spaziergangs sagen: »Ich bin in Sicherheit und ich bin liebenswert.«

Einfühlung in ihre Tochter

Durch diese Vorbereitung und ihre klare innere Haltung gelingt es Nina nun auch immer besser, sich im Moment der Verweigerung in ihre Tochter einzufühlen. Ihr brennen die Sicherungen nicht mehr durch, da sie inzwischen weiß, warum sie so gestresst ist.

Sie erkennt außerdem immer schneller, was bei ihrer Tochter los ist. Manchmal sind ihr die Aufgaben zu schwer, manchmal ist sie einfach nur müde, in manchen Fällen hat sie einen Teil der Materialien in der Schule vergessen oder sie ist sogar unterfordert und gelangweilt davon, eine ähnliche Aufgabe zum zehnten Mal zu rechnen. Je nachdem, welcher Grund hinter der Verweigerung steckt, versucht Nina, ihre Tochter zu verstehen und ihr Gefühl und Bedürfnis zu erkennen. Um dies zu schaffen, half es Nina, ihre Tochter zu massieren, über ihren Kopf zu streicheln oder draußen bei einem kurzen Spaziergang mit ihr zu sprechen. Auf diese Weise gelang es ihr, ihr Herz für ihre Tochter zu öffnen.

Bedürfnisorientierte Strategien

Besonders erleichternd war es für Nina, sich in der Beratung klarzumachen, dass es nichts mit Versagen zu tun hatte, wenn sie ihre Tochter nicht sofort davon überzeugen konnte, mit den Hausaufgaben zu beginnen. Sie erkannte, dass es manchmal mehrere Wege braucht und sie durchaus mehrere Strategien ausprobieren durfte, bis ihre Tochter freiwillig damit begann, ihre Aufgaben zu erledigen. Folgende Reaktionsmöglichkeiten haben ihr geholfen:

1. Friedvolle Reaktionsmöglichkeit: Bedürfnis nach Autonomie stillen

Wenn hinter dem Verhalten ihrer Tochter Autonomie steckt, könnte das Gespräch ungefähr so ablaufen:

»Hast du den Eindruck, dass ich dich kontrolliere?!«

»Ja – immer sitzt du mir im Nacken.«

»Und du kannst gar nicht selbst entscheiden, wann du welche Aufgabe machst und wie?!«

»Genau – das nervt!«

»Okay, ich bedauere sehr, dass du den Eindruck hast, ich würde dich kontrollieren, denn mir ist ja Unterstützung wichtig. Dir ist wichtig, dass du dich selbst ausprobieren kannst mit deinen Hausaufgaben, stimmt's?!«

»Genau.«

»Und hast du eine Idee, wie ich dir dabei helfen kann?«

»Na ja, lass mich doch diese Woche einfach mal alleine probieren, und wenn ich Hilfe brauche, frage ich dich?«

»Okay, so können wir es ausprobieren, und dann sehen wir weiter!«

In den nächsten Tagen machte ihre Tochter die Hausaufgaben zwar jeweils erst abends kurz vor dem Schlafengehen, und einmal schrieb die Lehrerin, dass etwas fehlte. Gleichzeitig waren diese Erfahrungen sehr wertvoll für Ninas Tochter, und sie bat Nina sogar, noch mal mit ihr zu überprüfen, ob sie alles erledigt hatte. Ninas Tochter fühlte sich ernst genommen und durfte mitbestimmen und einige Dinge bei den Hausaufgaben selbst entscheiden, worüber ihr Bedürfnis nach Autonomie erfüllt wurde.

2. Friedvolle Reaktionsmöglichkeit: Bedürfnis nach Sicherheit und Orientierung stillen

Wenn Nina hinter dem Verhalten ihrer Tochter das Bedürfnis nach Sicherheit und Orientierung wahrnimmt, weil ihre Tochter überfordert ist, könnte sie so in das Gespräch einsteigen:
»Ich habe den Eindruck, du bist mit der Anzahl der Aufgaben gerade überfordert, kann das sein?!«
»Ja, total – da blickt ja keiner durch, und ich habe auch keinen Bock darauf!«
»Das ist dir alles zu viel?!«
»Ja!«
»Du brauchst Unterstützung, da durchzublicken, oder?!«
»Ja – das ist einfach zu viel!«
»Okay, darf ich dir helfen, die Aufgaben zu sortieren, und dann schauen wir, wie du es am besten machen kannst?«
»Ja.«
»Ich helfe dir gerne – wir schaffen das! Und wenn es alles in allem zu viel ist, kann ich auch mit der Lehrkraft sprechen! Lass uns doch erst mal schauen, was es für Aufgaben sind.«

Sicherheit und Orientierung bekam Ninas Tochter durch kleine Lernpakete, die sie gemeinsam erstellten und auf Karten schrieben. Jede Karte, die erledigt war, wurde in eine Schatzkiste gelegt. Außerdem half es Ninas Tochter, die Hausaufgaben in zwei kleinere Zeitpakete zu schnüren und feste Zeitpunkte für diese Lernpakete festzulegen. Ein Lernpaket durfte 25 Minuten nicht überschreiten, und alle Aufgaben, die bis dahin nicht erledigt waren, wurden am Wochenende nachgearbeitet, wenn Nina das in Absprache mit der Lehrkraft als sinnvoll erachtete. Der Fokus lag also nicht auf der Menge der Aufgaben, sondern auf der Zeit, in der Ninas Tochter fokussiert arbeitete.

Als sich eine Routine ergab, begann das erste Lernpaket direkt nach der Ruhepause nach dem Mittagessen um 14 Uhr und das zweite Lernpaket um 17 Uhr. So konnte sich Ninas Tochter dazwischen draußen an der frischen Luft austoben und wieder motivierter starten. Eine weitere Strategie, die half und Sicherheit gab, war die Vorbesprechung der kleinen Aufgaben auf den Kärtchen. Ninas Tochter lernte so, sich die folgenden Fragen zu stellen: Was genau ist zu tun? Welche Hefte und Bücher benötige ich?

3. Friedvolle Reaktionsmöglichkeit: Bedürfnis nach Selbstwirksamkeit stillen

Wenn Schulaufgaben langweilig sind und Kinder sich deshalb unterfordert fühlen, kann es durchaus zur Verweigerung bei den Hausaufgaben kommen. Deshalb ist es gut, herauszufinden, ob dein Kind die geforderten Aufgaben vielleicht bereits im Schlaf lösen kann. Sollte dies der Fall sein, braucht dein Kind komplexere Aufgaben. Ihr könntet euch stattdessen ein Lernvideo zum Thema anschauen, in welchem das Thema noch einmal auf eine andere Weise erläutert wird, oder du schreibst deinem Kind schwierigere Aufgaben auf. In solchen Fällen kannst du mit deinem Kind immer wieder eigenverantwortlich entscheiden und Hausaufgaben auch mal weglassen. Hierzu empfehlen wir dir, das Gespräch mit der Lehrkraft zu suchen, um gemeinsam eine Lösung für dein Kind zu finden. Es gibt zum Beispiel auch die Möglichkeit, ein sogenanntes Forderheft für dein Kind zu besorgen, in welchem es anspruchsvollere Aufgaben bearbeiten kann.

4. Friedvolle Reaktionsmöglichkeit: Bedürfnis nach Entspannung/Ruhe stillen

Dein Kind saß morgens bereits sechs Schulstunden auf seinem Stuhl und hat im schlimmsten Fall wenig Bewegung gehabt und sich extrem angestrengt, den Anforderungen in der Schule gerecht zu werden. Sollte dein Kind die Hausaufgaben am Nachmittag zu Hause erledigen und dabei von Mama oder Papa begleitet werden, sind Konflikte vorprogrammiert. Die Kooperationsbereitschaft ist dann bei vielen Kindern aufgebraucht, und dein Kind bringt dann eventuell jede Menge Überreizung und Müdigkeit ungefiltert zum Ausdruck.

Dieser Stressabbau kann sich auch in starken Wutausbrüchen zeigen. Da dein Kind vermutlich genau spürt, wie grenzenlos und bedingungslos deine Liebe ist, zeigt es sich von seiner verletzlichsten Seite. Gerade dann ist es abhängig davon, dass du ihm seine Liebe zeigst. Diese Strategie half auch Nina mit ihrer Tochter. Sie schenkte ihr nach dem Mittagessen zunächst ganz viel Freiraum, sich auszuruhen und zu entspannen. Liebevolle Führung durfte Nina allerdings übernehmen, indem sie darauf achtete, dass ihre Tochter auch wirklich zur Ruhe kam. Anstatt eine Stunde Hörspiel zu hören oder fernzusehen, einigten sich die beiden darauf, dass Ninas Tochter draußen mit den Freunden spielen, lesen, Musik hören, malen oder basteln konnte.

All diese Strategien halfen Ninas Tochter, ihre Gefühle zu verarbeiten und das Bedürfnis nach Entspannung und Ruhe zu stillen. Da auch das Bedürfnis nach Austausch an einem Schulmorgen meist zu kurz kommt, kann es auch helfen, mit deinem Kind über eine lustige Geschichte oder die Planung von schönen gemeinsamen Aktivitäten in Verbindung zu kommen. Denn vielleicht geht es dir so wie fast allen Eltern, die wir begleiten – von Kita oder Schule erzählen viele Kinder nicht allzu gern. Deshalb suche gern einen anderen Zugang, um das Bedürfnis nach Austausch bei deinem Kind zu stillen. Ihr könnt zum Beispiel auch versuchen, einen Freund oder eine Freundin zum Hausaufgabenmachen oder Lernen einzuladen.

Sätze zum Fliegen

Ich liebe mich, auch wenn ich nichts tue.

Ich bin wertvoll, ohne zu leisten.

Ich darf einfach nur sein.

Leisten darf leicht sein.

Leisten darf Freude machen.

Tipp: Wenn du selbst ein Mensch bist, der Leistung stark mit seinem Wert verknüpft, versuche immer wieder mal auszuhalten, wirklich nichts zu tun. Mit jeder Wiederholung wirst du mehr und mehr erkennen, dass du auch in Sicherheit bist, wenn du gerade nichts leistest.

Mein Kind lügt

Kerstin kommt mit den Getränken aus dem Keller und der dreieinhalbjährige Laurenz hat überall Schokolade im Gesicht und an den Händen. Auf die Frage, ob er heimlich Schokolade gegessen habe, antwortet er überzeugt mit: »Nein! Habe ich nicht!« Vermutlich kannst du schmunzelnd auf diese kleine Lüge reagieren, da es sich dabei um eine Notlüge handelt.

Kinder lügen auch, wenn sie sich in der magischen Phase befinden. Dies zeigt sich meist zwischen dem dritten und fünften Lebensjahr und manchmal auch noch darüber hinaus. Mit felsenfester Überzeugung erzählen Kinder in dieser Phase von Monstern, Hexen, Gespenstern oder unsichtbaren Freund*innen, da sie in ihrer kindlichen Vorstellung diese Wesen wirklich wahrnehmen. Doch gibt es durchaus schwerwiegendere Lügen, bei denen Eltern nicht so entspannt und gelassen reagieren können, vor allem dann nicht, wenn diese weitreichende Folgen haben und andere Menschen durch die Lügen Schaden nehmen.

Wenn Kinder beispielsweise in der Schule Lügen erzählen und andere Kinder dadurch verletzt werden, würden wir diese als folgenschwere Lügen bezeichnen. Hierzu gehört auch das Stehlen von Gegenständen, das mit einer Lüge abgestritten wird. Gerade in solchen Situationen brauchen Eltern und pädagogische Fachkräfte klare Handlungsstrategien, wie sie liebevoll führend reagieren können, um Kindern das zu geben, was sie in diesen Momenten brauchen. Gern möchten wir zunächst wieder zeigen, was mit dem inneren Kind passiert, wenn das eigene Kind lügt. Danach beschreiben wir häufige Ursachen und unerfüllte Bedürfnisse, die sich hinter Notlügen und folgenschweren Lügen verbergen, und zeigen, wie du bedürfnisorientiert auf Lügen deines Kindes reagieren und deinem Kind Freiraum für seine Persönlichkeitsentfaltung schenken kannst.

Deine empathische und klare innere Haltung bei Lügen

Wie reagiert dein inneres Kind, wenn dein Kind lügt? Schreit es vielleicht laut auf: »Lügen haben kurze Beine!«, »Du musst immer die Wahrheit sagen!«, »Du musst ehrlich sein!«, »Man lügt nicht!«, »Wenn du lügst, dann …!« Dann was? Was ist passiert, wenn du als Kind gelogen hast? War das vielleicht gefährlich für dich? Welche Bedürfnisse wurden dir als Kind nicht mehr erfüllt, wenn du einmal gelogen hast?

Viele Eltern wurden in ihrer Kindheit für Lügen verurteilt oder durch Liebesentzug bestraft, und vielleicht erging es dir genauso oder so ähnlich. Diese Bestrafung ging vielleicht nicht nur von den Eltern aus, sondern vielleicht auch von Lehrkräften oder von der Freundesgruppe in der Schule. Wer lügt, wird auf dem Pausenhof in der Schule gern mal ausgeschlossen, und wer lügt, dem glaubt man in Zukunft nicht mehr. Eltern haben deswegen verständlicherweise mit starken Gefühlen zu kämpfen, wenn ihre Kinder lügen. Schließlich ist ihnen wichtig, dass ihr Kind ein ehrlicher Mensch wird, damit es enge Freundschaften und gute Beziehungen führen lernt. Die eingebrannten Glaubenssätze lösen Angst, Scham und Schuld aus, wenn die eigenen Kinder lügen. Versuche also, die Vogelperspektive einzunehmen und hinter das Verhalten deines Kindes zu schauen. Stell dir dann gern die Frage, aus welcher Not heraus dein Kind eine folgenschwere Lüge erzählt hat. Gern möchten wir dir zeigen, warum du dich entspannen darfst, wenn dein Kind lügt, und dir die Sicherheit geben, dass dein Kind durch deine liebevolle Führung ein zutiefst ehrlicher Mensch sein und bleiben kann.

Notlügen

Die sogenannte emotionale Perspektivübernahme beginnt bei Kindern schon ab zwei bis zweieinhalb Jahren, was bedeutet, dass Kinder bereits erfühlen können, dass sein Gegenüber anders fühlt. Ab dem dritten Lebensjahr können sie sich mehr und mehr in andere Menschen einfühlen. Und etwa ab dem vierten Lebensjahr erlernen Kinder die kognitive Perspektivübernahme. Kinder sind dann in der Lage, zu verstehen, dass andere Menschen andere Gedanken haben und dass ihr eigenes Handeln die Gedanken und Gefühle anderer Menschen beeinflussen kann. Sie verstehen deshalb auch, welche Verhaltensweisen und Handlungen andere Menschen verletzen könnten. Da Kinder soziale Wesen sind, beginnen sie in dieser Phase, Rücksicht auf die Gefühle anderer zu nehmen. Sie möchten niemandem wehtun und niemanden enttäuschen. Deshalb kann es durchaus sein, dass Kinder bereits ab diesem Alter lügen, um andere Menschen vor unangenehmen Gefühlen zu schützen. Insbesondere dann, wenn Kinder zu Hause lernen, dass sie die Verantwortung für die Gefühle anderer tragen. Durch Sätze wie »Das macht die Mama aber traurig, wenn du das machst!«, »Schau mal, wie wütend

Papa jetzt wegen dir ist« können Kinder schnell zu kleinen Menschen werden, die besonders häufig Notlügen verwenden. In Kapitel 3 findest du zahlreiche Anregungen, wie du mit deinem Kind sprechen kannst, ohne ihm Schuldgefühle zu machen. Hintergrund ist also, dass manche Kinder schon sehr früh gelernt haben, mehr auf die Gefühle und Bedürfnisse anderer als auf die eigenen Bedürfnisse zu schauen.

Friedvolle Reaktionsmöglichkeiten auf Notlügen

*1. Vermittle deinem Kind: Jede*r ist für seine Gefühle selbst verantwortlich*

Vermittle deinem Kind bereits ab dem vierten Lebensjahr, wenn es die kognitive Perspektivübernahme beherrscht, dass es nicht verantwortlich für die Gefühle anderer Menschen ist. Wenn es dir möglich ist, lebe deinem Kind vor, wie du ehrlich und klar Grenzen zeigst, anstatt Notlügen zu erfinden, um andere Menschen zu schützen.

2. Auf Geheimnisse verzichten

Pflegt in eurer Familie einen offenen Umgang miteinander und versucht, euch gegenseitig nichts zu verheimlichen, um Konflikte zu vermeiden. An eurem Vorbild lernt euer Kind, dass durch Offenheit auch Konflikte entstehen können und diese danach friedvoll gelöst werden dürfen.

3. Gespräche über Alternativen zu Notlügen

Wenn du dein Kind dabei beobachtest, wie es Notlügen anwendet, versuche zu einem passenden Zeitpunkt ganz in Ruhe mit ihm über seine Notlügen zu sprechen.

»Ich habe heute Bauchweh und kann nicht zu deiner Geburtstagsparty kommen«, erklärt der sechsjährige Friedrich seinem Freund, obwohl er sich eigentlich nur nicht traut, ohne seinen Papa auf eine Party zu gehen. Offensichtlich möchte Friedrich seinen

Freund einerseits nicht verletzen, und andererseits schämt er sich dafür, dass er sich noch nicht traut, alleine auf eine Party zu gehen. Friedrichs Papa kann ihm jetzt dabei helfen, sich selbst besser zu verstehen, indem er mit ihm über seine Gefühle und Bedürfnisse spricht. Besonders wichtig ist bei diesem Gespräch, dass ihr über Alternativen sprecht, die sich auf die Zukunft beziehen. Ansonsten hat dein Kind das Gefühl, einen Fehler gemacht zu haben. Wenn ihr allerdings Lösungsvorschläge für die Zukunft besprecht, kann dein Kind diese viel leichter annehmen. Gib deinem Kind also gern das Gefühl, dass es sein gerade Bestmögliches gegeben hat, auch wenn es eine Notlüge verwendet hat.

Diese Möglichkeiten hättest du beispielsweise:

»Dir ist wichtig, dass Friedrich glücklich ist, weil er dein Freund ist, stimmt's?!«

»*Ja.*«

»Deswegen hast du ihm gesagt, dass du Bauchschmerzen hast?!«

»*Ja.*«

»Mhm, hast du Sorge, dass er sonst enttäuscht wäre und nicht mehr dein Freund sein möchte?!«

»*Ja genau!*«

»Okay, kann es sein, dass du es gerne schaffen möchtest, auf den Geburtstag zu gehen?!«

»*Ja, ich würde schon gerne hingehen.*«

»Wie fühlt es sich an, Friedrich nicht die Wahrheit zu sagen?«

»*Doof.*«

»Hm, hast du eine Idee, was wir machen könnten, damit du dich wohler fühlst?«

Sollte dein Kind keine Idee haben, darfst du es gern fragen, ob du einen Vorschlag machen darfst, und wenn dein Kind dann bereit ist, den Vorschlag anzuhören, könnte dieser so aussehen:

1. Alternative: Offen über Gefühle und Bedürfnisse sprechen: »Wie wäre es, wenn du deinem Freund beim nächsten Mal sagst:

›Ich möchte sehr gern auf deinen Geburtstag kommen. Wäre es okay, wenn meine Mama am Anfang mit dabei ist? Dann fühle ich mich sicherer. Ich war noch nicht so oft alleine auf einem Geburtstag‹, oder ich spreche mit deinem Freund. Was denkst du?«

2. Alternative: Unterstützung annehmen, um es zu schaffen: »Wie wäre es, wenn ich mit Friedrichs Mama spreche und sie frage, ob ich ihr beim Geburtstag helfen darf? Dann bin ich mit dabei und du fühlst dich sicherer. Bestimmt würde sich Friedrichs Mama über meine Unterstützung freuen.«

Solltest auch du manchmal zu Notlügen greifen, weil du niemand vor den Kopf stoßen möchtest, versuche deinem Kind ab sofort vorzuleben, zu deinen Handlungen zu stehen. Erlaube deinem Kind gleichzeitig, sich auszuprobieren, und verurteile es nicht, wenn es eine Notlüge anwendet. Der Freiraum für dein Kind entsteht, wenn ihr offen darüber sprechen könnt und du ihm Akzeptanz für seine Gefühle schenkst, die sich hinter der Notlüge verbergen.

Umgang mit folgenschweren Lügen

Wenn Kinder folgenschwere Lügen erzählen, ist das meist ein Zeichen dafür, dass Kinder sehr verzweifelt sind und nur die Strategie der Lüge wählen können, um für sich zu sorgen.

Anna, die ihrer Mitschülerin Mira vorwarf, sie hätte ihre Uhr geklaut, war in Wirklichkeit vor allem sehr verzweifelt. »Mira hat mir meine Freundin Luisa weggenommen!«, erklärte sie mir, als ich mit ihr über ihr Verhalten sprach. »Sie schließen mich immer aus und ich darf nicht mehr mitspielen.« Anna war also einsam und hatte große Angst, ihre Freundin zu verlieren, und sie spürte Hass gegenüber Mira, die aus ihrer Sicht ihre Freundin in Beschlag nahm. Dabei war es ihr so wichtig, dazuzugehören. Aus dieser Verletzung heraus hatte sie die Lüge mit der Uhr in die Welt gesetzt.

Immer wieder lügen Kinder auch, weil sie große Angst vor Verurteilung haben. Sie haben Angst, ausgeschimpft oder für ihr Verhalten bestraft zu werden, und erzählen deshalb nicht die Wahrheit, um sich selbst vor Liebesentzug, Meckern, Nörgeln, Vorwürfen oder Schreien der Eltern zu schützen.

Friedvolle Reaktionsmöglichkeiten auf folgenschwere Lügen

Wenn du in dir die Bereitschaft spürst, mit deinem Kind zu sprechen, sorge für einen geschützten Raum, in dem ihr euch beide wohlfühlen könnt. Vielleicht kuschelt ihr euch aufs Sofa oder ihr sprecht abends, wenn dein Kind im Bett liegt und ausreichend Ruhe für ein Gespräch ist. Es ist nicht zielführend, dein Kind sofort mit der Lüge zu konfrontieren, sobald du davon erfährst, weil dein Kind dann eine Abwehrhaltung einnehmen wird. Wichtig ist auch, das Gespräch nicht vor anderen zu führen, sondern für ein vertrauensvolles Umfeld zu sorgen, da dein Kind nicht beschämt werden sollte.

Sage zum Beispiel in einem vertrauensvollen Moment: »Mir ist wichtig, zu verstehen, warum du das erzählt hast. Ich bin für dich da und wir finden eine Lösung.« Anstatt dein Kind zu belehren, versuche, dich zurückzunehmen und deinem Kind ganz genau zuzuhören. Achte beim Zuhören darauf, welche Gefühle du bei deinem Kind wahrnimmst und welche unerfüllten Bedürfnisse dazu geführt haben, dass dein Kind gelogen hat. Versuche, während du zuhörst, eine offene und zugewandte Körperhaltung einzunehmen. Du könntest dich auf Augenhöhe deines Kindes begeben und ihm immer wieder verständnisvoll zunicken. Hilf deinem Kind mit nur wenigen Sätzen, sich selbst besser zu verstehen. So könntest du zum Beispiel sagen: »Kann es sein, dass du ganz verzweifelt und hilflos warst, weil du deine Freundin vermisst?«

Sobald sich dein Kind mit seiner Not gesehen fühlt und spürt, dass es nicht für sein Verhalten verurteilt wird, ist es vielleicht bereit für eine Lösung. Zeige deinem Kind, dass es sein Verhalten bedauern und wiedergutmachen kann. Kinder sind nämlich häufig sehr beschämt, nachdem sie gelogen haben, weil sie selbst keinen Ausweg aus der Situation sehen und sich ohnmächtig fühlen. Natürlich kannst du ihm auch helfen, zu verstehen, welche Folgen seine Lüge für andere Menschen und auch für es selbst hatte, indem ihr euch gemeinsam überlegt, wie sich die Betroffenen fühlen. Sprich in diesem Moment gern auch noch einmal darüber, dass alle Gefühle in Ordnung sind und sein dürfen, dass Lügen jedoch Konsequenzen haben können, wie zum Beispiel, dass andere Menschen das Vertrauen verlieren könnten, und es deshalb wichtig ist, andere Wege zu finden, mit den Gefühlen umzugehen.

Die folgenden Formulierungshilfen geben dir eine Orientierung, was du sagen oder tun könntest. Diese Formulierungshilfen sind etwa ab dem achten Lebensjahr geeignet. Davor kannst du diese gerne kindgerecht anpassen und darauf achten, dein Kind nicht mit zu vielen Informationen zu überfordern.

Formulierungshilfen

- »Kann es sein, dass du deine Lüge bedauerst und es wiedergutmachen möchtest? Wollen wir uns gemeinsam überlegen, was du tun könntest?! Ich helfe dir gerne dabei.«
- »Du hast dich … gefühlt und hättest … gebraucht. Was glaubst du, wie es … ging, nachdem er/sie gehört hat, was du erzählt hast?«
- »Lügen können dazu führen, dass andere Menschen das Vertrauen verlieren. Ist es dir wichtig, deinen Freunden vertrauen zu können und zu wissen, dass sie dir die Wahrheit erzählen?«
- »Was könntest du beim nächsten Mal tun, wenn du ganz verzweifelt bist und … brauchst? Hast du eine Idee?«

Sätze zum Fliegen

Hinter jeder Lüge verbergen sich unerfüllte Bedürfnisse.

Mein Kind lügt, weil es mir etwas über sich erzählen möchte.

Mein Kind braucht meine Hilfe und mein Vertrauen, wenn es lügt.

Tipp: Bedanke dich von Herzen für die Ehrlichkeit. Sprich gern aus, wie du dich fühlst, wenn dein Kind offen mit dir über seine Lüge spricht, und sage zum Beispiel: »Vielen Dank, dass du mir alles so offen erzählt hast. Ich freue mich sehr, da es mir ganz wichtig ist, dass wir beide ehrlich zueinander sind.« So schenkst du deinem Kind Wertschätzung.

Gerade wenn Lügen sehr schwerwiegend sind, braucht dein Kind deinen Halt und die Gewissheit, dass es weiterhin von seinen Eltern geliebt wird. Ganz besonders wichtig ist natürlich auch, dass du Ehrlichkeit vorlebst. Dein Kind lügt zu keiner Zeit aus böser Absicht, sondern es hat einfach noch keine bessere Strategie, um einen inneren Konflikt zu bewältigen. Da Kinder aufgrund ihrer fehlenden Reife noch sehr impulsgesteuert handeln, benötigt es viel liebevolle Begleitung und viele Gespräche, damit es alternative Strategien für das Lügen umsetzen kann. Wenn Kinder konsequent leugnen, was sie getan haben, liegt das oft daran, dass sie große Angst vor unverhältnismäßigen Konsequenzen haben. Deshalb haben Kinder auch große Wertschätzung verdient, wenn sie sich überwinden, die Wahrheit zu sagen.

Mein Kind hält sich nicht an Regeln

Regeln helfen einer Gemeinschaft dabei, sich wohlzufühlen. Durch Regeln werden menschliche Bedürfnisse nach Ordnung, Struktur und Orientierung und nach Ritualen erfüllt. All diese Bedürfnisse gehören zum Grundbedürfnis nach Sicherheit. Eltern leiden oft darunter, wenn sich ihre Kinder nicht an gewisse Regeln halten, da sie selbst als Kind funktionieren mussten und, wenn sie dies nicht taten, Bestrafung oder Belohnungsentzug erfuhren. Deshalb fühlt es sich für Eltern bedrohlich an, wenn ihre Kinder gegen Regeln aufbegehren.

Deine klare und empathische innere Haltung

Auch hier möchten wir dich einladen, in eine klare und empathische innere Haltung zu kommen. Hierzu darfst du wie immer zunächst einen Blick darauf werfen, wie es dir selbst als Kind mit Regeln erging. Was wäre passiert, wenn du dich nicht an vorgegebene Regeln gehalten hättest? Und was ist passiert, wenn du dich wirklich nicht an Regeln gehalten hast? Hattest du Angst vor Strafe oder den Entzug von Belohnung, wenn du gegen Regeln verstoßen hast? Hat das vielleicht sogar dazu geführt, dass du dich nur an die Regeln gehalten hast, wenn die erwachsene Person dich kontrollieren konnte? Durch die Fragen wird dir wahrscheinlich bewusst, dass du dich als Kind vermutlich häufig an Regeln gehalten hast – aus Angst vor Strafe oder aus Angst, keine Belohnung zu erhalten.

Da du in deiner Erziehung auf Belohnung und Bestrafung verzichten möchtest, ist es wahrscheinlich dein Ziel, dass dein Kind sich aus freier Entscheidung heraus an Regeln hält. Deswegen verwenden wir gern das Wort Vereinbarungen oder auch Abmachungen anstatt Regeln. Denn wenn Kinder im Dialog mit ihren Bezugspersonen vereinbaren oder abmachen, was es für das Wohl der Gemeinschaft braucht, fühlen sie sich ernst genommen, gehört und gesehen und sind freiwillig bereit, sich an das zu halten, was gemeinschaftlich vereinbart wurde. Das Erfreuliche daran ist, dass Kinder dann selbst hinter der Vereinbarung stehen können und sich viel wahrscheinlicher auch an die Vereinbarung halten, wenn du nicht dabei bist.

Erinnere dich an dieser Stelle an deine empathische Grundhaltung und hab Vertrauen, dass dein Kind ein großes Interesse daran hat, dass es jedem in einer Gruppe gut geht. Wie das genau aussehen kann, zeigen wir nach einem kurzen Exkurs zur kindlichen Entwicklung.

Exkurs: Was wir von Kindern in Hinblick auf Vereinbarungen erwarten können

Aufgrund der fehlenden Reife von Kindern ist es ihnen allerdings noch nicht möglich, sich jederzeit und in jeder Situation an Vereinbarungen zu halten. Weiter oben haben wir bereits erklärt, dass Kindern dies insbesondere in den drei Autonomiephasen, in Übergangssituationen und auch dann, wenn andere Bedürfnisse beim Kind unerfüllt sind, schwerfällt (vgl. Seite 192). Deswegen ist es hilfreich, den Anspruch loszulassen, dass dein Kind sich jederzeit an Vereinbarungen hält. Kinder reagieren nämlich in vielen Situationen – je nach Entwicklungsphase und aktuellem Zustand – sehr impulsgesteuert und brauchen deshalb viele Erinnerungen an Vereinbarungen oder neue Absprachen, die besser zur aktuellen Situation passen. Grundsätzlich gilt auch hier, dass dein Kind an deinem Vorbild lernt, sich an Vereinbarungen zu halten. Deshalb achte darauf, zu deinem Wort zu stehen und konsequent danach zu handeln, was du deinem Kind versprichst. Andererseits darfst du dein Kind immer wieder an Vereinbarungen erinnern und ihm damit einen klaren Rahmen vorgeben, in welchem dein Kind eure Vereinbarungen frei mitgestalten kann. Auch hier gilt: Wenn dein Kind sich nicht an die Vereinbarung hält, macht es das niemals aus böser Absicht, sondern braucht schlicht deine Hilfe, um in die Umsetzung zu kommen. Eventuell braucht es sogar eine neue Vereinbarung.

Um Vereinbarungen auf Augenhöhe zu finden, braucht es also immer wieder neue Gespräche mit deinem Kind. Je älter dein Kind ist, desto mehr Freiraum kannst du ihm schenken. Je jünger dein Kind ist, desto höher ist die Wahrscheinlichkeit, dass du es mit zu vielen Worten überforderst. In diesen Momenten hilft dann das Vorleben und Handeln. In welchen Situationen du deinem Kind Freiraum schenken kannst, wenn es um Vereinbarungen geht, zeigen wir an folgendem Beratungsbeispiel.

Aus der Beratung

Laras Sohn ist elf Jahre alt, und aus ihrer Sicht herrscht in seinem Kinderzimmer ein großes Chaos. Immer wieder versucht sie, ihr Kind dazu zu bringen, dass er sein Zimmer aufräumt, doch vergebens. Sie stellt die Regel auf, dass er mindestens einmal pro Woche sein Zimmer in Ordnung bringen soll. Auch im Wohnzimmer verteilt ihr Sohn seine Sachen, ohne sie danach wegzuräumen. Lara ist verzweifelt und hilflos, weil er sich einfach nicht an die Regel zum Aufräumen hält.

Lara hat ein großes Bedürfnis nach Ordnung, worüber sie sich auch das Oberbedürfnis nach Sicherheit erfüllt. Ihr Sohn fühlt sich auf Rückfrage in seinem Chaos wohl und möchte selbst entscheiden, wie es in seinem Zimmer aussieht (Bedürfnis nach Autonomie). Gleichzeitig geht es bei der Ordnung im Wohnzimmer um einen Gemeinschaftsraum, in dem sich ja auch andere Menschen wohlfühlen möchten. Solange im Kinderzimmer nichts verschimmelt oder andere gesundheitsgefährdende Dinge passieren, kann Lara ihrem Sohn weiterhin Freiraum in einem vorgegebenen Rahmen schenken und beispielsweise folgende friedvolle Reaktionsmöglichkeiten wählen:

1. Friedvolle Reaktionsmöglichkeit: Gespräch über das Kinderzimmer

Lara könnte das Gespräch mit ihrem Sohn suchen und wertfrei beschreiben: »Fühlst du dich wohl, so wie es in deinem Zimmer aussieht und riecht? Du möchtest selbst über dein Zimmer bestimmen, oder?! Es ist dein Zimmer. Wenn ich das sehe, bin ich ganz genervt, weil mir Ordnung wichtig ist. Mir gibt Ordnung Sicherheit, gleichzeitig ist das dein Zimmer. Du entscheidest.« Wenn ihr Sohn ihr entgegnet, dass er sich in seinem Zimmer so wohlfühlt, ist es aus unserer Sicht nicht zielführend, den Jungen zum Aufräumen zu zwingen. Gleichzeitig ist es wichtig, dass Lara immer wieder mit ihrem Sohn ins Gespräch geht und ihm die Möglichkeit gibt, selbst Lösungsvorschläge zu finden, damit sich alle wohlfühlen können. Sollte ihr Sohn keine Lösungsvorschläge haben, könnte sie ihren Sohn fragen, ob er ihre Ideen hören möchte.

Sie könnte ihn zum Beispiel fragen, ob er Hilfe benötigt, wenn er etwas nicht findet, oder ob sie das Zimmer gemeinsam aufräumen wollen und dabei ein Ordnungssystem schaffen, das ihm hilft, selbstständig Ordnung zu halten. Die lockere Vereinbarung könnte lauten: »Wir sprechen regelmäßig darüber, wie du dich in deinem Kinderzimmer fühlst, und ich bin bereit, dir beim Aufräumen zu helfen, wenn du so weit bist.« Auch könnte Lara ihren Sohn fragen, wie er sich fühlt, wenn ein Freund zu Besuch kommt und er in seinem Zimmer die Spielsachen nicht findet. Wichtig ist in jedem Fall, dass Lara ihrem Sohn hilft, ins Fühlen zu kommen, damit er aus sich heraus die Bereitschaft entwickelt, dafür zu sorgen, sich in seinem Umfeld wohlzufühlen. Hierzu braucht es viele Gespräche und liebevolle Führung.

2. Friedvolle Reaktionsmöglichkeit: Ordnung im Wohnzimmer

Im Wohnzimmer geht es ja um die Bedürfnisse aller Familienmitglieder. Lara braucht sofort Ordnung, und ihr Sohn würde auch dort gern alles frei herumliegen lassen, was er zum Spielen benutzt.

Lara könnte nun folgendes Gespräch führen: »Du möchtest die Sachen liegen lassen oder selbst bestimmen, wann du sie wegräumst, stimmt's?! Mir ist wichtig, dass es im Wohnzimmer ordentlich ist, das gibt mir Sicherheit. Über dein Zimmer darfst du bestimmen, es ist dein Zimmer. Was machen wir jetzt mit dem Wohnzimmer?« Der Vorschlag ihres Sohnes könnte lauten: »Ich räume es immer vor dem Abendessen weg und bestimme bis dahin selbst den Zeitpunkt des Aufräumens.« Wenn sich Laras Sohn dann nicht an die Vereinbarung hält, braucht er Unterstützung in Form einer Erinnerung: »Denkst du an unsere Vereinbarung? Im Wohnzimmer liegen noch die Sachen und es gibt gleich Abendessen.« Sollte ihr Sohn seine Spielsachen dann immer noch nicht vor dem Abendessen wegräumen, hat Lara die Möglichkeit, erneut das Gespräch zu suchen und dranzubleiben. Eventuell kann die Vereinbarung dann noch einmal verändert und gemeinsam neu überdacht werden. Eventuell braucht er Hilfe, wie er sich beim Erledigen seiner Aufgabe sein Bedürfnis nach Spiel und Spaß erfüllen kann. Vielleicht hilft ja Musik, Aufräumen als Düsenflieger oder gemeinsames Aufräumen um die Wette. Durch den Freiraum, den Lara ihrem Sohn schenkt, macht er wichtige Erfahrungen, fühlt sich ernst genommen, darf selbst ins Spüren kommen, was sein Bedürfnis nach Ordnung betrifft, und lernt dadurch: Ordnung ist in unserer Familie wichtig, weil sie uns Sicherheit schenkt.

Lara könnte sogar so weit gehen und an bestimmten Tagen ausnahmsweise für ihren Sohn vor dem Abendessen aufräumen. So würde sie Unterstützung und Kooperationsbereitschaft vorleben. Sie könnte sagen: »Ich sehe, du bist gerade richtig müde und hast in der Schule richtig viel Stress. Ich übernehme das heute mal für dich.« So lernt Laras Sohn, sich gegenseitig in herausfordernden Zeiten zu unterstützen. Und dann könnte es Abende geben, an denen gemeinsam entschieden wird, dass die Sachen liegen bleiben und am nächsten Morgen aufgeräumt wird. Gleichzeitig kann Lara wertschätzen, wenn ihr Sohn sich an die Vereinbarung hält, indem sie ihre Gefühle beschreibt und ihm erklärt, welches Bedürfnis er ihr gerade durch sein Verhalten erfüllt hat. Das könnte beispielsweise so aussehen: »Heute war das Wohnzimmer vor dem Abendessen aufgeräumt, wie wir es besprochen haben. Das war ich heute echt erleichtert, weil ich einen anstrengenden Tag in der Arbeit hatte. Danke für dein Mitmachen und deine Unterstützung!«

Formulierungshilfen, um gemeinsame Lösungen zu finden

- »Du möchtest selbst bestimmen, wann du das machst, weil das dein ... ist. Gleichzeitig ist mir wichtig, ... Hast du eine Idee, wie wir das lösen?«
- »Du möchtest gefragt werden, oder?! Deine Meinung ist mir wichtig, gleichzeitig ist auch mein Bedürfnis wichtig. Wie würdest du das jetzt lösen?«
- »Mir ist wichtig, dass sich alle hier wohlfühlen. Du brauchst ... Deiner Schwester braucht ... und ich brauche ... Wer hat Ideen, wie wir das lösen?«
- »Ich habe einen Vorschlag. Möchtest du ihn hören?«

Sätze zum Fliegen

Wir finden immer eine gemeinsame Lösung – manchmal vielleicht auch erst später.

Ich darf meine Meinung ändern.

Ich darf meinem Kind entgegenkommen.

Vereinbarungen dürfen Freiraum lassen.

Mein Kind handelt für sich, nicht gegen mich, wenn es sich nicht an Vereinbarungen hält.

Meine Kinder streiten sich

Das Thema Streit und Gewalt unter Geschwistern wurde schon in den vorausgehenden Kapiteln immer wieder aufgegriffen, da es bei vielen Konflikten entweder den Schutzschild, die Schützende Gewalt, die Stellvertretende Kraft oder die Einhaltung der Hierarchie erfordert. Es gibt allerdings auch zahlreiche Konflikte unter Geschwistern, die mit viel Freiraum und einem vorgegebenen Rahmen gelöst werden können. Je älter deine Geschwisterkinder sind, desto mehr kannst du sie bei Lösungsfindungen miteinbeziehen und Geschwisterkonflikte sogar als Chance sehen, damit deine Kinder sich selbst besser kennenlernen. So lernen Kinder nämlich insbesondere in Interaktion mit ihren Geschwistern die gesamte Bandbreite ihrer Gefühle kennen und erfahren recht früh, dass andere Familienmitglieder auch Bedürfnisse haben. Die folgenden Anregungen kannst du auch auf das Thema Streit mit anderen Kindern übertragen. Wichtig ist uns bei Streit unter Kindern, dass Kinder lernen, ihre eigenen Grenzen zu wahren, und dass Eltern darauf achten, dass ihre Kinder nicht Verantwortung für die Bedürfniserfüllung des anderen Kindes übernehmen müssen. Konkret heißt das, dass du als Mama/Papa dafür sorgst, dass jedes Kind sein Bedürfnis erfüllt bekommt – und dass die Kinder dann mitbestimmen dürfen, wie das aussehen könnte.

Deine innere Haltung

Wenn sich (deine) Kinder streiten, schau gern zunächst darauf, was bei dir innerlich passiert. Fühlt sich das bedrohlich für dich an? Fühlst du dich unsicher oder hast du Angst? Viele Eltern, die wir begleiten, empfinden Versagensangst, wenn ihre Kinder streiten. Sie gehen davon aus, dass sie schuld am Streit der Kinder sind. Andere Eltern empfinden eine Verlustangst, da sie in ihrer Kindheit gelernt haben, dass Streit unter den Eltern zu Trennung oder Liebesentzug führen kann. Du kannst zunächst klären, was in dir starke Gefühle wie Wut, Ohnmacht, Hass oder Verzweiflung hervorruft, wenn (deine) Kinder streiten, und was dein inneres Kind in diesem Moment braucht.

Um in eine klare und empathische Haltung zu kommen, kannst du dir bewusst machen, dass Rivalität und Streit unter Geschwistern sogar wichtig und nötig für die kindliche Entwicklung sind. Lies gern noch einmal oben nach, warum Kinder sich durch ihren evolutionär bedingten Wettkampfgeist weiterentwickeln (vgl. Seite 170). Erst wenn die Rivalität unter Geschwistern unnatürlich wird, das heißt, wenn deine Kinder die meiste Zeit destruktiv miteinander streiten, bedeutet dies, dass du genauer hinschauen solltest, ob eventuell die Hierarchie in der Familie nicht eingehalten wird oder sich ein Kind von dir vielleicht mehr oder weniger geliebt fühlt. Wenn sich allerdings Konflikte mit prosozialem Verhalten, wie beispielsweise gemeinsamem Spielen, Kuscheln, gemeinsamem Lachen und Gesprächen, unter Geschwistern abwechseln, dann kannst du Ja zu den Geschwisterkonflikten sagen und gemeinsam mit deinen Kindern friedvolle Lösungen erarbeiten, anstatt sie für den Streit zu verurteilen.

Fest steht, dass deine Kinder nicht verantwortlich dafür sind, sich gegenseitig Bedürfnisse zu erfüllen, und sie dürfen auch nicht verantwortlich dafür gemacht werden, wie das andere Kind sich gerade fühlt. In der Lösungsfindung können Kinder lediglich mitbestimmen und dann freiwillig entscheiden, inwieweit sie nach einem Streit bereit sind, dem anderen Kind bei seiner Bedürfniserfüllung zu helfen.

Aus der Beratung

Anton hat zwei Mädchen im Alter von vier und sieben Jahren und lebt mit seinem Partner Franz zusammen. Am Wochenende kommt der sechsjährige Nachbarjunge gern zu Besuch. Er geht mit der älteren Tochter in die erste Klasse, sie sind dicke Freunde. Die vierjährige Tochter möchte immer dabei sein und mitspielen. Doch das ältere Mädchen und der Nachbarjunge schließen im Kinderzimmer die Tür ab, damit sie in Ruhe spielen können. Franz und Anton verlangen von ihrer älteren Tochter, die jüngere mitspielen zu lassen und die Tür aufzuschließen. Sie wollen nicht, dass die Kleine ausgeschlossen wird.

Es stellt sich nun die Frage, ob Franz und Anton ihrer Tochter Sozialkompetenz, Empathie und Mitgefühl vermitteln können, indem sie sie dazu zwingen, die Tür zu öffnen. Die Antwort lautet, wie du schon vermutest: Nein. Denn die älteren Kinder würden dann nicht freiwillig aus sich heraus handeln, sondern nur aus Angst, von den Eltern verurteilt zu werden. Deshalb empfehlen wir bei diesem Konflikt folgende friedvollen Reaktionsmöglichkeiten:

1. Friedvolle Reaktionsmöglichkeit

Franz und Anton könnten den älteren Kindern den Freiraum im Kinderzimmer schenken und den Frust und die Traurigkeit des jüngeren Kindes liebevoll auffangen. Erst braucht die jüngere Tochter hierzu viel Einfühlung und ist dann vielleicht bereit, mit Franz oder Anton zu spielen. Sobald sich die Kinderzimmertür öffnet, könnte entweder Franz oder Anton mit den beiden älteren Kindern sprechen und ihnen zunächst Einfühlung schenken: »Ihr hattet da drin nur zu zweit gerade richtig viel Spaß, oder? Ihr konntet ganz alleine entscheiden, was ihr spielt, stimmt's? Deine Schwester war ganz traurig, weil sie auch gerne mitspielen möchte. Sie liebt es, mit euch zu spielen. Wärt ihr bereit, auch eine Zeit lang mit ihr zu spielen?«

Wenn die beiden älteren Kinder darauf mit Nein antworten, wäre das völlig in Ordnung, denn die Eltern sind dafür verantwortlich, das jüngere Kind in seinem Frust zu begleiten und seine Bedürfnisse zu stillen, indem sie dann zum Beispiel mit ihm spielen.

2. Friedvolle Reaktionsmöglichkeit

Franz oder Anton könnte für die jüngere Tochter ebenso einen Freund oder eine Freundin einladen, damit sie ihr Bedürfnis nach Spiel und Spaß stillen kann. Hierbei braucht es dann die Begleitung der Eltern, damit klar ist, wer mit wem spielt. Vielleicht kann dieses Kind ebenfalls etwas älter sein, sofern es gern Zeit mit dem jüngeren Kind verbringt. Denn häufig möchten jüngere Kinder von den älteren Kindern lernen und lieben es, von diesen geführt oder gefordert zu werden. Es gibt viele ältere Kinder, die sich aus einem gewissen Fürsorgebedürfnis heraus gern mit jüngeren Kindern beschäftigen. So werden im besten Fall also gleichzeitig mehrere Bedürfnisse erfüllt: Weiterentwicklung beim jüngeren Kind, Fürsorge beim älteren Kind und Spiel und Spaß bei beiden Kindern.

Formulierungshilfen für die Lösung von Streit unter Geschwistern

- »Ich höre dich, und ich höre auch dich. Du möchtest ..., und du möchtest ... Wir finden immer eine Lösung. Was könnten wir tun?«
- »Wir atmen erst mal und warten, bis wir uns alle zuhören können. Dann beginnt ..., und ich höre genau zu.«

- »Du hast eine andere Meinung, als ... Das ist okay. Wir finden einen Kompromiss.«

Sätze zum Fliegen

Ich helfe meinen Kindern, Grenzen zu wahren.

Ich übernehme die Verantwortung für die Gefühle und Bedürfnisse meiner Kinder.

Ich bin dafür verantwortlich, dass meine Kinder eine friedvolle Lösung finden können.

In jedem Konflikt steckt eine friedvolle Lösung.

Ich sehe beide streitenden Kinder mit ihren Bedürfnissen.

Tipp: Macht eine Familienkonferenz. Wenn deine Kinder bereits etwas älter sind, könnt ihr regelmäßig Familienkonferenzen durchführen und darin Konflikte, die immer wieder auftreten, besprechen. So könnt ihr Konflikten vorbeugen. Zum Beispiel könntest du sagen: »Immer wenn es um Aufgaben im Haushalt geht, gibt es Streit. Ich bin genervt, weil mir Harmonie wichtig ist. Habt ihr eine Idee, was wir da verändern könnten?«

Mein Kind möchte die Zähne nicht putzen

Das Zähneputzen ist eines der häufigsten Themen in unseren Beratungen. Doch auch wenn es hier um die körperliche Gesundheit deines Kindes geht, braucht es beim Zähneputzen keine Stellvertretende Kraft, sondern vor allem deine Klarheit darüber, dass die Zähne geputzt werden, und deine Bereitschaft, deinem Kind Einfühlung zu schenken und gemeinsam einen Kompromiss zu finden, der für alle okay ist.

Deine innere klare und empathische Haltung

Um deinem Kind beim Zähneputzen mit viel Klarheit begegnen zu können, frage dich gern mal, wie es deinem inneren Kind geht, solange ihr Zähne putzt. Fühlt es sich nicht gesehen oder ist es in der Haltung »Da musst du jetzt durch, denn ich als Kind musste da auch durch und wurde festgehalten«? Das ist aber noch lange kein Grund, hier Stellvertretende Gewalt einzusetzen. Denn es ist körperliche Gewalt, die Zahnbürste gegen den Willen des Kindes in seinen Mund zu stecken, da damit seine körperlichen Grenzen überschritten werden. Anders ist dies zum Beispiel im Fall von Krankheit oder der Gabe von lebensnotwendiger Medizin oder wenn einem Kind gesundheitlicher Schaden droht. Hier wird auch ein Fieberthermometer oder Zäpfchen in den Körper des Kindes eingeführt – dies nicht zu tun, wäre schlicht gefährlich für das Kind. Wenn aber ein Kind die Zähne ein paarmal nicht putzt, passiert erst einmal nichts Bedrohliches.

Sollten die Zähne durch fehlendes Putzen bereits sehr angegriffen sein, empfehlen wir unbedingt eine Erziehungsberatung, bevor die Stellvertretende Kraft angewandt wird. Unsere Erfahrung ist, dass wir dann eine friedvolle Lösung ohne Stellvertretende Kraft mit Eltern erarbeiten können. Tagtäglich wenden sich Eltern an uns, die sehr herausgefordert vor genau dieser Situation stehen – viele von ihnen jeden Abend. Sie sind es leid, diesen Konflikt wieder und wieder zu begleiten, und würden am liebsten das Kind festhalten, ihm die Zahnbürste in den Mund stecken und so das Zähneputzen in wenigen Minuten erledigen. Und doch fühlt sich genau das eben nicht gut an, weil es sich dabei um Machtmissbrauch und Grenzüberschreitung handelt.

Zunächst braucht es also deine elterliche Klarheit. Warum ist das Zähneputzen so wichtig? Wofür bist du verantwortlich? Die Antwort lautet: für die körperliche Gesundheit deines Kindes. Jetzt ist die Frage: Was will dein Kind dir mit dem »Nein« zum Zähneputzen sagen? Denn bevor es an konkrete Strategien geht, braucht es für die Kooperation deines Kindes erst mal dein Wissen, was genau es braucht, um mitmachen zu können. Das kann sehr unterschiedlich sein. Dazu ein Beispiel aus unserer Beratung:

Aus der Beratung

Melanies und Tanjas dreijährige Tochter verweigert das Zähneputzen vehement. Die beiden bekommen schon Schweißausbrüche, wenn sie ans abendliche Zähneputzen denken, denn sie möchten ihre Tochter nicht festhalten oder zum Zähneputzen zwingen.

Melanie und Tanja sind bereits in einem sehr gestressten Zustand, wenn es ums Zähneputzen geht. Ein liebevolles Gespräch mit ihrem inneren Kind und Entspannungsstrategien vor dem Zähneputzen sind deshalb für beide Elternteile als Vorbereitung schon mal sehr hilfreich. Doch schauen wir nun, was ihre Tochter für ein Bedürfnis haben könnte. Möglicherweise möchte sie selbst entscheiden, wann, wie, wo und mit welcher Zahnpasta oder Zahnbürste sie putzt – es geht also um Autonomie. Hier gibt es eine Vielzahl an Strategien, um dein Kind altersgerecht mitbestimmen zu lassen. Wichtig bei

Wahlmöglichkeiten ist es, das Kind nicht zu überfordern. Vielleicht hat dein Kind auch Angst und braucht das Vertrauen, dass es in Sicherheit ist, dass nichts passiert. Es braucht also Wege, das Zähneputzen so zu gestalten, dass es okay für dein Kind ist und es sich geborgen fühlen kann.

1. Friedvolle Reaktionsmöglichkeit für mehr Autonomie
Sollte das unerfüllte Bedürfnis nach Autonomie hinter dem Nein zum Zähneputzen stehen, so kann das Kind beispielsweise zwischen zwei Zahnbürsten oder zwei Zahnpasten wählen oder das Wie und Wo bestimmen. Ihr könnt verschiedene Zahnputzhüte aufsetzen oder euch lustige Jacken anziehen, die dein Kind aussuchen kann, und darüber gleichzeitig das Bedürfnis nach Spiel und Spaß stillen.

2. Friedvolle Reaktionsmöglichkeit für mehr Sicherheit
Sollte dein Kind Angst haben vor Schmerzen, weil das Putzen ihm vielleicht wehtut oder die Zahnpasta nicht schmeckt? Dann braucht es eine weichere Zahnbürste oder eine neue Zahnpasta. Vielleicht hilft es auch, das Bedürfnis nach körperlicher Nähe und Berührung über eine Massage oder gemeinsames Kuscheln vor dem Zähneputzen zu stillen.

3. Friedvolle Reaktionsmöglichkeit für mehr Leichtigkeit
Vielleicht braucht dein Kind auch Leichtigkeit – also Spiel und Spaß, indem beispielsweise die Zahnbürste zum Mikrofon wird oder dein Kind sich vor dem Zähneputzen in ein Tier verwandeln darf und ihr dann Essensreste findet, die nur das Tier verspeist haben könnte. So könntest du sagen: »Oh, da sehe ich eine kleine Schnecke. Die hat bestimmt gut geschmeckt, kleiner Bär.« Vielleicht hilft es auch, wenn ihr auf einem Aladinteppich vom Wohnzimmer ins Badezimmer fliegt, um deinem Kind den Übergang zu erleichtern und in Verbindung zu kommen.

Formulierungshilfen für deine Klarheit

Da gerade beim Zähneputzen deine Klarheit entscheidend ist, möchten wir dich durch folgende Formulierungshilfen unterstützen. Entscheide selbst, mit welchen Formulierungen du dich wohlfühlst.

- »Ich bin da und wir putzen Zähne. Ich helfe dir.«
- »Wir kriegen das hin.«
- »Ich sehe dich und bin bei dir. Die Zähne werden jetzt geputzt!«
- »Ich habe die Verantwortung für deine Zähne. Sie werden jetzt geputzt.«

Sätze zum Fliegen

Ich bin verantwortlich für deine Gesundheit.

Ich schaffe es, für deinen Körper zu sorgen.

Ich bin voller Fürsorge für deine Gesundheit.

Tipp: Gerade beim Zähneputzen empfehlen wir dir, einen Zeitpunkt zu wählen, an dem du noch Kraft und Energie hast, weshalb es vielleicht auch mal in Ordnung ist, die Zähne am Nachmittag zu putzen und dann erst wieder am nächsten Morgen. Hilfreich kann es auch sein, wenn du nur einmal am Tag die Zähne nachputzt und dein Kind einmal vollständig alleine Zähne putzen lässt oder ihr den Mund nur mit Zahnpasta ausspült. Vielleicht könnte auch immer der Elternteil das Zähneputzen übernehmen, der gerade mehr in seiner Kraft ist und besser die Nerven behalten kann, denn Machtkämpfe beim Zähneputzen entstehen auch oft, weil das Kind deine innere Anspannung und deinen dysregulierten Zustand wahrnimmt und durch das Verweigern nach Verbindung sucht.

Weitere Alltagskonflikte mit Kindern

Bei allen folgenden Konflikten ist deine innere empathische Grundhaltung entscheidend, wie du in unserer Grafik zur FüLi-Erziehung (siehe S. 17) immer wieder deutlich erkennen kannst. Frage dich also immer zuerst, wie es dir und deinem inneren Kind in dieser Situation geht und wie du es schaffst, dein inneres Kind zu beruhigen, damit du wieder in einen regulierten Zustand kommst. Danach finde dein klares Warum für dein Handeln. So kommst du in deine empathische und klare Grundhaltung. Erst im nächsten Schritt versuchst du, hinter das Verhalten deines Kindes zu schauen und das unerfüllte Bedürfnis hinter seinem Verhalten zu erkennen.

Mein Kind mag die Kleidung nicht, die ich ihm anziehen möchte

Hier geht es beim Kind in der Regel um Autonomie, und es gibt keinen Grund für den Einsatz der Stellvertretenden Kraft. Was das Kind anzieht, darf es selbst entscheiden – deine Aufgabe ist es, dass die Kleidung dem Wetter entsprechend und dem Wärme-Kälte-Empfinden deines Kindes angepasst ist, damit du für seine Gesundheit sorgen kannst. Hochsensible Kinder empfinden Nähte oder

Ähnliches manchmal als schmerzhaft, auch das kann natürlich ein Grund für die Ablehnung sein.

Mein Kind möchte sich nicht waschen und auch keine Haare waschen

Die Haare deines Kindes zu waschen, hat oftmals mit dem Gedanken zu tun, dass »man das eben so macht – dass Haare eben gewaschen werden müssen«. Doch es ist der Körper deines Kindes, es darf selbst entscheiden, ob es bereit ist, seine Haare zu waschen, denn bei den Haaren besteht so gut wie keine gesundheitliche Gefahr, im Vergleich beispielsweise zu Händen oder dem Genitalbereich. Ist dein Kind nicht bereit, seine Haare zu waschen, ist es deine Aufgabe, präsent zu bleiben, immer wieder in den Austausch zu gehen, die Haare beispielsweise im Spiegel zu betrachten und bei Schmerzen beim Kämmen der Haare oder bei der Verwendung von Zopfgummis oder anderem Haarschmuck darauf hinzuweisen, dass eine Haarwäsche sicher helfen würde. So wird dein Kind nach und nach lernen, einen eigenen Rhythmus zu finden und freiwillig seine Haare zu waschen. Beim Waschen der Hände und des Genitalbereichs wiederum geht es nach einem gewissen Zeitraum sehr wohl um die körperliche Gesundheit des Kindes. Hier braucht es analog zum Zähneputzen deine Klarheit und deine liebevolle Führung.

Mein Kind will im Schlafanzug das Haus verlassen

Auch hier möchten wir dich ermutigen, deinem Kind Freiraum zu schenken und es eigene Erfahrungen machen zu lassen. Sofern dein Kind es also warm genug hat, wäre es durchaus ein Experiment wert. Du bleibst im Gespräch, fühlst dich mit ihm in andere Menschen ein und fragst beispielsweise, falls ein anderes Kind oder die Erzieher*in mit Verurteilung reagiert: »Hm, was glaubst du, warum die so reagiert haben? Hast du eine Idee?« Wichtig ist hier einerseits, dein Kind in seinem Selbstwert zu stärken und ihm beizubringen, dass es Dinge anziehen darf, mit denen es sich wohlfühlt. Anderseits geht es auch darum, dein Kind vor Hänseleien zu schützen und rechtzeitig Lösungen zu finden, damit es nicht aufgrund seiner Kleidung vom gemeinsamen Spielen ausgeschlossen wird. Frage dein Kind deshalb nach der Kita (oder Schule), wie es sich im Schlafanzug gefühlt hat, und achte darauf, welchen Reaktionen dein Kind ausgesetzt war.

Mein Kind möchte nichts essen

Beim Essen sind dein Einfühlungsvermögen und deine Kooperationsbereitschaft deinem Kind gegenüber gefragt, denn wir können niemanden zum Essen zwingen. Finde heraus, was dein Kind braucht, um essen zu können, und sei selbst bereit, Kompromisse zu finden und Freude und Leichtigkeit beim Essen vorzuleben.

Mein Kind isst nicht das, was auf dem Tisch steht

Biete deinem Kind eine Auswahl an Dingen an und schenke ihm darüber Freiraum, zwischen mehreren Dingen zu entscheiden. Hier braucht es deine Klarheit, dass du als Mama/Papa in der Regel entscheidest, was auf den Tisch kommt. Je älter Kinder werden, desto mehr können sie mitbestimmen, indem ihr beispielsweise einen kleinen Essensplan für die Woche festlegt. Du entscheidest also, welche unterschiedlichen Dinge auf dem Tisch stehen, und dein Kind entscheidet, was und wie viel es davon essen möchte.

Mein Kind unterbricht mich!

Aufgrund fehlender Reife sind viele Kinder noch nicht in der Lage, abzuwarten oder andere Menschen ausreden zu lassen. Sie handeln aus ihren Impulsen heraus und erfüllen sich dadurch ihr Bedürfnis, gehört zu werden. Achte also in diesem Fall darauf, ob du nicht zu viel von deinem Kind erwartest, wenn es ums Ausredenlassen geht. Geh vor allem mit gutem Vorbild voran und höre deinem Kind aktiv zu. Denn oft werden Kinder von ihren Eltern genauso häufig beim Sprechen unterbrochen. Bedaure beispielsweise, wenn du dein Kind nicht ausreden lässt. Zeige gleichzeitig sanft und liebevoll eine Grenze und biete deinem Kind eine andere Aktivität an, solange du mit einer anderen wichtigen Person sprechen möchtest, oder findet einen Kompromiss: »Du möchtest dringend etwas erzählen. Ich höre dir jetzt zu, und danach möchte ich zehn Minuten in Ruhe mit … reden. In der Zeit könntest du entweder … oder … spielen.« Versuche dann das Gespräch kurz zu halten und lebe deinem Kind Verlässlichkeit vor.

In diesem Kapitel konntest du sehen, wie vielfältig Strategien sein können, um Konflikte mit Kindern zu lösen. Hier sind keine Machtstrategien nötig, sondern es geht vielmehr darum, gemeinsam mit dem Kind eine friedvolle Lösung zu finden, und das darf manchmal auch Zeit brauchen. Gedanken wie »Wir werden eine Lösung finden – später!«, »Wir schaffen das gemeinsam!« oder »Ich bin da und sehe/höre dich!« können in solchen Momenten sehr wertvoll sein. An den oben genannten typischen Alltagskonflikten kannst du gemeinsam mit deinem Kind wachsen und immer wieder authentisch deine Gefühle zum Ausdruck bringen. Denn dein Kind spürt ohnehin mit sehr feinen Antennen, wie es dir geht, und kann gut damit umgehen, wenn du ihm zeigst, was du innerlich spürst.

Teste nun gern dein Wissen zu Kapitel 8, indem du dich mit einem Stift an unser letztes Kapitel setzt, und feiere, wenn dir danach ist, den Prozess, den du angestoßen hast.

Sichere dein Wissen zur FüLi-Strategie Freiraum nun gerne durch die Übungen, die dich in Kapitel 9 erwarten.

KAPITEL 9

Übungen und Tests zur Liebevollen Führung

In diesem Kapitel bekommst du die Möglichkeit, durch Übungen und Tests dein Wissen zu sichern, damit du leichter vom Kopf ins Herz beziehungsweise vom Wissen ins Fühlen und schließlich ins Handeln und in die Umsetzung kommen kannst. Zusätzlich findest du hier alle FüLi-Strategien auf einen Blick.

Blättere gern noch einmal zurück zur Grafik auf Seite 17 in Kapitel 1. Darin wird deutlich, dass sich alle sechs Strategien gegenseitig bedingen und dass die Grundlage für deine FüLi-Erziehung deine *klare und liebevolle innere Haltung* ist. Die innere Haltung steht deswegen im Zentrum der FüLi-Erziehung.

Da es im Alltag mit Kindern in sehr vielen Situationen möglich ist, Kindern Freiraum in einem vorgegebenen Rahmen zu schenken und darüber ihr Autonomiebedürfnis ernst zu nehmen, nimmt die Strategie *Freiraum in einem vorgegebenen Rahmen schenken* besonders viel Raum in unserer FüLi-Grafik ein.

In den wenigsten Situationen braucht es die fürsorglichen Machtstrategien der *Schützenden Gewalt* und der *Stellvertretenden Kraft*. Die Schützende Gewalt ist im Lauf der Entwicklung eines Kindes noch seltener nötig als die Stellvertretende Kraft, und je reifer Kinder werden, desto weniger kommen diese zum Einsatz, bis sie schließlich ganz wegfallen. Der *Schutzschild* hingegen wird im Verhältnis etwas häufiger benötigt, um Kinder liebevoll zu führen. Die *Hierarchie in der Familie* bleibt zwar bestehen, verändert sich aber, wenn Kinder Entwicklungsschritte machen und reifer werden.

Die 6 Elemente der FüLi-Erziehung auf einen Blick

1. Innere Haltung

- Du hast ein klares Bewusstsein über deine eigenen Kindheitserfahrungen.
- Du führst dich selbst liebevoll, indem du deine unerfüllten Bedürfnisse aus dem Hier und Jetzt erkennst und verantwortungsvoll stillst.
- Du bist dir klar darüber, warum du ein bestimmtes Erziehungsverhalten zeigst.

2. Schutzschild

- Du wahrst durch dein Handeln deine eigenen Grenzen.
- Du wahrst durch dein Handeln die Grenzen deines Kindes.
- Du erfüllst dir selbst und deinem Kind das Bedürfnis nach emotionaler Gesundheit, Grenzen und Schutz.

3. Schützende Gewalt

- Du schützt durch dein Verhalten dein Kind vor lebensbedrohlichen Gefahren.
- Du schenkst deinem Kind während und insbesondere nach der schützenden Gewalt Empathie.
- Du handelst klar, selbstsicher, überzeugend und bestimmt.

4. Stellvertretende Kraft

- Du sorgst durch dein körperliches Eingreifen für die kindliche Bedürfniserfüllung, wenn dein Kind die Konsequenzen seines Handelns noch nicht absehen kann.
- Du hilfst deinem Kind zunächst durch Empathie, in die Kooperation zu kommen, und setzt deine körperliche Kraft erst ein, wenn deinem Kind die Kooperation nicht möglich ist.

- Du bleibst während der Stellvertretenden Kraft in der empathischen Haltung und setzt sie so wenig wie möglich ein.

5. Hierarchie

- Du gehst in die Führungsrolle und beachtest, dass jedes Familienmitglied seinen Platz bekommt, der ihm Halt und Orientierung schenkt.
- Du verzichtest auf viele Fragen und schenkst deinem Kind dadurch Orientierung.
- Dein Kind ist gleichwürdig und gleichwertig, allerdings nicht gleichberechtigt.

6. Freiraum

- Du schenkst deinem Kind Freiraum in einem vorgegebenen Rahmen.
- Du nimmst dein Kind mit seiner Meinung und seinem Autonomiebestreben ernst.
- Du bist bereit, mit deinem Kind gemeinsam nach friedvollen Lösungen zu suchen.

Innere Haltung

»Meine innere Haltung ist klar und voller Liebe und Empathie für mich, mein Kind und für andere Menschen!«

Die folgenden Übungen helfen dir dabei, deine innere Klarheit beim liebevollen Führen in drei Schritten zu finden, wie wir es in Kapitel 2 ausführlich beschrieben haben.

Übung 1:
Deinen größten Denkfehler erkennen und umwandeln

In Kapitel 2 findest du eine Vielzahl an Glaubenssätzen, die vielleicht mehr oder weniger auf dich zutreffen. Vielleicht konntest du auch einen belastenden Glaubenssatz finden, der dich besonders beeinträchtigt. Schreibe diesen Glaubenssatz auf einen Zettel und verbrenne ihn.
Notiere nach diesem Ritual deinen neuen positiven Satz zum Fliegen und speichere ihn gedanklich in deinem Herzen. Du kannst dir den neuen Satz auch groß aufschreiben und an einem Platz aufhängen, an welchem du oft daran erinnert wirst.

Mein neuer Satz zum Fliegen:

____

Ideen: Ich bin wertvoll! Ich bin geliebt! Ich reiche aus! Ich darf Fehler machen! Ich bin wichtig! Ich bin beschützt etc.

Zusätzlich ist es wichtig, dir bewusst zu machen, welche Bedürfnisse in deiner Kindheit unerfüllt geblieben sind und welche Bedürfnisse jetzt noch zusätzlich durch deine Elternschaft zu kurz kommen. Diese Erkenntnis ermöglicht dir, dich im Alltag selbst liebevoll zu führen und Strategien zu erarbeiten, um deinem Kind mit einer klaren Haltung begegnen zu können. Das bedeutet immer wieder, den inneren Schweinehund zu überwinden und beispielsweise auf die Yogamatte zu gehen, anstatt sich vor den Fernseher zu setzen. Das bedeutet auch, sich aus der Opferrolle zu befreien und immer wieder neu gut für sich zu sorgen, und das heißt auch, sich aus der Komfortzone zu bewegen und mutig neue Wege zu gehen, indem du zum Beispiel anfängst, klar für dich einzustehen, anstatt es wieder mal jedem recht zu machen. Deine innere Haltung verändert sich nämlich nur durch deine Handlungen, und gegen alte Muster zu handeln, ist und bleibt eine Herausforderung. Gern sprechen wir hier auch von Wachstumsschmerz, der entsteht, wenn alte Muster überwunden werden.

Übung 2: Dein stärkstes unerfülltes Bedürfnis stillen

Notiere das Bedürfnis, das derzeit bei dir am meisten Aufmerksamkeit benötigt, und schreibe auf, mit welchen drei Strategien (siehe Downloadmaterial) du dich um die Bedürfniserfüllung kümmern möchtest:

Tipp: Wenn dir das noch nicht klar ist, blättere gern auf Seite 49 in Kapitel 2 und lass dich inspirieren:

Mein unerfülltes Bedürfnis:

____

Meine 3 Strategien:

1 ____________________________________

2 ____________________________________

3 ____________________________________

Aus deiner konsequenten Bedürfniserfüllung heraus bist du schließlich auch in der Lage, deine innere Haltung weiterzuentwickeln und zu festigen und *völlig klare Erziehungsziele* festzulegen, die den Bedürfnissen deines Kindes und deinen Werten entsprechen. Diese neue Haltung ist voller Liebe und Empathie für dich selbst, dein Kind und für andere Menschen.

Da dich deine alten Muster trotz deiner inneren Klarheit immer wieder einholen werden – da geht es uns nicht anders –, heißt das immer wieder neu, in deine innere Klarheit zurückzufinden und dir folgende Fragen zu stellen, wenn du unsicher bist, ob deine liebevolle Führung gerade nötig ist.

- Erfülle ich mir selbst die Bedürfnisse nach Fürsorge, Schutz und Sicherheit?
- Erfülle ich bei meinem Kind die Bedürfnisse nach Fürsorge, Schutz und Sicherheit und sehe ich es gleichzeitig mit seinen anderen Bedürfnissen?
- Erfülle ich für die Familie/Gemeinschaft die Bedürfnisse nach Fürsorge, Schutz und Sicherheit?
- Begegne ich meinem Kind während der Führung mit liebevollen Gedanken?

Übung 3: Deine innere Klarheit fühlen und beibehalten

Denke an eine immer wiederkehrende Konfliktsituation mit deinem Kind, in welcher du in Zukunft die liebevolle Führung übernehmen möchtest. Stelle dir die oben stehenden vier Fragen und fühle nach, wie du diese jeweils mit einem klaren JA beantworten kannst. Notiere drei Gefühle, die diese klare innere Haltung in dir auslösen:

1 ______________________________

2 ______________________________

3 ______________________________

Ideen: sicher, entspannt, klar, ruhig,

Kreuze an, welche der vorgeschlagenen Mantren dir Kraft geben könnten:

- ☐ Ich handle für dich!
- ☐ Ich tue das Richtige!
- ☐ Ich bin für dich da!
- ☐ Ich helfe dir!
- ☐ Ich gebe dir Halt!
- ☐ Ich stehe hinter meinem Handeln!
- ☐ Ich schaffe das!

Erlaube dir den Weg zu deiner inneren Klarheit als Prozess zu sehen und verzeihe dir kleine Rückschritte. Anstatt dich zu verurteilen, wenn du mal nicht in der Liebe und Empathie bleiben konntest, versuche schnell wieder, in deine neue innere Klarheit zurückzufinden.

Wenn du beispielsweise ungeduldig mit deinem Kind warst, finde nach diesem kurzen Bindungsbruch schnell wieder zurück in deine innere Klarheit voller Liebe und zeige deinem Kind dadurch, dass du da bist, indem du es beispielsweise in den Arm nimmst oder dein Verhalten bedauerst.

Vielleicht hilft es dir, ein Bild von dir selbst in deiner inneren Klarheit zu visualisieren, voller Liebe für dich selbst, dein Kind und für andere Menschen.

Du kannst dir beispielsweise vorstellen, dass dein Herz zwei Türen hat, die du öffnen kannst. Diese Türen kannst du in deiner Vorstellung für Kinder öffnen, und es kommt helles und warmes Licht heraus. Wenn ich mich gerade in einem Konflikt mit einem Kind befinde, hilft mir das, um schnell wieder in meine innere Klarheit zurückzufinden und Empathie zu schenken. In dieser Haltung gelingt es mir, Kinder mit ihren Gefühlen wertfrei anzunehmen und ihre Gefühle bei unerfüllten Bedürfnissen sowie Gefühle bei erfüllten Bedürfnissen wertfrei stehen zu lassen. Weder die eigenen Gefühle noch die Gefühle des Kindes werden dabei kleingeredet oder relativiert. Sie dürfen da sein, und unangenehme Gefühle werden nicht dramatisiert, weil sie okay sind und ausgehalten werden können.

Übung 4: Deine innere Klarheit visualisieren

Finde ein Bild von dir selbst, wie du aussiehst, wenn du in deiner inneren Klarheit voller Liebe und Empathie bist. Die folgenden Fragen helfen dir, um dieses Bild für dich zu finden.

- Welche Körperhaltung hast du?
  (Beispiel: aufrecht, offene Arme, entspannte Schultern, fester Stand)
- Welche Mimik hast du?
  (Beispiel: weicher Blick, Lächeln, entspannte Gesichtszüge)
- Welche Farben/Bilder möchtest du visualisieren, um deine innere Haltung zu stärken?

Schutzschild

»Ich darf für meine und deine Grenzen einstehen – ich bin Schutzschild für mich und dich.«

In Kapitel 3 zeigen wir dir ganz ausführlich, wie du deine Grenzen und die deines Kindes wahren kannst. Die folgenden Aufgaben helfen dir, in die Umsetzung zu kommen.

Teste deine Fähigkeit zum Schutzschild

Für deine Sicherheit im Umgang mit dem Schutzschild kannst du anhand von folgenden Beispielen dein Wissen testen. Schau dir dazu die Beispielsituation und die drei möglichen Reaktionen an und entscheide, welche Reaktion im Sinne der FüLi-Erziehung ist und bei welchen Reaktionen es sich um Machtmissbrauch handelt. In Kapitel 3 gehen wir diesbezüglich in die Tiefe.

- Dein Kind fasst dir an deinen Genitalbereich und für dich ist damit eine Grenze erreicht.
  A: »Ey, spinnst du? Finger weg!« ☐
  B: Du hältst die Hand des Kindes und sagst: »Stopp, Finger weg! Das ist mein Körper und ich möchte gefragt werden!« ☐
  C: »Das macht mich sauer, wenn du mich so anfasst.« ☐

Lösung: B – Es handelt sich hier um einen körperlichen Übergriff und für deine Grenze handelst du, indem du die Hände deines Kindes nimmst und sie woanders hinführst.

- Du bist im Gespräch mit einer Nachbarin, und diese streichelt deinem Kind, ohne zu fragen, über den Kopf und sagt: »Du bist aber ein braves Kind!«

  A: Du schiebst dein Kind vom Arm der Nachbarin weg oder hältst deine Hand dazwischen und sagst: »Haben Sie sich über die Begrüßung meines Sohnes gefreut?!« ☐

  B: Du lässt die Situation geschehen. ☐

  C: Du sagst: »Soll ich Sie auch mal einfach so streicheln?!« ☐

  Lösung: A – Es handelt sich hier um einen körperlichen Übergriff und eine Bewertung, du greifst zum Schutz deines Kindes ein.

- Deine Mutter sagt zu dir: »Du verwöhnst deine Kinder zu sehr!«

  A: Du sagst: »Hast du Angst, dass sie nicht funktionieren, oder was?!« ☐

  B: Du sagst nichts. ☐

  C: Du sagst: »Ich lebe meine Mutterschaft so, wie ich möchte. Machst du dir Sorgen, dass mein Kind nicht selbstständig wird?« ☐

  Lösung: C – Es handelt sich hier um eine Bewertung.

- Ein Freund oder eine Freundin sagt zu dir: »Du machst mich ganz wütend mit deinen ständigen Fragen!«

  A: »Bist du gerade überfordert mit meinen Fragen und brauchst gerade Ruhe?« ☐

  B: »Sei doch nicht so empfindlich!« ☐

  C: Du denkst dir: »Ich bin eine schlechte Freundin!« ☐

  Lösung A: Es handelt sich um eine Manipulation.

- Die Betreuungsperson im Kindergarten sagt in deinem Beisein zu deinem Kind: »Du möchtest in den Garten gehen? Das darfst du gern, wenn du es schaffst, mich selbst danach zu fragen.«

  A: Du lässt das Gesagte so stehen. ☐

  B: Du sagst zu deinem Kind: »Nun frag doch einfach.« ☐

  C: Du sagst: »Hätten Sie gern, dass mein Kind Ihnen die Frage selber stellt? Ich übernehme das für mein Kind, da ich ihm gern helfe. Wären Sie bereit, die Frage zu beantworten, unabhängig davon, ob mein Kind in den Garten gehen darf?« ☐

Lösung: C – Es handelt sich um die Androhung einer Belohnung oder einer Bestrafung.

- Der Opa stellt in deinem Beisein deinem Kind vier Fragen hintereinander: »Willst du die Jacke anziehen? Wollen wir dann ein Eis essen gehen? Welche Kugel magst du denn essen? Und gehen wir dann noch auf den Spielplatz, ja?«

  A: Du lässt es geschehen. ☐

  B: Du sagst: »Stell ihm doch gleich einen ganzen Fragenkatalog.« ☐

  C: Du sagst: »Eins nach dem anderen – du hast vier Fragen gestellt – freust du dich so auf die Zeit mit deinem Enkel?« ☐

Lösung: C – Es handelt sich um eine Überforderung durch »Fragerei«.

Schützende Gewalt

»Mein selbstsicheres und fürsorgliches Handeln in Gefahrensituationen schenkt dir Sicherheit!«

In Kapitel 4 erläutern wir die Schützende Gewalt und die drei Schritte ihrer Anwendung detailliert. Der folgende Test gibt dir Sicherheit für deine Umsetzung im Alltag.

Teste dein Wissen zur Schützenden Gewalt: Wann ist die Schützende Gewalt nötig?

1. Dein Kind rennt auf die Straße. ☐
2. Dein Kind ist müde und will noch spielen, statt sich bettfertig zu machen. ☐
3. Dein Kind fasst auf die heiße Herdplatte. ☐
4. Dein Kind will den Schneeanzug nicht anziehen. ☐
5. Dein Kind hat einen Wutausbruch und wirft Stühle um. ☐
6. Dein Kind rennt Richtung Pool. ☐
7. Dein Kind greift in die Steckdose oder in eine Schere. ☐
8. Dein Kind sagt »Nein!« zum Fahrradhelm. ☐
9. Dein Kind beißt ein anderes Kind. ☐
10. Dein Kind will noch mehr fernsehen. ☐
11. Dein Kind sagt »Nein!« zum Nägelschneiden. ☐
12. Dein Kind schlägt um sich (Wutausbruch). ☐
13. Dein Kind läuft mit voller Windel in ein anderes Zimmer. ☐
14. Dein Kind haut seinen Kopf gegen den Boden. ☐
15. Dein Kind läuft mit Essen in den Händen durch die Wohnung und beschmiert damit die Wände. ☐

16. Dein Kind rennt durch den Supermarkt und zieht Sachen aus den Regalen. ☐
17. Deine Kinder reißen sich an den Haaren. ☐
18. Dein Kind sagt »Nein!« zur Sonnencreme. ☐
19. Dein Baby will beim Essen aus dem Hochstuhl steigen. ☐
20. Dein Kind ist krank und sagt »Nein!« zur Einnahme von Medikamenten. ☐
21. Dein Kind bleibt nach dem Rutschen sitzen und ein weiteres Kind rutscht. ☐
22. Deine Kinder springen entgegen der Regeln gemeinsam auf dem Trampolin. ☐
23. Dein Kind möchte noch mehr Süßigkeiten essen. ☐
24. Dein Kind will nicht ins Bett gehen und steht immer wieder auf. ☐

Lösung: Schützende Gewalt braucht es in folgenden Situationen: 1, 3, 6, 7, 9, 12, 14, 17, 19, 21, 22

Stellvertretende Kraft

»Meine fürsorgliche körperliche Kraft erfüllt deine Bedürfnisse!«

In Kapitel 5 setzen wir uns ausführlich mit der Umsetzung der Stellvertretenden Kraft auseinander; hier kannst du dein Wissen dazu sichern.

Teste dein Wissen zur Stellvertretenden Kraft: Wann ist die Stellvertretende Kraft nötig?

1. Dein Kind ist müde und will noch spielen, statt sich bettfertig zu machen. ☐
2. Dein Kind mag die Kleidung nicht, die du ihm anziehen möchtest. ☐
3. Dein Kind möchte nichts essen. ☐
4. Dein Kind will den Schneeanzug nicht anziehen. ☐
5. Dein Kind hat einen Wutausbruch und wirft Stühle um. ☐
6. Dein Kind möchte sein Zimmer nicht aufräumen. ☐
7. Dein Kind sagt »Nein!« zum Fahrradhelm. ☐
8. Dein Kinn will sein Spielzeug nicht teilen. ☐
9. Dein Kind will noch mehr fernsehen. ☐
10. Dein Kind sagt »Nein!« zum Nägelschneiden. ☐
11. Dein Kind möchte keine Haare waschen. ☐
12. Dein Kind weigert sich, seine Hausaufgaben zu machen. ☐
13. Dein Kind läuft mit voller Windel in ein anderes Zimmer. ☐
14. Dein Kind sagt »Nein!« zum Zähneputzen. ☐
15. Dein Kind möchte im Schlafanzug rausgehen. ☐

16. Dein Kind will in seiner Tageskleidung schlafen. ☐
17. Dein Kind läuft mit Essen in den Händen durch die Wohnung und beschmiert damit die Wände. ☐
18. Dein Kind will nicht auf die Toilette gehen. ☐
19. Dein Kind rennt durch den Supermarkt und zieht Sachen aus den Regalen. ☐
20. Dein Kind sagt »Nein!« zur Sonnencreme. ☐
21. Dein Kind hält sich nicht an eure Absprachen. ☐
22. Dein Kind ist krank und sagt »Nein« zur Einnahme von Medikamenten. ☐
23. Dein Kind weigert sich, die Nase zu putzen. ☐
24. Dein Kind möchte noch mehr Süßigkeiten essen. ☐
25. Dein Kind schmeißt Essen vom Tisch. ☐
26. Dein Kind will nicht ins Bett gehen und steht immer wieder auf. ☐

Lösung: *Stellvertretende Kraft braucht* es in *folgenden Situationen*: 1, 4, 5, 7, 9, 10, 13, 17, 19, 20, 22, 24, 26

Schützende Gewalt in Kombination mit Stellvertretender Kraft

In Kapitel 6 kombinieren wir den Einsatz der Schützenden Gewalt mit dem der Stellvertretenden Kraft und schauen uns Beispiele aus dem Alltag an, in denen es beides braucht.

Wann ist eine Kombination aus Stellvertretender Kraft und Schützender Gewalt nötig?

1. Dein Kind ist müde und will noch spielen, statt sich bettfertig zu machen. ☐
2. Dein Kind rennt auf die Straße, du hältst es fest, und hast den Eindruck, es rennt erneut los, sobald du loslässt. ☐
3. Dein Kind will den Schneeanzug nicht anziehen. ☐
4. Dein Baby will beim Essen aus dem Hochstuhl steigen. ☐
5. Dein Kind fährt mit dem Laufrad Richtung Straße, du hältst es fest, und du hast den Eindruck, es fährt beim Loslassen erneut zur Straße. ☐
6. Deine Kinder springen entgegen den Regeln gemeinsam auf dem Trampolin. ☐
7. Dein Kind zieht an den Haaren eines anderen Kindes und zeigt keine Bereitschaft, loszulassen. ☐
8. Dein Kind bleibt nach dem Rutschen sitzen und ein weiteres Kind rutscht. ☐
9. Dein Kind schlägt, schubst, schreit laut und beißt. ☐
10. Dein Kind haut seinen Kopf gegen den Boden. ☐
11. Dein Kind macht Dinge kaputt und wirft Gegenstände oder Essen durch den Raum. ☐
12. Dein Kind will sein Zimmer nicht aufräumen. ☐

13. Dein Kind will in seiner Tageskleidung schlafen. ☐
14. Dein Kind will nicht auf die Toilette gehen. ☐

Lösung: Stellvertretende Kraft und Schützende Gewalt in Kombination braucht es in folgenden Situationen: 2, 5, 7, 9, 11

Hierarchie

»Die Hierarchie in der Familie schenkt Orientierung und Grenzen.«

In Kapitel 7 erläutern wir die Bedeutung der Hierarchie innerhalb der Familie und zeigen, wie diese Idee dabei helfen kann, klare Entscheidungen zu treffen und allen Familienmitgliedern Halt zu geben.

Teste dein Wissen zur Hierarchie in der Familie: Wer kommt zuerst?

	Situation	Wer ist zuerst dran?
1	Die Familie sitzt gemeinsam am Abendbrottisch. Der Vater verteilt das Essen an beide Kinder, sich selbst und die Mutter.	
2	Ein Besuchskind und dein eigenes Kind möchten mit dem Laufrad deines Kindes fahren.	
3	Zum Frühstück wird Wasser für alle Familienmitglieder verteilt (Vater, Mutter, 2 Kinder – 4 und 2). Das jüngste Kind sitzt zuerst am Tisch.	
4	Die Eltern sind mit ihren drei Kindern in der Eisdiele. Das jüngste Kind fragt, ob es sein Eis zuerst haben kann.	

5	Die Mutter kommt nach Hause, ihre Partnerin und beide Kinder kommen zur Begrüßung an die Tür.	
6	Die Mutter möchte telefonisch einen Arzttermin ausmachen – gleichzeitig hat ihr 4 Monate altes Baby Hunger und will gestillt werden.	

Lösung: 1 Mutter, 2 Das eigene Kind, 3 Das jüngste Kind, 4 Das jüngste Kind, 5 Die Partnerin, 6 Das Baby

Freiraum

»Das Was entscheiden die Eltern, das Wie können die Kinder frei mitgestalten.«

In welchen Situationen du deinem Kind viel Freiraum in einem vorgegebenen Rahmen schenken darfst, erfährst du in Kapitel 8. Die folgende Übung hilft dir dabei, herauszufinden, ob es wirklich eine fürsorgliche Machtstrategie benötigt oder ob es sich lohnen würde, dem Kind in einem vorgegebenen Rahmen Freiraum zu schenken, ihm Zeit zu geben und einen Kompromiss zu finden.

Teste dein Wissen zum Freiraum

Kreuze an, ob du eine fürsorgliche Machtstrategie einsetzen würdest oder ob du den Rahmen vorgibst und dein Kind in diesem Rahmen Freiraum zur Mitbestimmung bekommt. In manchen Konfliktsituationen, je nach Situation und Alter des Kindes, sind auch mehrere Strategien oder Mehrfachnennungen möglich:

Konfliktsituation	Fürsorgliche Macht-Strategie nötig		Freiraum mit vorgegebenem Rahmen
	Schützende Gewalt	Stellvertretende Kraft	

A Die Geschwisterkinder streiten sich und schlagen aufeinander ein.			
B Dein Kind möchte morgens nicht in die Kita/Schule.			
C Dein Kind möchte die Gummistiefel nicht anziehen, weil sie unbequem sind. Es regnet.			
D Dein Kind möchte die Fingernägel nicht schneiden. Die Nägel sind bereits sehr lang.			
E Dein Kind möchte seit einer Woche nicht duschen.			
F Dein Kind hält sich nicht an die Vereinbarung, die Spülmaschine auszuräumen.			
G Dein Kind rennt dem Ball hinterher auf die Straße.			

Lösung: Schützende Gewalt: A, G; Stellvertretende Kraft: A, D, E; Freiraum: B, C, F

Anhang

Hinweise zum Onlinematerial

Auf der Produktseite zum Buch auf www.beltz.de findest du Alltagsstrategien für die Erfüllung deiner Bedürfnisse (z. B. Achtung, Empathie, Entspannung, Leichtigkeit, Liebe, Wertschätzung usw.) und die deines Kindes (z. B. Autonomie). Außerdem ein aufgezeichnetes Live Q&A, in dem wir Fragen zu den Themen aus dem Buch beantworten (ab 16. Oktober 2023 verfügbar). Die Dateien kannst du herunterladen, um sie auszudrucken und mit ihnen zu arbeiten, das Video kannst du streamen.

Für Video und Downloadmaterial gehst du entweder auf die Produktseite zum Buch auf beltz.de oder du scannst den QR-Code:

Alle Dateien stehen dir so lange zum Download bzw. Streamen zur Verfügung, wie das Buch lieferbar ist.

Danksagung

Wir bedanken uns von Herzen bei allen, die uns bei der Entstehung dieses Buches unterstützt haben. Ganz besonders danken wir unserem Assistenz-Engel und Herzensmenschen Kerstin Reinhardt für ihren unermüdlichen Einsatz. Wir danken unserer lieben Jutta Jonda, die uns mit ihren kreativen Ideen tatkräftig zur Seite stand. Stephanie Römer gilt unser Dank für redaktionelle Unterstützung.

Auch unseren Familien und Freund*innen möchten wir danken, die es uns durch viel Verständnis möglich gemacht haben, dass wir uns diesem Herzensprojekt widmen konnten.

Besonders danken wir auch Carmen Kölz für ihr Engagement sowie Katharina Theml für ihren wertvollen und genauen Blick und allen bei Beltz, die dazu beitragen, dass wir mit diesem Buch noch mehr Eltern dabei unterstützen dürfen, liebevoll die Führung zu übernehmen.

Ein Dank voller Liebe geht an: Moni, Janine, Stephanie, Linda, Julia, Yvonne, Magda, Nicky, Julia, Dani, Jane, Anke und Marie-Helen. Mit Beispielen aus ihrer Elternschaft haben diese wunderbaren Frauen und Mütter dazu beigetragen, das Konzept der FüLi-Erziehung ganz konkret in Alltagssituationen darzustellen. Danke für euer Vertrauen!

Moni

Janine

Stephanie

Linda

Julia

Yvonne

Magda

Nicky

Julia

Dani

Jane

Anke

Marie-Helen

Literatur

Becker-Stoll, Fabienne: *Bindung. Eine sichere Basis fürs Leben.* München, 2018

Dreyer, Rahel: *Eingewöhnung und Beziehungsaufbau in der Krippe.* Freiburg, 2017

Gaschler, Gundi und Frank: *Ich will verstehen, was du wirklich brauchst.* Freiburg, 2020

Hahn, Britta: *Ich will anders, als du willst, Mama.* Freiburg, 2007

Hannig, Brigitte: *Bedarf und Bedürfnisse.* Frankfurt/M., 2020

Hannig, Brigitte: *Handeln statt Reden.* Frankfurt/M., 2015

Haug-Schabel, Gabriele, und Bensel, Joachim: *Grundlagen der Entwicklungspsychologie.* Freiburg, 2017

Hormia, Armo: *Das Kind als Identifikationsobjekt seiner Eltern.* Publ. online, 2010

Juul, Jasper: *Leitwölfe sein.* Weinheim, 2016

Mol, Justine: *Aufwachsen in Vertrauen.* Paderborn, 2008

Orth, Gottfried, und Fritz, Hilde: *Gewaltfreie Kommunikation in der Schule.* Paderborn, 2013

Rust, Serena: *Wenn die Giraffe mit dem Wolf tanzt.* Dorfen, 2006

Siegel, Daniel J., und Payne Bryson, Tina: *Disziplin ohne Drama.* Freiburg, 2020

Stotz, Martina: *Lieblingskinder in Familien. Eine empirische Studie zu emotionspsychologischen Bedingungen und Folgen elterlicher Bevorzugung von Geschwistern.* Diss. München, 2015

Über die Autorinnen

Dr. Martina Stotz (rechts) ist promovierte Pädagogin, Schul- und Erziehungsberaterin und Autorin. In den Medien ist sie vielfach gefragt und begleitet über Mein Erziehungsratgeber Hunderttausende Eltern bzw. pädagogische Fachkräfte.
Kathy Weber ist Trainerin der Gewaltfreien Kommunikation, Erziehungsberaterin für Eltern und Pädagog*innen, Autorin, Moderatorin und Zweifach-Mama. Mit der Kathy Weber Herzenssache (www.kw-herzenssache.de) begleitet sie Hunderttausende Familien und Pädagog*innen.

Gemeinsam begleiten sie Eltern mithilfe von Online-Trainings (»Behalt die Nerven!« und »Ich bin wichtig!«) auch als Konfliktengel (**www.konfliktengel.de**).